Ein Tag in den Bergen

Hans Steinbichler

EIN TAG IN DEN BERGEN

Verlag J. Berg

Bleibe nicht am Boden haften,
frisch gewagt und frisch hinaus!
Kopf und Arm mit heitern Kräften,
überall sind sie zu Haus;
wo wir uns der Sonne freuen,
sind wir jede Sorge los;
daß wir uns in ihr zerstreuen,
darum ist die Welt so groß.

Johann Wolfgang von Goethe

Inhalt

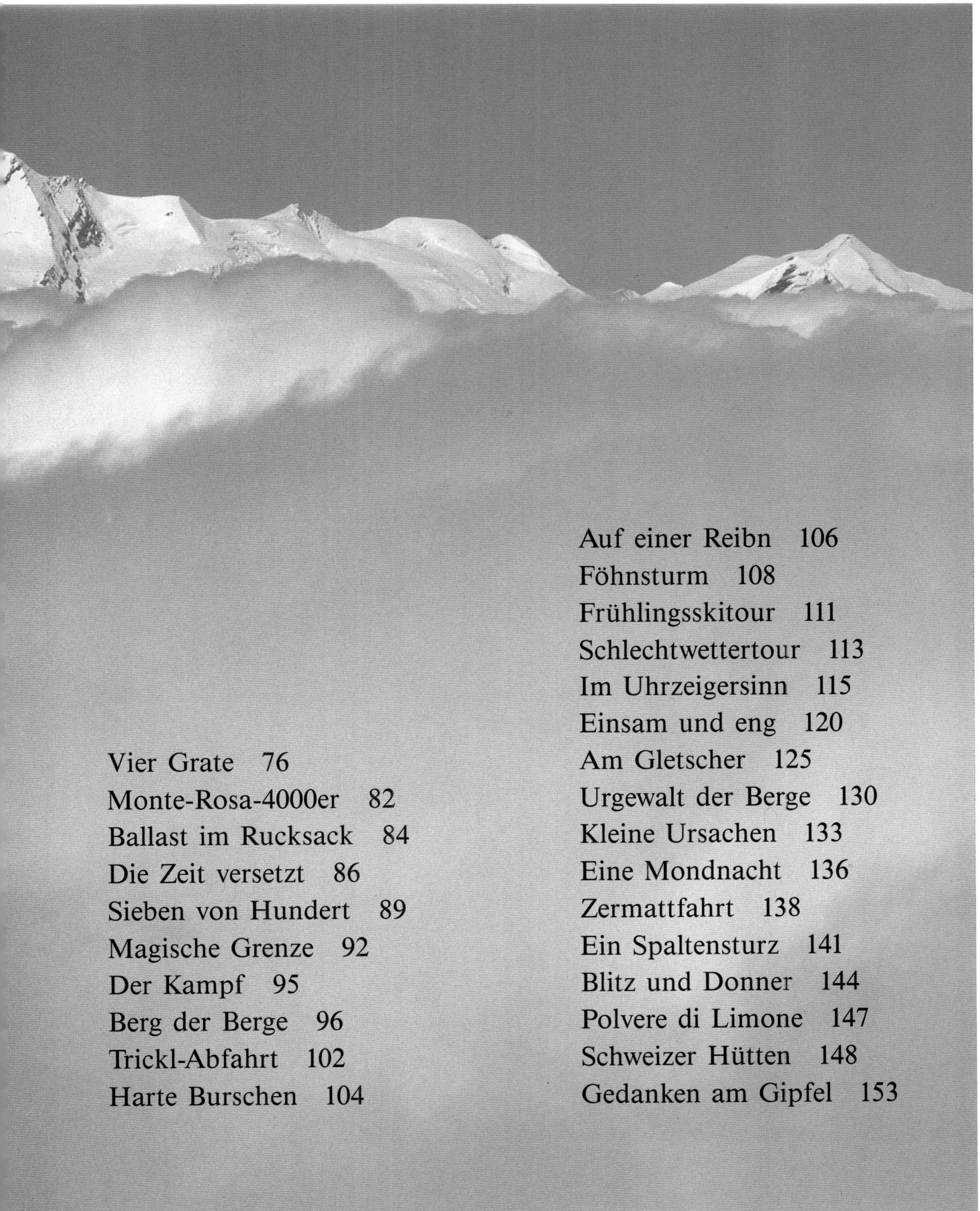

kohla

Mountainbikefahren vor großer Kulisse: Moming, Besso, Obergabelhorn, Matterhorn, Dent Blanche, Cornier.

◀ *Rast auf dem Gipfel des Trifthorn, Val d'Anniviers, dahinter die felsige Gipfelpyramide der Dent Blanche.*

Ein Tag in den Bergen

Tag und Nacht, Morgen und Abend, die Zeiten der Dämmerung – sie sind das Szenario über vierundzwanzig Stunden, in die der Bergsteiger seine Taten stellt. Zu jeder dieser Stunden war ich unterwegs, geplant, aber auch durch die Umstände gedrängt, ungeplant. Der Aufbruch um Mitternacht zu den höchsten Bergen der Alpen ist nichts Ungewöhnliches. Die Heimkehr um diese Zeit schon eher. Da ist die Nacht vor der großen Bergfahrt, für die tiefer Schlaf so gewünscht wäre und die doch nur in kurzen Dämmerphasen erlebt werden kann. Die Gedanken kommen nicht zur Ruhe, sie beschäftigen sich mit all den Dingen, die der kommende Tag bringen wird. Der Aufstieg über die Moräne, die Querung des Gletschers, die Randkluft (wird sich eine Brücke finden?), der Grat mit seiner Schlüsselstelle, das Schneefeld, das zum Gipfel führt. Ja, dort oben stehen, dort, wo die Gedanken seit Jahren sind, auf diesem großen Berg, der mir bekannt ist von vielen Bildern, von zahlreichen Gesprächen und Erzählungen, der Berg, den ich von vielen anderen Gipfeln sah, den ich von allen Seiten erkenne, dessen Gestalt mich elektrisiert. Neben mir atmen die Kameraden gleichmäßig, sicher werden sie morgen sagen, kein Auge zugetan zu haben. Das Wetter gestern abend war ohne Fehl und Tadel, auch die Vorhersage verspricht uns einen großen Tag. Doch wie oft schon habe ich am Abend das Wetter für bombensicher gehalten und wurde in der Nacht geweckt von Regenschauern, von Graupel- und Hagelkörnern, die auf das Blechdach der Hütte rauschten. Im Grunde dann eine klare Situation, ein wahres Schlafmittel, diese Musik auf dem Hüttendach, denn nun war die Tour für heute beendet, bevor sie begonnen hatte. Ob der Himmel noch klar ist? Ich will es wissen und gleite langsam aus dem Schlafsack, steige über die Kante auf den Boden und taste mich die paar Schritte zum Fenster über Schuhe und Rucksäcke. Die Fensterflügel sind offen, ich habe sie vor dem Schlafengehen noch aufgetan, denn nichts vertreibt den Schlaf mehr als der Mief dieser Massenlager. Tief atme ich die frische Luft, sehe Sterne, unendlich viele Sterne, die intensiv leuchten in großen und kleinen Punkten. Wie Nebel ziehen sich Bänder der Milchstraße durch diese glitzernde Pracht. Der Tag wird schön. Noch eine Stunde, dann will uns der Wirt wecken. Es ist gleichgültig, ob ich mich diese kurze Zeit noch um Schlaf bemühe, in einer Stunde beginnt der große Weg.

Als das Rad gepackt war, beschlich mich Unsicherheit. Für kurze Zeit waren Vorfreude und Euphorie verflogen. Mit diesem Packesel über den Brenner, den Jaufen und den Reschen, mit dem Gepäck auf den Olperer, den Ortler und die Wildspitze! Aber ich war nicht allein, morgen früh, noch vor vier Uhr, würden die Freunde kommen, mit ihren ebenfalls schwer bepackten Rädern, und würden mich abholen. Die Räder hatten wir sorgfältig vorbereitet und ausgerüstet, sie verfügten alle über eine Dreigang-Nabenschaltung mit Rücktrittbremse und waren zusätzlich mit zwei Felgenbremsen ausgestattet.

Die Sonne war gerade aufgegangen, als die Freunde ihre Fahrzeuge an unseren Gartenzaun lehnten. Sie hatten bereits fünf Kilometer und einen steilen Berg überwunden und begutachteten nun mit kritischen Blick den Aufbau meines Gepäcks auf dem Rad. Ich zog den letzten Lederriemen fest und rüttelte am Rahmen, die Sache wirkte stabil. Es war mir gelungen, meine gesamten Habseligkeiten im neuen Schuster-Hochtourenrucksack zu verstauen, nur die Bergschuhe hingen vorn am Lenker, und hinten zeigte der Eispickel wie eine Kirchturmspitze in den Himmel, was verhinderte, daß ich wie gewohnt beim Aufsteigen das Bein über den Sattel schwang. Nun stieg ich wie eine Dame in den Sitz.

Nach Innsbruck sind es von unserem Wohnort 125 Kilometer, die sechseinhalb Stunden Zeit erforderten. Da wir noch auf die Geraer Hütte wollten, genehmigten wir uns die Eisenbahn hinauf nach St. Jodok – damals ein Kostenpunkt von DM 1,75, einschließlich Rad. Im Valser Tal fuhren wir so weit wie möglich höher, versteckten die Räder hinter Felsen, schulterten die Rucksäcke und gingen hinauf zur Geraer Hütte. Dort lag in einem Akja ein junger Mensch, tot. Ein fallender Eisbrocken hatte ihn aus einer Führerseilschaft geschlagen. Nachdenklich und wortkarg stiegen wir anderntags zum Olperer empor und wieder hinunter. Nochmals übernachteten wir auf der Hütte, spazierten am folgenden Morgen hinab ins Tal und fuhren dann mit den Rädern hinunter zur Brennerstraße, wo wir auf eine kilometerlange Autoschlange stießen.

Welche Freude, die schimpfenden Italienurlauber hinter uns zu lassen, diese Warteschlange beflügelte uns di-

Damals, mit einundzwanzig

Olperer, Ortler, Cevedale, Wildspitze, Fluchtkogel, mit dem Fahrrad

rekt. Hei, wie ging's jenseits der Grenze hinab. Abfahren, das konnten wir. Und wieder blieben die motorisierten Italienfahrer zurück, die alle in der Kolonne fahren mußten. In Sterzing bogen wir nach Westen ab – und waren allein. Vor uns lagen der Jaufenpaß mit über 2000 Meter Höhe, wir standen in den Pedalen, wir schoben, wir hingen an jedem Lastwagen, aber es kamen nur wenige. Auf der Paßhöhe dämmerte es, mit höchstem Tempo fuhren wir nach unten, um das letzte Licht des Tages zu nützen. Noch bevor wir den Sandwirt erreichten, fragten wir bei einem Bauern nach einem Nachtlager im Heu. Es wurde uns gewährt. Am Morgen ging's hinab zum Wirtshaus von Andreas Hofer, weiter nach Meran und hinauf in den Vinschgau. Übernachtet wurde in einem preiswerten Gasthof in Gomagoi unter Sulden. Dies war zwar nicht geplant, vermittelte uns jedoch das Gefühl, einen bedeutenden Beitrag zum Fremdenverkehr in Südtirol geleistet zu haben. Die sechshundert Höhenmeter hinauf nach Sulden, die wir am folgenden Morgen überwinden mußten, fielen uns nicht schwer, wir waren in Übung. Gespannt sahen wir nach Süden, dorthin, wo die Nordwand des Ortlers auftauchen mußte, der Zebru und die Königsspitze. Doch sie hüllten sich in Wolken. Diesmal wurden die Räder ordnungsgemäß bei einem Wirt eingestellt, dann begaben wir uns auf den Weg, empor zur altehrwürdigen Payerhütte. Kurz vor der Capanna Tabaretta,

Aufstieg zum Ortler im hochsommerlichen Schneesturm.

▶ Im Vordergrund Hochsteller und Rotbachlspitze, dahinter Griesferner und Hochferner, darüber der Hochfeiler – gesehen vom Schrammacher (Zillertaler Alpen).

das Wetter war besser geworden, trafen wir eine Frau, auf einem Stein sitzend, mit allen Anzeichen von Trauer. Ihr Bruder, der im Frühsommer die Nordwand angegangen hatte, war von einer Lawine mitgerissen und verschüttet worden. Heute nun, nach zwei Monaten, hatten sie ihn gefunden. Auch dieses Erlebnis ließ uns schweigsam werden. In der Payerhütte befand sich außer uns und dem Wirt niemand. Als wir dann gegen 21 Uhr unsere Lager aufsuchen wollten, polterte es an der Tür, und herein kamen drei erschöpfte Österreicher, die den Ortler vom Hintergrat her überschritten hatten. »Vierzehn Stund hama graft«, meinte einer von ihnen und erzählte uns von den herrschenden schlechten Verhältnissen, vorgestern hatte es den ganzen Tag über geschneit. Es schneite auch am anderen Morgen, als wir nach dem Wetter sahen; wir konnten leicht weiterschlafen und hatten Gedanken einer Ortlerbesteigung bereits auf den folgenden Tag verschoben. Doch gegen 13 Uhr riß es auf, und glänzend weiß grüßte der Gipfel unter einem blauen Himmel. Eine halbe Stunde später waren wir unterwegs, stiegen durch leicht verschneite Felsen in Schneehänge, die mühsam zu spuren waren und erreichten den höchsten Punkt gegen sechs Uhr abends. Eine hinreißend schöne Abendstimmung belohnte unsere Mühe im tiefen Schnee und auf den verschneiten Felsen. Spät abends erst traten wir wieder in die Hütte, glücklich und mit der Welt rundum zufrieden.

Der folgende Tag brachte den »Umstieg« zur Schaubachhütte und einen nächtlichen Aufstieg zum Cevedale, den wir um fünf Uhr morgens erreichten. Den gesamten Weg in der Dunkelheit begleitete uns ein Gewitter im Norden, mit flammenden Blitzen und Donnerrollen. Über uns der sternübersäte Himmel, um uns die ernste, schweigende Welt des Gletschers und gegenüber die schwarzen Silhouetten von Königsspitze und Ortler. Pünktlich waren wir zur Sonntagsmesse, die für 9 Uhr angesetzt war, wieder in der Schaubachhütte.

Danach liefen wir übermütig hinunter nach Sulden, bestiegen unsere Räder und ließen sie hinablaufen in den Vinschgau, nach Spondinig. Hier begann der Ernst eines radfahrenden Bergsteigers aufs neue, stand doch die Auffahrt zum Reschenpaß bevor. Doch jeder Paß hat auch seinen Weg abwärts. Über Pfunds, Landeck und Imst erreichten wir noch den Eingang ins Ötztal, wo wir an den Ufern des Inns in einem Stadel nächtigten. Während die Freunde den neuen Tag mit einem Bad im eiskalten Inn begannen, konnte ich mich zu einer solchen Roßkur nicht entschließen und sah ihrem Treiben, in den Schlafsack gehüllt, angewidert zu.

Die fünfzig Kilometer Fahrt durchs Ötztal, stetig ansteigend, endeten für diesen Tag in der Talherberge Zwieselstein, wo wir unsere Räder deponierten. Am folgenden Morgen brachte uns ein Landrover über die abenteuerlich angelegte, damals noch einspurige Straße nach Vent. Eine unvergeßliche Fahrt auf dem schmalen Fahrweg, die Venter Ache zur Linken in der Schlucht, rechts die teilweise überhängenden Felsen, das Auf und Nieder der Straße, verbunden mit dem Schaukeln des Gefährts – all dies erzeugte bei den hilflos in diesem Wagen eingekeilten Insassen ein Gefühl des totalen Ausgeliefertseins an Autokonstrukteur, Straßenbauer und Chauffeur.

Mit einem Seufzer der Erleichterung verließen wir die Blechbehausung und begaben uns auf den Weg zur Breslauer Hütte, die wir gegen Mittag erreichten. Sie präsentierte sich voll belegt, nur zwei Lager für uns drei waren noch zu ergattern. Der Tag, zunächst verhangen, klarte am frühen Nachmittag auf, was uns bewog, mit leichtem Gepäck noch auf die Wildspitze zu rennen, denn Kondition hatten wir jetzt in fast beliebiger Menge angesammelt. Bergabsteigende verspätete Gipfelstürmer hoben zwar warnend den Zeigefinger, doch wir befanden uns in einer Form, die uns das Risiko eines nachmittäglichen Aufstiegs klein erscheinen ließ, und in der Tat, die 900 Höhenmeter, die Überschreitung der Gipfel und den Abstieg zur Hütte bewältigten wir in einem solchen Tempo, daß wir die allerletzten Wildspitzebesteiger, die immerhin sechs Stunden eher aufgebrochen waren, noch kurz vor der Unterkunft überholten. Die Hütte hatte sich bis an die Grenzen der Aufnahmefähigkeit gefüllt, und eines unserer zwei Lager hatte ein etwas brutaler Zeitgenosse ohne zu fragen in Beschlag genommen. Unser Essen mußten wir im Stehen verzehren, in der Gaststube herrschte Lärm, es wurde gesungen, mehr gegrölt, und über allem lag der Dampf von Tee, Erbsensuppe und Tabak. Wir waren rechtschaffen müde und zogen uns bald zurück, zwei ins verbliebene Lager, einer darunter auf den Boden. Die Hoffnung auf Hüttenruhe war vergebens, die Alpenvereinsbrüder lärmten bis Mitternacht.

Ein Bild vom Überlebenswillen – Zirben über Sulden.

▶ *Königsspitze und Cevedale, gesehen vom Gipfel des Zebru.*

▼ *Das alte Kirchlein St. Prokulus bei Naturns im Vinschgau.*

Die Strahlen der aufgehenden Sonne erfassen die Wildspitze.

Ich schwor Rache, denn wir hatten am Gipfelkreuz der Wildspitze (im Nebel) beschlossen, am folgenden Morgen zum Sonnenaufgang wieder heroben zu sein. Das bedingte, daß wir uns um ein Uhr nachts erhoben und losmarschierten. Normalerweise hätten wir uns still und rücksichtsvoll angezogen, wären über die Stiegen geschlichen, hätten die Bergschuhe im Gastraum angezogen und die Hüttentür langsam ins Schloß gezogen. Nun aber nicht. Im Gegenteil: Mit ungezwungener Unterhaltung suchten wir unsere Sachen zusammen, leuchteten mit der Taschenlampe nach Belieben umher, packten die Rucksäcke, zogen die Schuhe an und trampelten die Treppenstufen mit lustvollem Gepolter hinab. Die verschiedenen Protestrufe nach Ruhe beantworteten wir mit Gelächter und klugen Sprüchen. Nachdem wir die Hüttentür zugeknallt hatten, war der Zorn schon verflogen. Die Kälte der Nacht, der funkelnde Sternenhimmel und die scherenschnittgleichen Linien der Berggestalten über uns vertrieben den Rest von Müdigkeit. Zum zweitenmal innerhalb von zwölf Stunden stiegen wir dem höchsten Punkt Nordtirols entgegen, auf dem Weg im Schein der Taschenlampen, auf dem Mitterkarferner in einer breiten Schneespur. In tiefer Nacht noch erreichten wir den Gipfel, vom kommenden Tag kündete nur ein roter Schein im Osten. Doch bald dämmerte es, und die umgebenden Berge, alle niedriger, traten aus dem Schatten, erhielten Konturen. Dann wechselten die Kulissen immer rascher: Ein roter Saum überstrahlte die Bergspitzen am Horizont, in seiner Mitte mischte sich Gold dazu, und blitzend rückte die Sonne empor, warf gebündelte Strahlen in die Bergwelt. Die hohen weißen Gipfel glühten auf, rings um uns färbte sich der Schnee rot – der Tag war geboren. Welch ein Schauspiel! Fast eine Stunde hatten wir frierend und eng zusammengekauert auf diesen Moment gewartet. Nun war die Kälte vergessen, sahen wir staunend und wortlos dieses große stille Leuchten. Langsam stiefelten wir hinüber zum Nordgipfel, spürten nun die Wärme der Sonnenstrahlen, die die erstarrten Glieder lockerte.

Wir überquerten das obere Plateau des Taschachferners von Ost nach West, vorbei am Hinteren Brochkogel und an der Petersenspitze, überschritten das Taschachjoch und liefen in tiefer Einsamkeit über den noch hart gefrorenen Großen Vernagtferner auf das Gepatschjoch zu. Von dort stiegen wir über die Nordflanke zum Fluchtkogel hinauf, überquerten den Berg und standen bald vor dem hohen Brandenburger Haus. Nun war eine Rast fällig; doch so leicht ließ sich der Gipfelhunger nicht zufriedenstellen. Am frühen Nachmittag wurde beschlossen, über die endlosen Flächen des Gepatschferners zur Weißseespitze zu gehen. Dieser Plan versumpfte allerdings im knietiefen Firn. Über eine Stunde plagten wir uns, abwechselnd spurend, dahin, dann gaben wir auf. Zehn Kilometer Original-Gletscherhatscher im bazweichen Firn für einen Gipfel, der kaum als solcher von hier aus zu erkennen war; leicht fiel's nicht, doch konnten wir uns schon trösten mit dem, was uns bisher gelungen war. Den Nachmittag verbrachten wir, in alten Jahrbüchern des Alpenvereins lesend, in der Hütte, erlebten die eigenartige Stimmung eines nur von wenigen Gästen belegten Raumes, in dem fast absolute Stille herrscht. Keine Geselligkeit, kaum Gespräche, und wenn, nur ganz gedämpft; Distanz so umfassend wie möglich, zurückgezogen ins eigene Schneckenhaus. Eine Atmosphäre, die auf das Lesen, das Beschäftigen mit dem Geschriebenen und Gedruckten geradezu ausgelegt ist. Doch meldet sich dann bald auch einmal der Hunger, und nur ganz eiserne Typen können dann bis zum Abendessen warten, denn nichts unterbricht Langeweile so angenehm wie eine Brotzeit.

Der folgende Tag brachte den Abstieg und die Heimfahrt. So wie es hier geschrieben steht, dachten wir uns die Sache auch. Es gab also keinen Grund, früh aufzustehen. Über den Kesselwandferner schlenderten wir zum Hochjochhospiz hinab und entlang der Ache zu den Rofenhöfen, damals noch urwüchsige Bauernhäuser, die höchstliegenden ganzjährig bewohnten Tirols, auf 2014 Meter Höhe.

In Vent bestiegen wir wieder mit leisem Schauder das Auto und fuhren wie die wilde Jagd hinaus nach Zwieselstein. Gegen halb drei am Nachmittag waren dann die Räder gepackt, es lagen 230 Kilometer vor uns, die wir aber am selben Tag nicht mehr bewältigen konnten. Um zwei Uhr nachts erst kamen wir zu Hause an, müde, doch randvoll mit Eindrücken, die wir auf einer Reise erlebten, die ausgerichtet war nur auf die eigene Kraft, auf Unterwegssein mit Fahrrad und Bergschuh. Und wenn ich einen Vergleich ziehen soll, die Bergfahrt von 1958 jener von heute gegenüberstelle, dann kann ich nur sagen, daß uns das Auto einen großen und unersetzbaren Teil von jenem genommen hat, das mit dem Wort »Reisen« umschrieben wird: Kenntnis von Land und Menschen, Begegnungen an jedem Ort der Fahrt, Erlebnis des Landes mit allen Sinnen und das Bewußtsein, daß die gefahrenen Kilometer, die Zahl der bestiegenen Gipfel, nichts, aber auch gar nichts mit der Tiefe des Eindrucks zu tun haben, die ein Land in einem Besucher hinterläßt.

Zuhause: Sonnenuntergang in den Chiemgauer Bergen.

Die vier Italiener, die uns gerade aus dem Nachmittagsschlaf gerissen hatten, waren beim Auspacken. Der Tisch, von unseren Dingen noch zur Hälfte belegt, faßte die Flaschen, Büchsen und Packungen nicht, die aus den Rucksäcken geholt wurden. Ich schälte mich aus dem Schlafsack und schob unseren Proviant zur Seite. Er konnte sich in keiner Weise mit den daneben aufgetürmten Köstlichkeiten messen. Die drei hatten an alles gedacht, an Suppe und Hauptgericht, an Nachspeise und Obst, an Wein in roter und weißer Form. »Ob die nur zum Essen da heraufgestiegen sind«, murmelte ich. »Nein, das nicht«, erklärte einer von ihnen in hervorragendem Deutsch. Er stellte sich vor, Carlo – meine halblaut geäußerte Vermutung hatte er gehört und bot mir nun ein Glas Wein an, der Auftakt eines reizvollen Hüttenabends. Die Unterhaltung wurde interessant und vielseitig, das Bergsteigen und die morgige Tour setzten die Akzente. Carlo diskutierte, hörte zu und übersetzte. Gegenseitige Achtung und Verständnis verdrängten rasch die Vorurteile. Wir waren nur mehr Mitglieder der großen Bergsteigerfamilie. Die stets präsenten Klischees, die negativen Erzählungen und Erlebnisse anderer, wie konnte ich sie nur immer so leichtfertig glauben und weitergeben? Diese Kontakte und Gespräche widerlegten die alten »Weisheiten«, die nur das Trennende aufrichten, alles Positive verschweigen und die nationalen Barrieren bauen. Unsere Großväter und Väter hatten noch aufeinander geschossen, befanden sich im Kriegszustand mit Menschen, die sie nie kennengelernt hatten, die sich nur auf der anderen Seite jener Linie befanden, die Front hieß. Sie haben sich verbissen und erbittert bekämpft – motiviert auf dem Verordnungsweg, nicht aus eigener Erfahrung.

Am anderen Tag waren wir gemeinsam unterwegs, zusammen auf dem Gipfel und miteinander wieder in der Biwakschachtel. Das Wetter war prächtig, die Tour geglückt, die Verhältnisse am Berg hervorragend – die internationale Seilschaft keine Utopie. Unsere Proviantbüchsen waren nun leer, die Italiener hatten ebenfalls gespeist – ein Berg von Abfällen auf Tisch, Bank und Boden zeugte davon. Carlo sammelte die Müll-

In der Biwakschachtel

Auch die Bergsteiger schleppen ihre Vorurteile überall hin

lawine in eine große Plastiktüte und stellte sie auf den Tisch. Während dieser Tätigkeit hatte ich meinen Rucksack gepackt und Carlo aus dem Augenwinkel beobachtet. Ich war sicher, daß er nun vor die Hütte treten würde, um den Sack samt Inhalt über die Felsen zu werfen, wie das so viele schon vor ihm getan hatten. Dieses Wissen erfüllte mich mit Trauer, denn zu oft schon hatte ich in Italien den allgegenwärtigen Müll verflucht – in Bächen und Flüssen, um die Hütten und auf den Gipfeln. Sie waren prächtige Burschen, diese Itaker, aber Dreck störte sie nicht, alle waren sie so. Was unbrauchbar war, fiel zu Boden, wurde weggeworfen, gedankenlos, rückständig, typisch italienisch eben. Umweltschutz interessiert niemanden dort unten, ist nach wie vor ein Fremdwort – trotz des tödlichen Regens von Seveso, der Giftfässer der gesunkenen Cavtat, der verseuchten Miesmuscheln von Neapel ... Wir hatten uns so gut unterhalten und verstanden, hier aber war wieder alles wie gewohnt. Ich nahm mir vor, Carlo um den Sack zu bitten, noch ehe er ihn zum Gletscher hinunter befördern würde. Vielleicht könnte dieses Beispiel wirken: deutsche Bergsteiger, die mithelfen, italienische Berge sauber zu halten, die hier ein wenig Entwicklungshilfe leisten. Carlo kam jetzt aus der Hütte. In der einen Hand die volle Plastiktüte, in der anderen den Rucksack. Noch ehe ich mein Anliegen vorbringen konnte, fing Carlo an, den Müll mit einer Reepschnur an den Rucksack zu binden. Ich begriff immer noch nichts. Dann fragte ich vorsichtig: »Carlo, was tust du mit dem Abfall?« – »Der kommt dorthin, wo er herkam, ins Tal, in den Müllcontainer. Was dachtest du?«

▶ *Unterwegs zum Mont Dolent, hinten die Grandes Jorasses.*

Die große Müllkippe der Cabane de Moiry im Val d'Anniviers.

»Wer die Berge liebt, läßt ihnen die Blumen«, mahnen Tafeln in der Schweiz auf Hütten und an den Wegen. Ein Satz, dem eigentlich niemand widersprechen wird. Die Zeiten, wo man mit einem Strauß Blumen oder Latschen aus den Bergen zurückkam, sind endgültig vorüber. Nirgendwo haben Aufklärung und Gebote so gewirkt wie hier. Wer mit einem Bündel Alpenrosen in die Hütte tritt, muß erwarten, von verschiedenen Seiten kritisch angesprochen zu werden. Die meisten wissen, daß sich die Artenvielfalt der Blumen und Pflanzen aus den Ebenen endgültig verabschiedet hat. Wer sich ein paar Jahrzehnte zurückerinnern kann, wird mit Trauer an blumenreiche Wiesen denken, an bunte Feldraine oder Bahndämme, an die Flora und Fauna der Waldränder, wo die Hummeln summten und Käfer geschäftig die Halme erkletterten. Das ist endgültig vorbei. Deutschland ersäuft in Maisfeldern, auf den Wiesen findet sich eine Handvoll Grassorten, maschinengerecht gezüchtet. Die Vielfalt der Natur und ihr Reichtum an Arten haben sich zurückgezogen – hinauf in die Berge.

Wer sich für die alpine Flora zu interessieren beginnt, dem öffnet sich ein Feld für ein ganzes Leben. Es braucht Jahre intensiven Studiums, um nur einen ungefähren Überblick zu bekommen. Über 50 Familien finden sich im »Fotoatlas der Alpenblumen«, und diese wiederum sind unterteilt in zahlreiche Individuen, reich an Abstufungen der Farben und Formen. Aber es ist nicht unbedingt notwendig, ein Kenner zu werden, der die lateinischen Namen sofort parat hat, wenn Blumen am Weg stehen oder hoch oben aus den Felsen wachsen. Bei anhaltendem Interesse wird solches Wissen fast von selbst kommen, wenn der Wunsch da ist, die Familien zu kennen, die Steinbrecharten, die Glockenblumengewächse, die Kreuzblütler, die Lippen- und Röhrenblütler, die vielen Enziane… Die Überraschung ist viel größer, wenn die langgesuchte Blume plötzlich dasteht, farbig, frisch, Tautropfen auf den Hüllblättern. Da ist sie nun, wie lange habe ich gehofft, sie zu finden, zu fotografieren. Jedes geweckte Interesse schult auch das Auge – das äußere wie das innere. Wie oft ist es mir

Blumen der Berge

Was wir in den Ebenen verloren haben, bewahren die Berge

passiert, daß meine Freunde schon eine botanische Kostbarkeit im Auge hatten und ich noch weit und breit nichts entdecken konnte.

Zur Blumenfotografie gehört eine entsprechende Ausrüstung. Vorsatzlinsen, Zwischenringe, Balgengerät, Geduld, vor allem Geduld. Am Anfang war es mir rätselhaft, wie lange meine Botanikerfreunde vor einer

▲ *Duftende Boten des Frühlings: Seidelbast im Schnee. Ihre Blüten sind wie die strahlende Sonne – Gemswurz.*

Blume sitzen konnten, den Apparat im Anschlag, den Finger am Auslöser, den Blick unverwandt auf die Blume gerichtet – und warten. Warten auf die Sonne, warten darauf, daß der Wind aufhört, denn der Blumenfotograf liebt die Schärfe und die Tiefenschärfe, die im Nahbereich ohnehin nur ein paar Zentimeter beträgt. Erreicht wird dies durch die kleine Blende, und diese bedingt die lange Zeit. Also Schwierigkeiten, wo man beginnen will. Die Blende 22 und die dreißigstel Sekunde verlangen die absolute Windstille, die volle Sonne, und bis beides zusammenkommt, kann eine Stunde vergehen. Ich erinnere mich an eine Bergfahrt mit meinem Freund Willi. Wir strebten in den Bergamasker Alpen einem schönen Gipfel entgegen, da plötzlich sah er die Pflanze, wegen der er im Grunde mitgekommen war – den Presolana-Steinbrech, ein endemisches Gewächs, also äußerst selten, nur hier

▲ *Im hochalpinen Lebensraum – der Schweizer Mannsschild. Die kurzstielige Inntaler Primel mit gelber Flechte.*

▲ *Wegen ihrer Härchen heißt sie Bärtige Glockenblume. Mit Wurzeln umfaßt der Gletscherpetersbart die Steine.*

wachsend, über sein Gesicht huschte so etwas wie Verklärung, in Sekunden hatten sich die Gewichtungen der Bergfahrt verschoben, der Rucksack glitt von den Schultern, Willi kniete am Boden und begann, alles für diese Aufnahme vorzubereiten: Stativ am Hang verankern, Balgengerät einstellen, dürre Gräser entfernen und es sich einigermaßen bequem einrichten. Ich blickte skeptisch zum Himmel. Für einen Bergsteiger war das Wetter durchaus schön. Eine Menge prachtvoller Cumuli segelte über den Himmel, und es wehte ein angenehmer Wind. Nach zehn Minuten Warten auf Windstille und/oder Sonnenschein verabschiedete ich mich und sagte, daß ich etwas vorausgehen wolle. Obwohl ich bewußt langsam ausschritt, obwohl es zum Gipfel eine gute Stunde war, ich dort oben eine Weile wartete und fotografierte, sah ich von Willi nichts mehr. Ergo stieg ich wieder hinunter – und fand den Gesuchten nach zweieinhalb Stunden noch in gleicher Stellung vor derselben Blume, allerdings mit bekümmertem Gesicht, denn in dieser langen Zeit habe er nur einmal abdrücken können, und da sei er sich nicht sicher, ob die Blüte nicht doch ein wenig gewackelt habe. Nach einem Seufzer griff er dann zur (verpönten) »Lichtkeule«, zum Blitz. In drei Minuten war die Aufnahme im Gehäuse, aber leider mit Kunstlicht, was jeder botanisch und fotografisch Interessierte sogleich erkennen kann und als Bild zweiten Ranges einstuft.
Der Bergfrühling ist kurz, doch zwischen der Blütezeit der Soldanelle und des Schwalbenwurzenzians liegen Monate. Wer die Perioden des Blühens kennt, wer weiß, in welchen Höhenlagen die einzelnen Pflanzen ihre Heimat haben, welche Böden und Gebiete sie bevorzugen, kann einen langen Sommer die Wunder der Bergflora erleben.

Rast mit Musikeinlage auf der Terrasse der Wildstrubelhütte.

Bergsteiger-Kinder

Als er laufen lernte, wurden unsere Wegzeiten länger

Nun ist der kleine Geselle ein Dreivierteljahr alt, kann sitzen und sich auf Händen und Knien fortbewegen, Zeit also, daß wir ihn einmal mitnehmen. Wir haben uns eine Wanderung ausgesucht, einen Weg mit wenig Steigung, mit vielen Blumen, mit Wassern und mit einem Gletscher. Für den »Transport« steht eine Kinderkraxe bereit, ein leichtes Alu-Gestell mit Segeltuchsitz. Diese Möglichkeit der Fortbewegung kennt er schon, er konnte sich bereits an das Gefühl gewöhnen, auf dem Rücken getragen zu werden. Die Fahrt bringt uns über Bern und Interlaken nach Innertkirchen und hinauf zum Grimselhospiz. Wir wollen den Weg in die Sunnige Aar nehmen, über dem Stausee talein marschieren, bis dorthin, wo der Gletscher beginnt. Ich kenne ihn von einer Tour aufs Lauteraarhorn, drei Stunden für eine Richtung. Erstaunlich schnell hat sich Hansi an die neue Situation gewöhnt, an das Auf und Ab, an die unregelmäßige Schrittfolge. Die Händchen umfassen das Gestell, der kleine Körper vollzieht die Bewegungen des Trägers wie selbstverständlich mit, und mit einemmal ist der Kleine eingeschlafen, aber die Händchen halten fest. Wir haben den Gletscher erreicht, rasten, sitzen inmitten eines Geröllfeldes. Die Steine sind sonnenwarm, farbig und rund, passen sich der Hand an. Heute muß es einmal ohne Lego gehen. Es gibt natürliches Spielzeug, wohin das Auge blickt.

Illhorn, 2716 m

Herbst, Oktober, der erste Schnee ist gefallen. Unterwegs zum Illhorn, dem grandiosen Aussichtsberg, zweitausend Meter über dem Rhônetal. Ein seidig-milder Herbsttag. Tautropfen funkeln, Spinnwebfäden glänzen, und überall gibt es Blaubeeren. Die mag er. Mama hat ihn auf dem Rücken, ich kann ihn während des Gehens füttern.

Nicht immer treffe ich in den kleinen Mund, ringsum ist er blau gefärbt, aber ich kann gar nicht so rasch pflücken, wie er die Beeren verschluckt. Ein wenig symbolisch ist es wohl noch, als ich ihm am Gipfel den Montblanc zeige. Beim Abstieg kommen wir an einer Straßenbaustelle vorbei, und da sitzt er im Gras und schaut dem Bagger zu, eine Stunde lang sieht er, wie Lastwagen beladen werden, dann haben die Arbeiter Feierabend, und wir können weiter.

Bella Tola, 3025 m

Heute steht der erste Dreitausender an. Der Weg führt von Chandolin zuerst durch Gebüsch; nasse Zweige streichen über sein Gesicht, das schätzt er gar nicht, er protestiert. Ich setze ihn einfach verkehrt in die Kraxe, aber das gefällt ihm auch nicht, deshalb hänge ich mir die Trage an die Brust. Weiter oben kommen wir in Schnee. Gleißendes Licht, er hat die Augen zu einem Schlitz zusammengezogen, doch ich habe vorgesorgt und eine Kinder-Sonnenbrille dabei. Aber er will sie keine Sekunde aufbehalten, obwohl ich meine nun eigens aufsetze. In hohem Bogen fliegt die seine in den Schnee, aber ich lasse nicht locker und erkläre ihm das alles mit ruhigen Worten – umsonst, er sieht so etwas als Schikane an. Handschuhe allerdings nimmt er gern, denn es ist kalt und windig. Beim Abstieg durch die Alpenrosenfelder stolpere ich und lande auf dem Bauch. Dabei ist er aus seinem Sitz geflogen und weint lauthals in den stillen Abend. Die Mami soll ihn tragen, bedeutet er – ich weiß, sie ist vorsichtiger, macht kleinere Schritte, da gibt es weniger Stöße.

Simmentaler Weißhorn, 2948 m

Ein Jahr später. Nun kann er schon sagen, was er will, er kann sich durchsetzen, lehnt sich oft gefährlich aus seinem Sitz und erreicht somit, daß die Mami erschrocken stehenbleibt und die Kraxe abnimmt. Das hat er beabsichtigt, er will mit den Steinen spielen. Gehzeiten und Tourenziele interessieren ihn überhaupt nicht. Die kleinen Rawilseen tragen eine dünne, spiegelblanke Eisdecke. Wir rasten hier, und ich werfe Steine schräg aufs Eis. Sie gleiten bis ans andere Ufer und erzeugen einen metallischen Klang. Das fasziniert ihn ungeheuer, ich kann ihn gar nicht mehr ablenken, er holt mit großem Einsatz Steine herbei. Aber ich habe schon noch etwas auf Lager: Mit meiner Mundharmonika schaffe ich es, daß er wieder in die Kraxe steigt. Auf der Hütte wird auf dem Gaskocher seine Milch gewärmt, dann geht es weiter zum Gipfel. Dort oben rutsche ich mit ihm auf dem Hosenboden einen kleinen Schneehang hinunter. Den größten Teil des Abstiegs verschläft er in der Kraxe, die Mami steigt so behutsam wie möglich abwärts.

Ausflug zum Gletscher, unten der Grimsel-Stausee.

Die Kette der Berner Alpen, von der Stallfluh im Jura.

Klettern in den sonnigen Kalkwänden des Solothurner Jura. ▶ *Für Sekundenbruchteile das Gefühl der Schwerelosigkeit.*

Auf eigenen Beinen

Wir sind weite Wege gegangen mit unserem Buben. Die Zeit, in der wir ihn auf dem Rücken mitgetragen haben, war nur kurz, auch er wollte nicht immer in einem Gestell sitzen. Doch in diesen drei Jahren konnten wir uns hohe Ziele aussuchen, den gesamten Tag unterwegs sein. Als er selber laufen mußte, wurden die Wanderungen kürzer, die Wegzeiten länger und Umstellungen notwendig. Nur langsam ging es jetzt bergauf. Vater und Sohn versuchten trickreich ihre Vorstellungen durchzusetzen: der eine, um auf den Gipfel zu kommen, der andere, um dieses Ziel hinauszuschieben. Was war da alles zu erklären, wieviel Fragen waren zu beantworten. Ameisen, Käfer und Schmetterlinge, Schlangen und Eidechsen – vor allem aber Heuschrecken fesselten ihn. Er hatte keine Angst vor den Tieren. Im Regen wollte er partout vorausgehen, die Regenwürmer einsammeln, um sie vor den Schuhen der Wanderer zu schützen. Dann kam die Zeit, das Skifahren zu lernen. Als er zwei Jahre alt war, hatte ich es schon einmal versucht – und wieder bleiben lassen. Mit vier kam er in einen »Zwergerlkurs«, mit fünf und sechs Jahren gab es weiteren Skiunterricht. Er hat spielend gelernt – im doppelten Sinn. Die Mami war bald überholt, beim Papi dauerte es etwas länger. Auch beim Bergsteigen kamen die Fortschritte schnell. Die Touren wurden ausgedehnter, die Berge höher – Dreitausender, Viertausender. Nun ist er achtzehn und ist selbständig unterwegs, die Freunde kommen, er geht klettern, die EB's im Rucksack. Der Vater holt ihn ab am Abend, fragt wie es war und denkt zurück, dreißig Jahre ist es her. Es war so ähnlich, etwas umständlicher vielleicht, aber genauso unbeschwert und locker. Vielleicht etwas lockerer, denn Hanteln und Krafttraining kannten wir nicht – Kondition brachte das Bergsteigen selbst.

Sommerwolken über den weiten Flächen des Steinernen Meeres, in denen noch der Schnee eines Wettersturzes liegt.

Blick zurück mit einem Lächeln: Der Drang nach Veränderung, Bewegung und Leistung – die Zeit, in der die Zeit so wichtig war, die Dauer des Aufstiegs, die Strecke des Weges, die überwundenen Meter, die Meßlatten für den Vergleich. Und doch: In den Bergen sollte es keine Zeit geben – Erfahrung aus der Summe der Erfahrung.
Ein paar Tage Urlaub im Sommer, keiner der Freunde

Steinernes Meer

Über den Watzmann, den Hundstod und die Schönfeldspitze zum Hochkönig

konnte sich von der Arbeit losreißen, deshalb fahre ich allein per Anhalter nach Berchtesgaden. Ein persischer Student nimmt mich mit, er fährt neue Autos in den Iran. Bei Salzburg erkläre ich ihm noch genau seine Route nach Hallein, Schladming, Villach, dann braust er davon. Mich aber will niemand mehr mitnehmen, egal, dann zu Fuß. Nach einer Stunde Wandern am Rand der Straße kommt der Mann aus Persien, fröhlich aus dem Auto winkend, entgegen. Er hat sich verfahren, war in Berchtesgaden, nicht schlimm, er habe vier Wochen Zeit. Mit dieser Fahrweise soll er sich auf ein halbes Jahr einrichten, rufe ich ihm noch zu. Dann bin ich wieder allein auf dem Band der Straße und freue mich, als endlich das Schild zum Watzmannhaus auftaucht. Die Freude wird gleich wieder abgekühlt, denn es fängt zu regnen an. Auch das kann man positiv sehen, denn ich bin der einzige Gast im großen Haus. Der Morgen aber ist wolkenlos, nur über dem Königssee hängt eine dicke Nebelschicht. Ich fühle mich in Form, stürme die Serpentinen zum Hocheck empor, und ohne Aufenthalt geht es weiter zur Mittelspitze und zur Südspitze. Im Süden die frisch verschneite Kette der Hohen Tauern – die Welt sieht heute aus wie neu geboren. Dann Abstieg ins Wimbachgries. 1300 Höhenmeter geht es in Fels und Geröll tiefer, in das größte Schuttkar der Alpen. Wie Gletscher fließen hier Ströme

Königssee und Obersee vom Watzmann, Höhendistanz 2000 Meter. Dahinter Niedere Tauern und Steinernes Meer.

von Gestein zusammen, flankiert von riesenhaften Mauern, die das Material liefern. Trischübel, Hundstodgrube, Diesbachscharte heißen die folgenden Stationen. Vor mir das Ingolstädter Haus, das Ziel für heute. Doch das Wetter ist so schön, und knappe 500 Meter höher wäre noch ein Gipfel, der Große Hundstod. Ein Nachmittagsspaziergang. Schon eine Stunde später stehe ich dort oben, kann den heutigen Weg in allen Einzelheiten verfolgen, kann hinübersehen auf die Kalkflächen des Hagengebirges und des Steinernen Meeres, zum glänzenden Eisfeld des Hochkönigs. Ringsum Tiefe, steinerne Wildnis. Langsam, bedächtig fast steige ich wieder hinunter zur Hütte. Ein langer Tag liegt hinter mir, doch jetzt, um fünf Uhr nachmittags, scheint die Sonne noch so hoch am Himmel, daß ich es wagen könnte, eine weitere Etappe anzuhängen, den langen Eichstätter Weg zum Riemannhaus an der Ramseider Scharte. Ein Blick auf die Karte, es müßte möglich sein. Im Handumdrehen werde ich unruhig, packt mich das Lauffieber. Rasch trinke ich ein Skiwasser und bin gleich wieder unterwegs. Ein wundersamer Gang über Platten und Geröll, durch Gräben, über Kuppen, die jedesmal eine neue Aussicht bieten, vorbei an Dolinen, die der Schnee noch füllt. Mein Schatten wird länger, doch noch immer eile ich dahin auf diesem meisterhaft angelegten Weg, in einer Landschaft, die sich wohl allen Gestaltungsvorhaben des Menschen widersetzen würde: Gestein, vom Wasser bearbeitet und verändert bis in die kleinsten Details – kilometerweit. Schließlich die letzte Kuppe, da unten das Riemannhaus. Ich bin stehengeblieben, im schrägen Abendlicht der Sommerstein und die übereinander getürmten Kalkbänke der Schönfeldspitze, durch die ein Steig führt. Der feste Vorsatz, so bald wie möglich das Lager aufzusuchen, kann nicht eingehalten werden, denn ein wahrer Virtuose auf der Zither fesselt die Hüttenbesucher so, daß niemand ans Schlafen denkt und alle mitsingen, so lang die Strophen reichen. Erst kurz vor Mitternacht mahnt uns der verständnisvolle Wirt an die Hüttenruhe.

Es ist vier Uhr morgens, als ich die Hütte verlasse. Im Dämmern des jungen Tages steige ich zur Schönfeldspitze hinauf und treffe gleichzeitig mit der Sonne beim Kreuz an. Um mich eine rotleuchtende Welt, die Stille des Morgens und ein leichter frischer Wind, der in die Ferne lockt. Im Süden leuchten die weißen Gipfel der Tauern, in den Tälern noch Schatten, und über dem Königssee Nebel. Ich fühle mich frei und ungebunden, der ganze Tag liegt vor mir für den langen Weg zum Hochkönig. Dann renne ich zur Buchauer Scharte hinunter, voll konzentriert, die Augen am fliehenden Boden. Weiter geht es mit wilder Lust durch eine versteinerte Landschaft. Hochbrunnsulzen, Wasserfallgrube, Wildalmkirchl. Kein Mensch ist unterwegs, ich bin allein in den Steinen und auf den Schneefeldern. Hin und wieder bietet sich ein Ausblick durch eine Scharte nach Süden auf die vergletscherte Gipfelkette der Hohen Tauern oder es ist ein Blumenpolster in dieser felsigen Einöde zu bewundern. Doch darf ich mich nicht aufhalten – Ziel ist der Hochkönig, das Matrashaus auf seinem Gipfel. Gegen Mittag erreiche ich die Torscharte und habe nun die Wahl, den Hochseiler auf seiner Ostseite zu umgehen oder ihn zu überschreiten. Letzteres ist gewiß alpiner, und so steige ich durch die Nordflanke, auf Schotterbändern und über Steilstufen zum westlichen Eckpfeiler des Hochkönigstocks, auf 2793 Meter. Während des Aufstiegs haben sich Wolken gebildet, sie entwickeln sich rings um mich in faszinierender Geschwindigkeit, und als ich den Gipfel erreiche, umgibt mich heller Nebel. Auf Klammern und

▲ Das traditionsreiche Watzmannhaus der Sektion München.
Das Wimbachgries – das gewaltigste Steinkar der Nördlichen Kalkalpen, mit ganzen Strömen von Schutt.

▲ Abstieg vom Watzmann, dahinter der Große Hundstod.
Das Ingolstädter Haus auf der Diesbachscharte unter den Südabstürzen des Hundstod.

Eisenstiften steige ich zum großen Schneefeld hinunter. Es wäre ein leichtes, über harten Firn zum höchsten Punkt der Berchtesgadener Berge zu laufen, doch dieses Stück Weg muß Schritt für Schritt erkämpft und durchwatet werden. Knietief sinkt der Fuß in die schwere breiige Masse, Schuhe und Strümpfe saugen sich voll Wasser. Die Freude an der Bewegung hat sich verflüchtigt, ich fühle mich wie ein Industriearbeiter, dem das immer strebend sich bemüht ...« – ich bin erlöst, trete erleichtert ins sturmumbrauste Haus, in eine übervolle Stube. Es ist kein Platz für mich. Der Hüttenwirt rät mir abzusteigen. Ich antworte ihm nicht, stehe in einer Ecke, ein Glas Tee in der Hand, ein Stück Brot in der anderen und beschließe, hier nicht zu bleiben. Der Wind hat die Wolken vertrieben, das ganze Schneefeld, die übergossene Alm, ist jetzt sichtbar. Meine Spur sieht aus wie die

Von Süden zeigt sich der Hochkönigstock mit seinen vielfach gestuften felsigen Mauern am eindrucksvollsten.

Band viel zu schnell läuft. Müdigkeit überfällt mich. Auch die Umgebung hat sich gewandelt. Die sonnige lichte Welt ist einer grauen und düsteren gewichen. Wind kommt auf und bläst die Wärme fort, die Füße sind kalt. Wenn die Nebelfluten kurz zerreißen, sehe ich weit vor mir das Matrashaus wie ein Spielzeugklötzchen auf dem höchsten Punkt. Dann präge ich mir so genau wie möglich die Richtung ein, damit ich keine Umwege gehe. »Wer

Naht einer Nähmaschine auf einem großen Leintuch. In meiner Spur stapfe ich zurück bis zu den Teufelslöchern, jenem Durchbruch, von dem ein Klettersteig hinabführt zur Bertgenhütte. Der Himmel ist wieder blank geworden. Ich steige durch eines der Teufelsaugen, sehe wenig später zurück auf die gewaltigen Löcher, die blauen Augen dieser Maske, die von weit draußen im Land sichtbar sind. Tausend Meter tiefer die Hütte. Ein mühevoller Weg mit verfallenden Sicherungen. In der kleinen Behausung dann ein freundlicher Empfang, eine kleine Mahlzeit, und dann bin ich müde.

Rast im Anstieg von der Werfener Hütte zur Edelweißer Hütte.

Der Aufbruch mit dem Hund in die Berge hat sich zu einem Ritual mit sich exakt wiederholenden Abläufen entwickelt. Ein Theater, das jeder Außenstehende nur mit Kopfschütteln verfolgen kann. Aber dies schert den Herrn und seinen Hund nicht. Er, die kleinere Ausgabe des Berner Sennenhundes, ein Entlebucher, mittellanges schwarzes Haarkleid, weiße Brust mit braunen Streifen, Pünktchen über den Augen, gelbe Backen und die feuchte schwarze Nase umgeben von zwei weißen, etwas ungleichmäßigen Fellstreifen, die Haare im Gesicht millimeterlang, wie Samt zu fühlen. Die muskulösen Beine ebenfalls dreifarbig, vorherrschend schwarz mit braunen Pauletten und weißen Zehenspitzen. Schwanz – Fehlanzeige, leider, coupiert, weil der Tierarzt nicht erkannte, daß dieser Welpe nicht

Neunundfünfzig Sprossen

Die Überquerung des Tennengebirges von Werfen nach Abtenau

kurzhaarig werden würde. Resultat dieser Dummheit war ein fünfzigprozentiger Nachlaß beim Kauf des Kleinen. Gesamteindruck kräftig, erdverbunden, etwa die Bewegungseleganz eines Zehnkämpfers. Kein Läufertyp, doch stets in Bewegung und immer zum Spielen bereit wie zum Aufbruch irgendwohin. Gutmütig, verfressen, fröhlich, ohne Jagdambitionen, kräftige, sonore Stimme, anhänglich, friedfertig, ordentlich und häuslich. Sein Name: Bärli. Besondere Kennzeichen: bellt auf Verlangen (»mach Wuff!«), gibt linke und rechte Pfote, sitzt, »macht« Platz, fängt die »guten Happen« von nah und fern wie aus jeder Höhe und öffnet alle Türen, nach innen sowie nach außen – und unbedingte Loyalität zu seinem Herrn. Vier Worte braucht es, um ihn aus jeder Stellung zu reißen, ihn im Handumdrehen in Erregung zu versetzen: »Bärli, es geht auf!« Von diesem Moment bis zu jenem, in dem wir beide ins Auto steigen, gebärdet er sich wie von Sinnen. Er zerrt am Rucksack, trägt die Skistöcke durchs Haus, beißt in die Handschuhe und bellt ohne Unterbrechung. Im Auto ist er völlig ruhig, er beobachtet die Landschaft in gespannter Aufmerksamkeit, stemmt sich gegen die Fliehkraft in den Kurven, die er seinem Herrn als Bosheiten ankreidet, da ich seine verzweifelten Bemühungen, das Gewicht zu verlagern, mit Lachen begleitete.
Diesmal, an einem milden Herbsttag, fahren wir mit Roswitha ins Tennengebirge. Wir wollen von der Wengerau zur Werfener Hütte, hinauf zur Unterkunft der Edelweißer, weiter, um irgendwo zu biwakieren und am anderen Tag auf den Bleikogel mit Abstieg über die Laufener Hütte nach Abtenau. Ein abwechslungsreicher Weg, den ich auf der Karte zusammengesucht habe. Der Herbsttag meint es gut mit uns, die Nachmittags-

sonne strahlt Wärme auf die Westhänge, der Hund leidet, seine schwarze Decke heizt sich auf, und weit und breit kein Wasser. Eine Frau steigt ab, wir grüßen, sie bleibt stehen und fragt: »Wo wollen Sie denn hin?« Etwas überrascht von soviel Neugierde antworte ich nur: »Empor!« – »Ja, da muß ich schon fragen: mit dem Hund?« – »Ja, sicher.« – »Wissen Sie nicht, daß Sie dort eine Steilstufe mit einer Leiter erwartet?« – »Nein..., aber das werden wir schon schaffen.« Ungläubiges Staunen ihrerseits. Ich grüße, wir gehen wieder.

Ich bin ein wenig unsicher. Eine Leiter? Zu dumm, daß ich den Führer nicht durchgelesen habe. Aber auf der Karte ist doch ein Wanderweg eingezeichnet. Nun, da kann eine Leiter durchaus vorkommen. Aber Herr und Hund haben schon allerhand Steilstücke überwunden, jähe Hänge, Felsstufen, eisige Flanken – und zwanzig Meter Seil habe ich auch dabei. Ein wenig ärgere ich mich aber; solche Fehler passieren, wenn man sich zu sicher fühlt. Eine Wanderung nur, und jetzt scheitern wir vielleicht an einer Leiter. Roswitha spürt wohl, daß ich etwas aus dem Gleichgewicht bin und schlägt vor, die Karte nochmals anzusehen, ob es nicht irgend einen anderen Weg dort hinauf gäbe. Leider nicht, wir hätten schon unten in der Wengerau abzweigen müssen. Vor drei Jahren war die Sache noch einfach, da hatte ich einen Dackel, der kam einfach in den Rucksack, der fand an dieser Beförderung sogar noch Spaß. Aber Bärli wiegt fast 40 Kilo. Gott sei Dank habe ich den großen Rucksack dabei, ob er wohl da Platz hat? Wenn ich den Sack völlig leere, könnte es möglich sein, den Hund in ihm zu verstauen. Doch was sollen die vielen Gedanken, erst einmal möchte ich die Leiter sehen.

Die Werfener Hütte ist geschlossen, trotz des schönen Wetters, das eine Reihe von Besuchern angelockt hat. Wir halten uns nicht lang auf, sondern gehen unter den glatten ausbauchenden Wänden des Hochthrons nach Norden, dorthin, wo sich diese ominöse Leiter befinden soll. Da ist sie schon, hoch oben, und zu ihrem Beginn führt auch noch Klettergelände – die Befürchtungen sind übertroffen. Die Steilstufe ist sicher 25 Meter hoch. Meine Gefährtin betrachtet mich zweifelnd, aber ich lasse mir nichts anmerken und mustere forsch Wand und Leiter, über die und nirgends anders der Weiterweg führt. Mit gespielter Ruhe beginne ich meinen Rucksack zu entleeren, schichte das Biwakmaterial, Kleidung, Proviant, Fotoapparat und Zubehör sorgfältig auf den schrägen Hang, damit nichts nach unten rollt. Dann wird der Bär herbeizitiert. Widerwillig erhebt er sich, ich sehe, er ist genau im Bild, daß sein Herr irgend etwas vorhat, das gefährlich werden könnte. Als ich ihm die Öffnung des Sacks hinhalte, duckt er sich nieder, verkrallt sich mit den Pfoten im Fels. Aber für Fisi-

Der Hund überwindet die Steilstufe „bequem" im Rucksack.

Bärli ist ein Schneehund, hier fühlt er sich am wohlsten.

matenten ist jetzt keine Zeit. Etwas brutal packe ich ihn um Bauch und Brust und versuche den Widerstrebenden in die Öffnung des Rucksacks zu stecken, den meine Begleiterin bereithält. Bärli wehrt sich mit allen vieren, aber schweigend. Mit ein paar scharfen Zurufen weise ich ihn zurecht, und es gelingt, ihn in den Sack zu bringen. Aber er steht und will sich nicht setzen. So geht es nicht! Brutal drücke ich ihn nieder, so weit, bis ich die Schnur an seinem Hals zuziehen kann. Auch den Deckel schließe ich neben seinem Kopf mit einer Schnalle. Nun beginnt er zu zappeln, und wieder muß ich ihn anbrüllen, denn wenn er sich so aufführt, kann der Rucksack samt Inhalt ins Rollen kommen. Als ich die achtzig Pfund auf den Rücken wuchte, wird er ganz ruhig, nur seinen Atem spüre ich wahnsinnig schnell und heiß an meinem linken Ohr.

Langsam und aufs äußerste konzentriert beginne ich zu klettern, erreiche die Leiter und zähle halblaut die weit auseinanderliegenden Sprossen. Salziger Schweiß rinnt mir in die Augen, ich kann ihn nicht fortwischen, denn ich muß mich mit aller Kraft festhalten und voll konzentrieren und steigen. Hoffentlich halten die Rucksackbänder, hoffentlich bleibt Bärli weiter so still. Gleichmäßig zähle ich: »... siebenunddreißig, achtunddreißig ...« Noch immer kein Ende sichtbar, doch jetzt, da oben ist die Leiter zu Ende, Schluß bei Stufe 59. Ein Drahtseil führt hinüber in gangbares Gelände, und als der Hund das sieht, wird er unruhig, stemmt die Läufe an meinen Rücken, und ich merke, daß er sich in der Gefahr vorbildlich verhalten hat. Langsam lasse ich die Last von den Schultern gleiten und rede dem Hund dauernd zu, zwinge mich zu möglichst ruhigem gewohntem Ton, öffne Schnalle und Schnur und ziehe ihn vorsichtig aus seinem Gefängnis. Er schüttelt sich drei-, viermal und sieht mich vorwurfsvoll an, so als wolle er sagen: »Sowas mache ich nicht mehr mit, das war schon die Höhe.« Das Band, auf dem wir stehen, ist nur einen Meter breit und ausgesetzt. Ich könnte mit dem Hund zwar aufsteigend in leichteres Gelände kommen, aber ich möchte ihn an den Haken des Drahtseils sichern. Für diesen Zweck habe ich eine Reepschnur in die Deckeltasche gesteckt, mit der ich dem Hund ein Brustgeschirr knote. Das Ende der Schnur verknüpfe ich im Ringhaken, und mit zwei Karabinern sichere ich ihn am Drahtseil. Ich muß ja wieder hinunter, um Ausrüstung und Roswitha zu holen. Das kann eine halbe Stunde dauern, und in dieser Zeit ist der Hund allein. Hoffentlich will er nicht gleich hinter mir her. Mit beruhigenden Worten entferne ich mich, steige die Leiter wieder hinab und zeige ein siegessicheres Lächeln, als ich unten ankomme. Minutenschnell ist der Rucksack gepackt, und erst jetzt sehe ich, daß Roswitha auch nicht mit dieser Leiter gerechnet hat. Wieder muß ich beruhigende Worte finden, und auch hier wirkt mehr der Ton als der Inhalt. Es kostet sie Überwindung, doch sie beginnt zu steigen, vor mir, ein wenig ängstlich, wobei ihr die Knie zu zittern beginnen. Aber, wir stehen schon auf den ersten Sprossen der Leiter, und sie führt unzweideutig nach oben, nur diese eine Richtung bleibt. Bärli erwartet uns sitzend, ganz gespannte Aufmerksamkeit. Dann springt er auf und bellt, ein Stein scheint ihm von der Seele zu fallen, er hebt die Lefzen, ja, er lacht – das Hindernis ist endgültig überwunden ...

Auf schmalen Paßstraßen fuhren wir, vom Valle Brembana kommend, durch das Val Serina, über Oltre il Colle und Oneta ins Valle Seriana hinüber. Ziel war ein Berg namens Presolana, 2521 m, ein rassiger Felsgipfel. Talaufwärts über Ponte Nossa und Villa d'Ogna erreichten wir Oltressenda am Eingang des Valzurio. Dieses Seitental schien uns für die Zufahrt am idealsten, und da wir in unserer Karte eine Straße eingezeichnet fanden, die etwa so dargestellt war wie jene, die wir gerade gefahren waren, stand fest, daß wir dort hinauffahren würden. Aber nur wenig hinter Oltressenda, als es zu steigen begann, verwandelte sich unsere Route urplötzlich vom gut angelegten Teersträßchen in einen Räuberweg aus grobem Kies und großen Steinen. Er wurde nun auf eine lange Strecke so schmal, daß es mir rätselhaft erschien, wie man hier an einem entgegenkommenden Wagen vorbei sollte. In oft unglaublicher Steilheit ging es bergauf und bergab. Der Weg schlängelte sich durch enge Seiteneinschnitte, an Abgründen und Felsen vorbei und wurde immer wilder. Wir waren zu fünft in zwei Autos und hielten mehrmals an, um zu beraten. Aber so oft wir die 50 000er-Karte auch konsultierten: Das mußte der richtige Weg sein, er verlief hoch über der Talsohle, es gab keinen anderen. Und – eine Ortschaft, Valzurio, lag ja noch vor uns. Da war sie schon: Fünf Häuser, eine Kapelle, ein Friedhof. Darüber bis in die Wolken hinauf übersteile, blumenübersäte Wiesen, die wohl nur mit Steigeisen zu mähen und zu heuen waren. Unglaublich, und das mitten in Europa. Auch der winzige Friedhof war an den steilen Hang geklebt, es war uns schleierhaft, wie da ein Grab geschaufelt werden sollte. Hier war das Leben wohl noch ein ununterbrochener Kampf mit der Natur, und wie sieht es hier wohl im Winter aus, wenn die Lawinen über die kleine Straße stürzen. An diesen Ort würde ich gern einmal mit ein paar deutschen Jungbauern fahren. Was würden die für Augen machen!
Später nahm uns dichter Wald auf, Löcher und Steine, erster Gang, Schrittempo. Die Dämmerung des Tages verdichtet sich unter den Bäumen, wir brauchen einen Zeltplatz, aber auch Wasser. Überraschend eine Lichtung,

Valle di Valzurio

In diesem Tal der Bergamasker Alpen ist die Zeit stehengeblieben

eine ebene Wiese, und in der Tiefe der Schlucht rauscht der Bach, der wilde Ogna. Es ist nicht weit dort hinunter. Schnell stehen die beiden kleinen Zelte inmitten herrlicher Blumen. Diese Wiese sah noch niemals Kunstdünger. Sie mutet uns an wie ein Geschenk des Himmels.

Die steilen Hänge erfordern zum Heuen Seilzug und Schlitten.

Im Dämmern des Morgens schnurrt der Kocher, Tau lastet auf den Zeltwänden, Tropfen an Tropfen, als hätte es geregnet, über uns aber wölbt sich ein klarer Himmel. Wir sind etwa 1200 Meter hoch, doch lassen sich aus unserer Lichtung nur bewaldete Hänge erkennen. Dann fahren wir wieder. Zwei Almen, die Stalle Möschel; dort wird der Bach überquert. Das Wasser ist fast einen halben Meter hoch. Deshalb muß das Auto mit Vollgas da durch und jenseits in eine Steigung, die dem ersten Gang schon zuviel wird, aber wir schaffen es. Unsere Nachfolger allerdings nicht – wir müssen schieben. Nach kurzer Zeit lichtet sich der Wald, und wir sehen unser Ziel: Eine kleinere Ausgabe der Laliderer Wände, stelle ich fest, und damit ist die Presolana als Familienziel schon vergessen. Aber nordwestlich ragt ein etwa gleichhoher Berg auf – wie heißt der? Monte Ferrante, 2427 m. Er sieht bedeutend einladender aus als die wilde Presolana, die zu dieser frühen Morgenstunde ihr Haupt bereits in Wolken hüllt. Die folgenden Steigungen sind für das kleinere Auto nicht mehr zu nehmen, wir parken und machen uns zu Fuß

Die Wiesen im Valle di Valzurio besitzen noch die ganze Artenvielfalt, die die Natur für solche Flächen vorsieht.

auf die Reise, hinein in einen herrlichen Blumengarten. Willi verzichtet bei soviel botanischen Kostbarkeiten von vornherein auf den Gipfel, und wir steigen über steiler werdende Hänge dem Passo Scagnello, 2080 m, zu. Von hier bieten sich die Felsfluchten der Presolana besonders abweisend, und da der Gipfel in Wolken steckt, hat die Phantasie grenzenlose Möglichkeiten für die Fortsetzung dieser Wände himmelwärts. Ein Pfad, der sich bald im Schnee verliert, bringt uns nach Nordwesten, zum Monte Ferrante. Der Schneereichtum dieses Gebietes ist staunenswert. Jetzt, Ende Juni, im Süden der Alpen, hätten wir Ski gut brauchen können. Über eine Felsflanke erreichen wir den mit einem kleinen Eisenkreuz geschmückten Gipfel und genießen eine noch zufriedenstellende Rundsicht. Der Blick nach Norden, auf die Dreitausender, die höchsten Berge der orobischen Kette, bleibt uns aber verwehrt. Schade, ich hatte mich darauf gefreut. So werden wir wiederkom-

Goldregen vor dem Monte Ferrante im Valle di Valzurio, bis heute das ursprünglichste Tal der Bergamasker Alpen.

men müssen. Leicht könnten wir diesen Berg jetzt überschreiten und ins Valle Scura absteigen, das direkt zu unserem Parkplatz führen würde, aber wir werden ja etwas weiter unten erwartet.

Der Abstieg, zumeist auf Schnee, ist vergnüglich und bringt uns rasch zum Paß zurück. Unten in den Wiesen treffen wir den Willi, den die Flora geradezu begeistert hat, wenngleich die Sonne nur kurze Gastspiele gab und der Wind die Blütenkelche kaum zur Ruhe kommen ließ, um mit Blende 16 und einer dreißigstel Sekunde entsprechend zu Werke gehen zu können.

Die Abfahrt durch dieses wilde und ursprüngliche Tal fesselt uns erneut. Die Ungewißheit über die Fortsetzung des Weges ist dahin, die Fahrt über die teils bachbettähnliche Piste bereitet direkt Spaß. Wenn Lichtungen den Wald ablösen, nimmt uns der unvergleichliche Blumenreichtum der Wiesen gefangen. Bilder, die im »zivilisierten« Europa längst vergangen sind, die Erinnerungen an ferne Tage der Kindheit wecken, als es auch daheim noch so aussah und die Wiesen nicht nur aus einer Sorte Gras bestanden. Dann geht es weiter durch die grünen Schluchten des Valzurio, auf einer Straße, die treulich jedem Hindernis der Natur folgt, auf und ab, in Gräben, über Stock und Stein – kilometerlang. Später gelangen wir auf eine Wiese, auf der geheut wird. Ein kleiner Zweitakter treibt eine Winde an, ein Seil läuft über eine Kuppe und was an ihm hängt, verwehrt ein Steilabsturz. An der Maschine steht ein etwa zehnjähriges Kind, und auf ein für uns geheimnisvolles Zeichen zieht die Winde an, der Motor läuft auf voller Leistung, und plötzlich erscheint ein Bündel Heu mit dem Bauern – alles zusammen auf einem Schlitten, der wohl auch im Winter verwendet wird. Ein weiteres Kind kommt mit einem Pferd, das einen leeren Schlitten zieht. Es wird gewechselt. Die beladene Fuhre quietscht über die Steine, der Bauer zieht den leeren Schlitten am Seil wieder in die Tiefe. Wie gesagt – hierher sollten all jene einmal reisen, die nicht mehr genau wissen, welche Mühe hinter der »Herstellung« von einem Liter Milch steht.

Ende Juli, Hochsaison im Fremdenverkehr. Samstagmittag, Sonne und kaum erträgliche Hitze im Auto. Gewünscht hatte ich mir zwei stille und ruhige Tage, aber es begann mit Hetze und Eile beim Einkauf, bis endlich alle vier alles Nötige beisammen hatten. Dann zähneknirschendes, aber schließlich doch widerspruchsloses Einordnen in die Autokolonne Richtung Berge. Ende der Fahrt ist die Mautstelle der Glocknerstraße. Doch diesmal wollen wir die ohnehin glänzende Bilanz dieser Gesellschaft nicht weiter aufbessern, wir stellen das Auto hier ab und machen uns auf den Weg ins

Stille Tage

Eine Überschreitung der Hohen Dock Südostgrat – Gruberkees

Käfertal. Ziel ist die Ruine Mainzer Hütte. Vor Zeiten stand hier eine stolze Unterkunft, war der Weg dort hinauf der Eintritt in die Glocknergruppe. Der Hüttenwirt, zugleich Wirt und Besitzer des großartigen alten Tauernhofes in Ferleiten am Beginn des Käfertals, hatte über ein Dutzend Bergführer beschäftigt, mehrere Mulis und hinter seinem Haus einen großen Eiskeller,

Das neue schmiedeeiserne Kreuz auf dem Gipfel der Hohen Dock, einem stillen Berg der Glocknergruppe.

in dem Bier und Wein lagerten, vom Eis gekühlt, das in den Wintermonaten dort eingelagert wurde. Der aus dem Mittelalter stammende Tauernhof mit seinen prächtigen Schnitzereien und Kachelöfen wurde 1984 ein Raub der Flammen. Und die Bedeutung der Mainzer Hütte verlor sich an jenem Tag, an dem die Großglockner-Hochalpenstraße eröffnet wurde (1930). Mehrfach ist diese Unterkunft auch von Lawinen beschädigt worden, so letztmals 1954. Seit dieser Zeit war sie Ruine, seit 1986 steht dort oben die neue Schwarzenberghütte. Die Ruine Mainzer Hütte kannte ich von einer Skitour auf den Bärenkopf und wußte, daß dort oben Unterlage, Schlafsack und Kocher wichtig waren. Unser Ziel, ein markanter Felsberg mit einem freien, geradezu phantastischen Gratanstieg, hieß Hohe Dock, 3348 m. Sie befindet sich genau gegenüber der Edelweißspitze, ist also ständig im Blickfeld all jener, die die Großglocknerstraße befahren.
Zwei der Freunde sind seit drei Wochen in den Ferien und sind in 21 Tagen 18 Bergtouren gegangen, sind also in Form, was ich von mir nicht sagen kann. Doch glücklicherweise hat Freund Nummer drei erst gestern

Bratschige, das heißt, kleinsplittrig-brüchige Hänge bilden die Südostflanke des Wiesbachhorns.

in Stuttgart die Schule verlassen, wo er leider nicht für Körperertüchtigung zuständig ist, sondern für Religion, und die hilft ihm auf dem langen steilen Zustieg gar nichts. Ich kann also wie der barmherzige Samariter für ihn großmütig und oft genug eine Pause einlegen – so lange, bis sich der Herr Pfarrer wieder erholt hat. Auf halbem Weg kommt die Dämmerung. Drüben, auf der anderen Seite des Käfertals, bewegen sich die Lichterketten der Autos auf der Glocknerstraße, und der volle runde Mond steigt in den Abendhimmel. Es ist nun still geworden, nur das leise Rauschen der Fuscher Ache kommt aus der Tiefe, es wird dann und wann überlagert von kleinen Bergbächen, deren Geräusch aber schon hinter der nächsten Wegbiegung wie abgeschnitten verstummt. Über uns die scherenschnittgleichen Kulissen von Wiesbachhorn, Bratschenkopf und Klockerin. Ein frischer Lufthauch trocknet den Schweiß vom Gesicht, wir sitzen auf den Steinen, den Rucksack am Rücken, und sehen nach Osten, wo der harte Schatten des Mondlichts auf hellen Schneefeldern liegt. Es ist fast wieder Tag geworden, nur in den Gräben und Winkeln, in die das Mondlicht nicht scheint, ist es so dunkel, daß wir die Lampen hervorholen. Unvermittelt stehen wir vor den Konturen der alten Mauern. Es gibt noch zwei Räume, die aber außer einem Tisch und zwei Bänken keinerlei Einrichtung besitzen. Wie gut, daß wir alles dabeihaben. Bald gibt es Tee, und als wir auf unseren mitgebrachten »Matratzen« später in den Schlafsäcken liegen, sind wir in diesen Mauern sogar zufrieden.

Als ich erwache, löst gerade ein erster Schimmer den Tag aus der Nacht. Ein Stern funkelt durch die glaslose Luke – der Tag wird schön werden. Eine Welle von Freude ist da, schlagartig bin ich hellwach und schäle mich aus dem Schlafsack. Dieses Geräusch weckt auch die Kameraden, eine Lampe flammt auf, wir kleiden uns an, der Tag beginnt. Noch im Schatten des frühen Morgens verlassen wir die Hütte, frühstücken wollen wir später, wenn wir in die Sonne kommen. Auf dem Gras liegt Reif, die Steine tragen eine glasige Schicht. Es war kalt in der Nacht, ein gutes Zeichen. Auf Pfadspuren steigen wir an den Beginn des Südostgrates der Hohen Dock, auf das Remsschartl zu. Längst hat die Sonne die hohen Berge über uns mit Licht überschüttet, die bratschigen Hänge der Hohen Dock zeigen ihre Farben. Das Licht kommt tiefer, wir steigen ihm entgegen. Dort, wo die letzten Gras- und Blumenpolster blühen, trifft uns die Sonne – ganz plötzlich sind wir alle vier

Goldberggruppe und Sonnblick vom Ostgrat der Dock.

stehengeblieben und sehen nach Osten, wo das gebündelte Licht den Ausgang nimmt. Schnee glitzert, Tautropfen blinken, Leben kommt in die Welt.

Das Remsschartl, der Hohe Gang, waren einmal das Tor ins Herz der Glocknergruppe. Ein Tor, das unvermittelt den Blick freigibt auf den Fuscherkarkopf und seine Nordwand. Am Remsschartl beginnt der Grat, kleinsplittrige Felsen, Schutt, Geröll, stufenartig geschichtetes Gestein. Kein Windhauch, die Sonne zaubert Dunst in die Täler, Sommerkumuli entstehen unter uns, sie steigen höher und lösen sich wieder auf. Wir genießen den ständigen Wechsel der Sicht, den das Steigen auf dem Grat mit sich bringt. Großglockner links, Wiesbachhorn rechts und ringsum Berge und Gipfelketten. Wie rasch sich das Auge an der großen Kulisse satt sieht, ich muß mich fast zwingen, diesen so überwältigend schönen Tag auch gebührend aufzunehmen, ihm die Zeit zum Schauen und Bewundern bereitzuhalten. Aber das Erlebnis Berg ist ja auch die Summe aus vielen tausend Schritten, die hier am Grat gut gesetzt und wohl überlegt sein wollen. So ist für den Blick in die Weite nur wenig Gelegenheit. Erst die Rast auf einer luftigen Kanzel bringt dieses befreiende, ins Schwerelose gleitende Gefühl wunschloser Zufriedenheit. Wir sind am Südgipfel des kirchdachartigen Berges. Wieder weitet sich die Sicht. Vor uns eine klassische Gratstrecke mit Stellen zum Balancieren. Hier überwiegt die Freude an der Bewegung, der Tanz über der Tiefe. Dann der Gipfel, ein schönes schmiedeeisernes Kreuz, neue Bilder, andere Berge und auch Müdigkeit, ein wenig Schlaf auf den warmen Steinen. Ein frischer Luftzug weckt uns und damit auch die Erinnerung an 2200 Meter Abstieg durch alle Zonen des Hochgebirges. Ein Blockgrat führt in die Gruberscharte, wäßriger Schnee auf blankem Eis verlangt die Steigeisen. Unter der Scharte eine tiefe Randkluft, wir seilen an. Später auf dem Gletscher haushohe Trümmer einer Eislawine, dann Schnee, den wir locker mit den Schuhen abfahren können, die Ruine, Wasser, Wiesen, Blumen. Abstieg auf dem klug angelegten alten Saumpfad, der oft unterbrochen ist. Schafe, Kühe und überall die gischtenden Wasser, die hier noch ungestört zu Tal rauschen dürfen. Die ersten Spaziergänger, Motorengeräusch, der Rucksack gleitet von den Schultern, die Füße kühlen im Bach, ein paar Spritzer Wasser ins Gesicht. Dann sitzen wir wieder im Auto und fädeln uns ein in die endlose Kette der Fahrzeuge, in den Lärm und in das Netz der Verbote und Vorschriften.

Die Berge hatten mich in die Schweiz, ins gelobte Land der hohen Gipfel, gezogen, jetzt war ich »Gastarbeiter«, einer aus dem »großen Kanton«, wie vornehme Schweizer die Bundesrepublik zu umschreiben pflegen. Die weniger Vornehmen bezeichneten jedoch schlicht alle Deutschen als »Cheibeschwobe«, obgleich ich mit Recht darauf verweisen konnte, daß Schweizer wie Schwaben alemannischer Herkunft sind und nie und nimmer mit den Bajuwaren in einen Topf geworfen werden können. Nun, das war ein Randproblem. Wichtiger für mich war, Anschluß zu finden, um nicht allein in die vergletscherten Berge fahren zu müssen. Die örtliche SAC-Sektion verlangte für die Aufnahme zwei Bürgen, so als sollte ich in der Bruderschaft einer Loge Mitglied werden. Diese »Bürgen« wiederum wollten auch wissen, wen sie als Paten hatten und luden mich ein, mit ihnen eine Tour zu gehen – die Überschreitung der Blüemlisalp.

In einem VW-Käfer ging's an einem Wochenende im Renntempo nach Kandersteg, und von dort standen 1700 Höhenmeter Hüttenweg an, vorbei am einzigartig eingebetteten Öschinensee hinauf zu Hohtürli, wo auf 2834 Meter die Blüemlisalphütte steht. Ein Weg, überreich an landschaftlicher Schönheit und Bildern schroffer himmelstürmender Wände, mit dem blauen Spiegel des Sees unter den hohen Schneegipfeln, die ihn um zweitausend Meter überragen.

Leider war für beschauliches Ausschreiten keine Zeit, denn die beiden schlugen ein flottes Tempo an, sie wollten mich offensichtlich testen. Es war ein Samstag, und es war der »erschte Augschte«, der erste August, der Schweizer Nationalfeiertag; und es gilt in der Schweiz als stilvoll, den Tag der Heimat in den Bergen zu verbringen. So waren wir nicht allein auf dem Weg, ganze Scharen stiegen dem Hohtürli zu und wurden von uns überholt. Der Andrang dort oben war noch schlimmer als erwartet, denn auch von der anderen Seite, aus dem Kiental, waren die Bergsteiger heraufgekommen.

Meine beiden Begleiter, langjährige SAC-Mitglieder, erhielten noch zusammen ein Lager, ich hingegen hatte mit meinem grauen DAV-Papierchen überhaupt kein

Nächtliche Gratwanderung

Die Gipfel der Blüemlisalp – Morgenhorn, Weiße Frau, Blüemlisalphorn

Platzrecht und mußte mit dem Boden vorliebnehmen. Lange saß ich im Kreis vieler Besucher vor der Hütte und hörte den Gesprächen und dem Gesang zu. Ich verstand zwar bei weitem noch nicht alles, doch erstaunte es mich, daß Menschen, die sich noch nie gesehen hatten, mehrstimmig zusammensangen und vor allem auch die einzelnen Strophen genau wußten. Glutrot näherte sich die Sonne dem Horizont, die drei weißen Gipfel der Blüemlisalp leuchteten rubinrot, und aus dem dunklen Abendhimmel traten die ersten Sterne. Ein herrlicher Platz, der Standort dieser Hütte, die Sicht, die 180 Grad des Horizonts umfaßt, die hinausreicht zu den Höhenzügen des Jura, der Tiefblick ins Kandertal und ins Kiental, die zerrissenen kleinen Gletscher zwischen Doldenhorn und Blüemlisalphorn und im Süden die makellos weißen Flanken mit dem elegant geschwungenen Grat, den wir morgen zu überschreiten gedachten.

Die drei Gipfel der Blüemlisalp von Norden, vom Ärmighorn.

Trotz dreifacher Belegung der Schlafplätze war bald Ruhe im Haus, denn ein ganz besonderer Unruhegeist, jener aus der Flasche nämlich, war von der hüttenbesitzenden Sektion aus der Unterkunft verbannt worden: Die Blüemlisalphütte ist alkoholfrei. Es gibt zwar Bierersatz, aber es schmeckt wie jenes Extrakt aus Malz für Abstinenzler und Rekonvaleszenten, das mit Bier nur die braune Farbe gemeinsam hat.

Die Nacht brachte nur wenig Schlaf, aber es war nicht nur dieser Tatsache zuzuschreiben, daß um ein Uhr morgens das allgemeine Aufstehen begann, in der Schweiz ist die »Tagwache« für Hochtouren eben meist

Von hohen Flanken und Wänden umgeben: der Öschinensee.

kurz nach Mitternacht. Als bekleideter Bodenschläfer brauchte ich nur meine Decke zusammenzulegen und mit den Schuhen die Hütte zu verlassen, um in eine phantastische Nacht hinauszutreten. Der Mond warf gleißendes Licht über Gletscher und Gipfel, die weißen Berge standen fast taghell vor dem dunklen Himmel. Ein frischer Wind strich über den Grat und trieb den Schlaf aus den Augen. Das Mondlicht war so stark, daß nur die hellsten Sterne sichtbar waren – gut, so brauchten wir keine Lampe mitzunehmen. Das Frühstück wurde im Stehen verzehrt, dann ging es hinaus auf die Terrasse, jenen Platz der Sicht und der Kommunikation, über den fast jede Schweizer Hütte verfügt.

Dort bereits wurde angeseilt, und dann liefen wir rasch dahin, nicht in der tief ausgetretenen harten Spur, sondern über die ebenso hartgefrorenen weißen Gletscherfelder. Auch heute wurde mehr gerannt als gegangen, weshalb es nicht lange dauerte und wir die Spitze jener Hundertschaft bildeten, die über die drei Blüemlisalpgipfel wollte. Am Steilaufschwung des Morgenhorns traten wir in den Mondschatten und stiegen mit den Steigeisen in der Schwärze der Nacht hinauf zum höchsten Punkt, auf dem wir noch vor vier Uhr anlangten. Fern im Osten ein schwacher roter Schimmer des neuen Tages, silbern glänzend die Eisberge der Berner Alpen und der Walliser, und über uns der sternübersäte wolkenlose Himmel. Doch für Betrachtungen blieb kaum Zeit, denn hinter uns keuchten bereits die Verfolger heran, wir mußten den Gipfel räumen, wenn wir die ersten auf dem Verbindungsgrat sein wollten. Der Mond war nun hinter der Weißen Frau verschwunden, und wieder kletterten wir in tiefer Dunkelheit über den gefährlichen, verwächteten Grat, von dem es zu beiden Seiten steil in die Tiefe geht – wie weit, verwehrte gnädig die Dunkelheit. Da ich letzter am Seil war, hatte ich die Anweisung erhalten, Schlingen aufzunehmen und bei einem eventuellen Sturz meiner Vorderleute sofort auf die andere Seite zu springen – meine Frage, weshalb wir uns denn nicht sicherten, wurde nicht einmal registriert.

Wir erreichten den Gipfel der Weißen Frau noch in der Nacht, nur der rote Streifen im Osten war heller geworden. Meine beiden Begleiter hatten anscheinend übersehen, daß wir einen bedeutenden Hochgipfel der Berner Alpen erstiegen hatten, denn sie überquerten ihn, wie man eine Rückfallkuppe überschreitet: achtlos und allein auf den Weg konzentriert. Nun, es war verzeihlich in dieser Dunkelheit. Der Grat wurde nun schärfer, Fel-

Aufstieg zum Hohtürli und Gipfelschau von der Blüemlisalp.

sen traten hervor, es ging in Scharten hinunter und wieder hinauf, unser Fortkommen wurde langsamer, die Verfolger rückten in unseren Spuren heran. Es war heller geworden, im Osten begann der Horizont zu glühen, doch meine beiden Kameraden strebten weiter, ohne für das kommende Schauspiel überhaupt einen Blick zu verschwenden.
Hier nun war der Rest meiner Zurückhaltung verflogen. Ich blieb ganz einfach stehen und erklärte ihnen, was im Bergsteigen bei mir Gewicht habe und daß ich jetzt warten würde, bis die Sonne emporstiege, um sie zu fotografieren. Unisono erhob sich Protest, doch mit einem Griff hatte ich das Seilende aus dem Karabiner geklinkt und sagte ihnen, daß sie ruhig allein weiterrennen dürften, ich käme auch allein hinunter. Das wirkte besser als erwartet, denn die beiden setzten sich auf ihre Rucksäcke, warteten murrend, bis die Sonne über den Horizont rückte und ich mit dem Fotografieren fertig war. In dieser Zeit hatten uns zehn Seilschaften überholt, die nun die letzte steile Flanke zum Gipfel hinaufstiegen. Mit dem Einsatz aller Kräfte schafften wir es, noch vier dieser Seilschaften hinter uns zu lassen, indem wir etwas in die Nordwand hinausquerten.

Punkt 3663, der Gipfel der Blüemlisalp – endlich waren die beiden innerlich so gefestigt, daß sie sich zu einer Gipfelrast entschließen konnten. Die Morgensonne modellierte mit ihren schrägen Strahlen Tiefe in die Flanken der Berge, trennte Schatten und Licht mit scharfen Linien. Weit reichte die Sicht in diesen klaren Sommertag. Und tief, unwirklich tief unten, da lag das blaue Seeauge des Öschinensees, es schien, als würde die steile Schneeflanke direkt hinab in das Wasser reichen. Gute Bekannte waren aufgetaucht: Wetterhorn, Eiger, Mönch und Jungfrau im Osten, Finsteraarhorn und Aletschhorn südöstlich und die weißen Gipfel der Walliser Alpen im Süden. Westlich, über Doldenhorn, Balmhorn und Altels, der Montblanc. Fern im Norden die Juraketten, die Berge über Solothurn, wo ich nun wohnte, dahinter im Dunst verschwimmende feine Linien, die Höhenzüge der Vogesen und des Schwarzwalds. Geschwind wickelte ich mein fotografisches Programm ab, um meine Paten nicht nochmals mit grundsätzlichen Ansichten konfrontieren zu müssen, denn sie packten bereits zusammen und sprachen von »einer Stange Feldschlößchen«, von der uns jetzt allerdings zweieinhalb Kilometer Höhe trennten – erst ganz unten in Kandersteg konnte dieser Wunschtraum erfüllt werden. Auf der Hütte gab's ja nur Tee und Malzbier.

Wilde Frau, Morgenhorn, Weiße Frau und Blüemlisalphorn.

Der Abstieg von der Blüemlisalp auf den nach unten geschichteten Platten, die fast alle locker sind, erforderte nochmals die gesamte Vorsicht. Dann aber waren meine zwei Begleiter nicht mehr zu halten und schafften es doch noch, daß wir als erste in der Hütte eintrafen. Am Wettlauf hinunter zum See und weiter nach Kandersteg beteiligte ich mich periodisch, indem ich über kurze Strecken so schnell wie möglich rannte, sie dabei ganz deutlich distanzierte, aber dann doch die unweigerlichen Pausen mit Fotografieren zu übertuschen versuchte.

Die Blüemlisalp und alle Gipfel in ihrem Gratverlauf, von den Fisistöcken bis zum Zahmen Andrist, habe ich in den folgenden Jahren noch oft besucht und habe all das, was beim ersten Mal der Zwang zum Tempo gefressen hatte, ausgiebig und mit viel Zeit erwandert und erklettert. Das reizvoll-herbe und oft noch ursprünglich-wilde Tal der Kiene war mir zehn Jahre lang Bergheimat und Ziel vieler »Entdeckungsreisen« zu allen Jahreszeiten. An wieviel Tage der Stille und des Schauens darf ich mich erinnern, auf den Gipfel der Andriste, des Ärmighorns, der Büttlassen und des Gspaltenhorns, von denen immer die Berge der Blüemlisalp die Sicht im Süden begrenzen, im zarten Rosa des Morgens oder im dunklen Rot des Abends – jene Stimmungen, die diesen Bergen den Namen gaben.

Es gibt Gipfel und Berggruppen, von denen im Bewußtsein der Alpinisten nur eine einzige Seite existiert, wo stets nur diese Schauseite Erwähnung und Beachtung findet, während die anderen Wände, Grate und Täler in völlige Vergessenheit versinken können. Beispiel: das Bergell.

Wir hatten keine Ahnung, was uns auf der Südseite der Bergeller Berge erwarten würde. Es gibt kaum deutschsprachige Literatur, und die so untrüglich und genau scheinenden Landeskarten der Schweiz sind in Wirklichkeit jenseits der eidgenössischen Grenzpfähle die reinsten Märchenblätter, obwohl jede Einzelheit mit Akribie aufgezeichnet scheint. Aber vieles stimmt einfach nicht. An einem lauen, gewitterträchtigen Hochsommerabend waren wir, über den Malojapaß gekommen, von Masino (216 Meter über dem Meer) im Tal der Adda das Val Masino hinaufgefahren. In San Martino bogen wir, nun in völliger Dunkelheit, ins Valle dei Bagni ein und kurvten in vielen Serpentinen hinauf zum großen Heilbad Bagni del Masino, 1200 m.

Weil sich die Nacht sommerlich warm gab, legten wir am Ende des Weges kurzerhand die Isomatten auf eine Wiese und krochen in die Schlafsäcke. Eine Stunde mochten wir im Rauschen des nahen, mächtigen Baches in tiefem Schlaf verbracht haben, als uns schwere Regentropfen ins Gesicht schlugen und ein blendender Blitz den nächtlichen Frieden zerriß. Ein wildes Gewitter entlud sich nun über dem Tal, und wir konnten im grellen Schein der Blitze vom Auto aus den ersten Eindruck unserer unbekannten Umgebung gewinnen. Rasch war das Unwetter vorübergezogen. Sterne blinkten wieder und verschwanden – ein weiteres Gewitter zog auf und tobte sich aus, doch am Morgen war der Himmel klar und blau.

Wir befanden uns in einem Talschluß, flankiert mit steilen Wänden, die von fernen hohen Gipfeln überragt wurden. Die unmittelbare Umgebung bot aber einen chaotischen Eindruck, überall zersplittertes Holz, Stämme, Wurzeln, Äste. Eine gigantische Lawine mußte dieses Zerstörungswerk im vergangenen Winter angerichtet haben. Nun gewahrten wir auch eine primitive Seilbahn, die

Gewitterstimmung

Im südlichen Bergell –
Granitberge über dem Val Masino

schon am frühen Morgen in Betrieb war und mit der von hoch oben, direkt über unsere Köpfe, Stämme nach unten geführt wurden, die diese Lawine entwurzelt hatte.

Unser Ziel war eine Hütte des CAI, namens Rifugio Antonio Omio, die sich im Val Ligoncio auf 2100 m befinden sollte. Unser alter italienischer Führer »Da Rifugio a Rifugio« erwähnt sie ausführlich, aber in kei-

ner Karte war sie zu finden. Wir folgten einem vor ferner Zeit klug angelegten, nun aber verwahrlosten Almweg steil aufwärts und durchquerten ein Gebiet, in dem die Lawine kriegsähnliche Zerstörungen angerichtet hatte. Überall Splitter, Wurzeln, Äste – ein trostloser Anblick.

Tiefer Hochwald nahm uns nun auf, später erreichten wir einige Almhütten, und noch immer folgte der Weg den stürzenden Wassern, die aus dem Valle Porcelizzo kommen. Endlich ein Wegweiser nach links: Rifugio Antonio Omio.

Großartig entsteigen hier die rauhen flächigen Felsmauern den Almwiesen, Klüfte durchreißen in den Himmel steigende Fluchten aus Granit, Bänder tragen Gras und Blumen wie Balkonschmuck auf alten Bauernhäusern.

Dann bleibt der Wald zurück, wir treten auf intensiv beweidete, steile Wiesen, auf denen die Kühe keinen Halm, keine Blume mehr stehen ließen. Almhütten gibt es keine, statt dessen stehen primitive Bretterverschläge unter überhängenden Felsen. Schweine grunzen, Schwärme von Fliegen; Schmutz, Gestank und unfreundliche Blicke lassen uns rasch weiterziehen. Nach zweieinhalb Stunden zeigt sich die CAI-Hütte als stattlicher Bau, mit rotgestrichenen Fensterläden, die, wie die Tür, verschlossen sind. Schade, denn wir sollten gerade ein Dach über dem Kopf haben, da ein anrückendes Gewitter bereits die ersten Tropfen fallen läßt. Aber der Spuk ist rasch vorüber, die Sonne lockt schon wieder, weshalb wir mit leichten Rucksäcken der Cima del Barbacan zusteigen. Dieser 2738 Meter hohe Gipfel befindet sich genau nördlich über der Hütte, von der eine Markierung über blumige Wiesen zu den grasdurchwachsenen Steilfelsen dieses Berges zieht. Der Steig, meist nur durch die Markierung zu finden, überquert den Barbacan etwa 100 Höhenmeter unter dem Gipfel und leitet hinüber ins Valle Porcelizzo zur Capanna Badile. Ein begeisternd schöner und bunter Blumenteppich beschäftigt uns so, daß wir das dritte Gewitter dieses Tages erst durch einen lauten Donner gewahren und uns eiligst nach einem Dach umsehen, zumal uns am Grat schon die Haare zu Berge stehen. In einem engen Riß

warten wir den Wasserguß ab, wobei glücklicherweise das Zentrum von Blitz und Donner im Osten bleibt, aus unserer steinernen Behausung gut zu beobachten.
Dampfende Felsen, frische Farben und eine reizvolle Blockkletterei geleiten nun zum Gipfel, der aber auf seiner luftigen Spitze nur für einen Platz hat. Gegenüber Badile, Cengalo, Bondasca; im Osten der wilde Disgrazia, vom Gewitter noch eingehüllt; unter uns das Val Codera, ein riesiger einsamer Kessel, dessen grüner Talboden 1500 Meter tiefer liegt.
Beim Abstieg näßt uns das vierte Gewitter, und an der Hütte können wir feststellen, daß sie uns in dieser Nacht nicht beherbergen wird, denn sie ist, wie am Vormittag, verschlossen. Da wir aber am nächsten Morgen den Lis d'Arnasca, 3032 m, besuchen wollen, müssen wir uns nach einer Bleibe umsehen, um die noch ausstehenden Gewitter trocken zu überstehen.
Das Rifugio hat ein neues Dach erhalten. Das alte Wellblech, zerrissen und verbogen, findet sich auf einem losen Haufen hinter der Hütte und wird mit einem Sägebock, mit Felshaken, dem Pickel und einer alten Mistgabel zu einer diogenesischen Halbtonne zusammengebastelt, die sich gut bewährt und in der Nacht die Regengüsse von Gewitter fünf, sechs und sieben abwehrt.
An einem strahlenden, stillen Sommermorgen können wir den Lis d'Arnasca angehen, dessen Blumenpracht noch intensiver, noch vielfältiger und dichter ist. In totaler Unkenntnis der Route und durch die falsche Darstellung des Geländes in der Karte verlaufen wir uns und stehen nach stundenlanger Kletterei vor hohen Wandfluchten, die uns zur Umkehr zwingen.
Als wir zurückkommen, ist der Wirt gerade mit einem hochbepackten Muli angelangt. Ab heute ist die Hütte bewirtschaftet, wir waren einen Tag zu früh hier. Lachend schaut der Herr des großen Hauses zu, wie ich meine Tonne demontiere und alles wieder an Ort und Stelle zurücktrage.
Mit einem Glas Veltliner verabschieden wir uns von einem Alpenteil, dessen landschaftliche Schönheit uns begeistert hat, und der uns bald, noch im Herbst des gleichen Jahres, wiedersehen sollte.

Chablais – die Berge zwischen Genfer See und Chamonix, die Dents du Midi, die wilden steinernen Wächter des Rhônetals. Wir sahen sie zu allen Jahreszeiten, verschneit und schneefrei, unter einem blanken Himmel und von Nebeln umzogen, und jedesmal, wenn die Fahrt rhôneaufwärts ging, wenn der Lac Leman, Montreux und Aigle zurückblieben, suchten die Augen nach Süden. Dorthin, wo ein zerrissener Felskamm auftauchen mußte, dessen Zähne und Türme geradezu bedrückend abweisend in den Himmel zeigten. Aber das war nicht alles, diese Zinnen, von denen wir wußten, daß sie zu den niedrigen Dreitausendern zählten, waren so unwirklich hoch, so fern und groß, daß dieser Eindruck fast unerklärlich schien. Erst der Blick auf die Landkarte, auf die Lage von St-Maurice an den Ufern der Rhône, klärte das Rätsel: Der Eindruck stimmte, denn auf nur sechs Kilometer Distanz ragen die höchsten Spitzen dieses Gebirgsstocks 2800 Meter in den Himmel. Ein Höhenunterschied vom Tal (420 Meter) zum Gipfel (3257 Meter), der auf diese Horizontaldistanz nur von ganz wenigen Viertausendern erreicht wird.

Von der Furka kommend, hatten wir die Rhône talaus begleitet, verließen sie bei Monthey und bogen ab ins Val d'Illiez, das sich unter dem Dents-du-Midi-Stock schnurgerade nach Südwesten zieht, hinauf nach Champéry, 1050 m. Noch kurze Zeit konnten wir dem Bach des Tales (La Vièze) folgen, dann wies schon ein Schild in den Wald: Zur Cabane de Susanfe, 2102 m, gut 1000 Meter höher. Ein steiler, schlecht angelegter Weg gleich zu Beginn des Aufstiegs war nicht nach unseren Erwartungen, und wir konnten nicht begreifen, daß zu einer so bekannten und sicher auch stark frequentierten Hütte ein so schlechter Weg führt. Diese Frage war nach einer knappen Stunde beantwortet, denn da stießen wir auf eine noch viel häßlichere Forststraße, die aber den Vorteil hatte, daß sie befahrbar war. Vom Endpunkt dieser Straße wurde das Gehen dann angenehmer, lichter Wald und abwechslungsreiche Vegetation begleiteten uns hinauf zum großen Almboden von Bonavau. Mächtig die 1000-Meter-Abstürze

Schaukanzel

Auf dem höchsten Punkt der Zackenkrone, auf den Dents du Midi

der Dent de Bonavau, 2503 m, über uns, ebenso die steilen Felsen der Dent de Rossetan, 2616 m, des westlichsten Gipfels des Dent-du-Midi-Kamms. Dorthin, wo sich die Ausläufer dieser beiden Berge berühren, zu einer engen Schlucht, führte unser Weg. Es war Frühsommer, doch die vielen Schafe und Kühe hatten die Weiden schon fast kahlgefressen. Um so mehr waren

wir deshalb erfreut, als sich wenigstens dort, wo es für die Haustiere gefährlich wurde, prachtvolle Blumenteppiche fanden, Orchideen, wilde Klematis, Enziane, Alpenrosen, Primeln, Anemonen und auch manches unbekannte Gewächs.

Die Schlucht führte wenig Wasser, zur Frühsommerzeit eigentlich ungewöhnlich. Die Erklärung brachte dann am Pas d'Encel eine kleine Staumauer, die die wildschäumenden Wasser des hier beginnenden Quertals fängt und unterirdisch ableitet. Der heutige Tag stand unter sich verstärkendem Hochdruckeinfluß. Nach und nach lichteten sich die Nebel um die Gipfel, und am späten Nachmittag traten immer mehr Berge hervor. Vor uns, im Süden, 1200 Meter höher, eine mächtige Gestalt, der Mont Ruan, 3044 m. Den breiten, quergebänderten Gipfelaufbau umgibt wie eine Toga ein spaltenreicher Gletscher. Die Eismassen enden über teils hohen Wänden, und es bleibt keine Viertelstunde ruhig da oben. Immer wieder fallen Trümmer in die Tiefe, brechen Eisbalkone donnernd hinunter, schütten große Eiskegel weiter auf. Diese hochalpine Szenerie über uns und der prangende Bergfrühling um uns begleiten

Vom Pas du Lin öffnet sich ein Fenster zu den Dents du Midi.

die letzte Wegstrecke zur Hütte, deren Mauern, wie bei den meisten Hütten des Schweizer Alpenclubs, aus den Steinen der Umgebung gebaut wurden. Über der Unterkunft unser Ziel, die Haute Cime, die höchste Spitze der Zackenkrone. Von dieser Seite jedoch besteht der 1100 Meter hohe Aufschwung aus einer Folge von ausgedehnten Schuttfeldern.

Freundliche Aufnahme, gute Bewirtung und ein ordentliches Nachtlager halten diese Unterkunft in angenehmer Erinnerung. Auch der kühle Abend und der nun blanke Himmel sind dazu angetan, dem kommenden Tag mit Hoffnungen entgegenzusehen. Am Morgen dann die so oft erlebte Hüttenatmosphäre. Hier wird gemütlich Tee geschlürft, dort hastiges Packen, verschlafen und mit wirren Haaren stolpern zwei über die Unordnung am Boden. Gegenüber wird die Karte studiert, der andere liest mit leiser Stimme aus dem Führer. Einer fragt uns deutsch: »Wohin heute?« – »Haute Cime« – »Bon voyage!« Noch ist die Nacht in den Tälern, der Himmel aber ist hell, der Boden gefroren,

Die Susanfehütte mit dem höchsten Gipfel, der Haute Cime.

ein kalter Wind bläst den Rest Müdigkeit davon. Die Haute Cime, von Norden so stolz und unnahbar, ist von hier ein riesiger Geröllhang, in den Schneefelder eingelagert sind. Nach einer Stunde stehen wir am Col de Susanfe, 2494 m, noch bevor die Sonne die Barriere des Grand Combin da drüben überwunden hat. Unter uns die spiegelglatte Fläche des Lac de Susanfe, im feinen Dunst das Rhônetal und darüber die Scherenschnittlinie der Walliser Berge. Ruckartig entsteigt die Sonne nun dem vielgipfeligen Horizont, die Welt um uns lebt auf. Die Wandfluchten im Süden erhalten Konturen, Schnee glitzert, der Himmel ist jetzt tiefblau. Der hier beginnende Nordgrat der Tour Sallière, 3218 m, bildet im schrägen Licht der aufgehenden Sonne einen faszinierenden Kontrast vor dem tiefblauem Himmel. Dann wenden wir uns der Haut Cime zu und steigen in Schutt auf ausgetretenen Pfaden höher. Unter dem Col des Paresseux weitet sich die Sicht nach Süden. Neben der Tour Sallière ist der Montblanc aufgetaucht, links die Aiguille Verte und die Berge um den Argentièregletscher. Berückend schön der Weiße Berg, silbern glänzen seine Gletscher, deutlich sind die riesigen Bruchzonen sichtbar, die strahlendweiße Kuppel scheint auf einer Dunstschicht zu schweben.

Wenig später hat sich der alle Himmelsrichtungen umfassende Ring auf dem Gipfel geschlossen. Als weißes Band sind die Berner Alpen im Norden zu sehen, die verwirrende Vielzahl der Bergspitzen ist nur mühsam zu bestimmen. Über 2000 Meter trennen uns jetzt vom Val d'Illiez, dessen grüne Wiesen von ungezählten Ferienhäusern gesprenkelt sind. Unter uns stolze Felsgestalten, die »Zähne« Les Doigts, Dent Jaune, L'Eperon, La Cathédrale, La Forteresse und die Cime de l'Est, dahinter, jenseits des Rhônetals der Doppelgipfel des Grand Muveran mit der Firnschneide zwischen den beiden Spitzen. Welch ein Glückstag. Wetter wie heute gibt es wohl während des Sommers kein dutzendmal. Die Fernsicht läßt sich mit den besten Oktobertagen vergleichen, dazu wohlige Wärme, Ruhe und Einsamkeit. Drei Stunden auf dem höchsten Punkt des Chablais vergingen wie im Flug, aber sie bleiben auch leuchtend in Erinnerung.

»La Vanoise«. Eine westalpine Gebirgsgruppe, von der ich die Grenzen nicht wußte, den höchsten Punkt nicht kannte und die weit, weit entfernt war. Alpine Ignoranten gibt es viele, einige erreichen sogar hier Spitzenleistungen – es sei gestanden: auch ich. Denn: wenige Jahre zuvor hielt ich mich eine Woche lang in diesem Gebiet auf, in 2300 Meter Höhe, aber den Namen Vanoise kannte ich nicht. Andere Bezeichnungen waren hier im Vordergrund: Val d'Isère, Mèribel, Les Trois Vallées, Menuires, Val Thorens, Courchevel. Namen, die für riesenhafte Skierschließungen stehen, für Ski total, für Zerstörung brutal. Aber das sieht der Pistenfahrer nicht – wenn die Wunden im Berg zum Vorschein kommen, ist kein Deutscher im Vanoise. Und doch, diese hinreißend schöne und vielfältige Alpengruppe hat wesentlich mehr zu bieten als eintöniges Pistenrutschen und todlangweilige Skidörfer. Das Vanoise, fast so groß wie die Ötztaler, hat einen Gipfel, die Grande Casse, der die Wildspitze noch um 80 Meter überragt. Das Gebiet ist gut erschlossen, mit zahlreichen Hütten versehen, aber es bleiben noch viele einsame Täler und Berge. Sie zu finden ist leicht. Das Institut Géographique National hat das Vanoise auf drei Blättern 1:25 000 genau und sauber dargestellt, qualitativ den Alpenvereinskarten durchaus ebenbürtig. Sie heißen: »Tarentaise«, »Haute Maurienne« und »Grande Casse/Dent Parrachée«. Die Pointe du Bouchet findet sich auf dem letzteren Blatt im Südosten, doch zeigt diese Karte die Zufahrt aus dem Tal des Arc nicht mehr, aber dafür gibt es eine Karte 1:50 000.

Mitten in der Woche sind wir gefahren, gemütlich, ohne jede Eile, denn es regnete und weiterer Regen war versprochen. Innaufwärts bis La Punt, über den Albula nach Thusis, an den jungen Rhein und auf den Oberalppaß, nach Andermatt und über die Furka ins Tal des Rotten. Ein Zwischenhoch weckte uns hier am anderen Morgen, Sonnenschein das Wallis abwärts bis Martigny. Aber in Chamonix regnete es schon wieder. Ugine, Albertville, das Tal der Isère bis dorthin, wo der Arc einmündet. Eine breite vielbefahrene Straße begleitet den Fluß, kaum deutsche Autos. Grüne, runde Berge

Neben dem Zirkus

Stille und Einsamkeit
unter der Pointe du Bouchet im Vanoise

zu beiden Seiten, allmählich rücken die Talseiten zusammen, Felsen tauchen auf, später Wände, riesenhafte Felsfluchten. Wir haben keine Ahnung, wohin wir eigentlich sollen, und so beschließen wir, einmal so weit zu fahren, »bis wir in der 50 000er-Karte sind«, das heißt, sie beginnt kurz vor St-Michel-de-Maurienne, und dort, beim Weiler Orelle, erkennen wir auf der Karte einen Weg oder eine Fahrstraße, die sich aus dem Tal nach oben schlängelt. Nach einigen Fehlversuchen haben wir sie gefunden und fahren nun höher. Noch einmal müssen wir umkehren; in Bonvillard ist die Straße zu Ende, doch wenig vorher hat sie sich gegabelt. Der Teerbelag ist bald zu Ende, wir warten nach jeder Kurve auf das Ende des Weges – aber er führt beharrlich weiter Kurve um Kurve durch wildwachsendes Gebüsch, später nimmt uns Lärchenwald auf. Und überall Blumen, einzeln und in Polstern, urwaldähnliche Vegetation, und die Straße führt nach oben. Jetzt sind wir schon eintausend Meter über dem Talboden. Nochmals gewinnen wir 200 Meter und erreichen ein kleines Hochtal mit einem Bach und einer großen, offenen Wiese. Auf ihr eine kleine Kirche: Notre Dame des Anges, wie aus der Karte zu erkennen ist. Ein guter Platz zum Übernachten.

Wir räumen unseren Caravan ein wenig um, kochen ein ordentliches Essen und erkunden ein wenig die Gegend. Es ist Abend geworden. Die Wolken haben im Westen ein paar Löcher erhalten, durch die die tiefstehende Sonne unser kleines Hochtal beleuchtet. Auf der östlichen Talseite ragen die Felsen in die tiefhängenden Wolken. Im Westen die schneebedeckten Hänge des Mont Bréquin, 3135 m, der steile und felsige Gipfel ist nicht zu sehen. Auch die Berge jenseits des Tals, sie gehören zum Pelvoux-Massiv (Dauphiné), sind von Wolken eingehüllt.

In der Nacht trommelt Regen aufs Autodach, es läßt sich gut schlafen bei dieser Melodie. Der Bach rauscht stärker. Hoffentlich schneit es nicht, denn wir wollen ja auch Blumen sehen und fotografieren, hier auf 2100 Meter Höhe. Am Morgen Nebel und Regen. Ich habe mir ein halbes Hundert ungelesene Zeitungen mitgenommen und sitze, in die Daunenjacke gehüllt, stundenlang im Wagen. Nachmittags spazieren wir den Bach entlang höher, das heißt, wir klettern über schlüpfrige Felsen, doch erneut einsetzender Regen treibt uns in unsere Blechschatulle zurück.

Der nächste Morgen ist zwar auch nebelverhangen, doch es regnet nicht mehr. Da und dort zeigen sich lichte Stellen, blau schimmert es durch die ziehenden Nebel. Heute wollen wir unser Zelt ein paar Stunden weit hinauftragen und die Gegend erkunden. Wir sind voll Spannung, wissen ja nicht, was uns erwartet. Die Rucksäcke sind groß und gewichtig. Ein gut angelegter Steig führt in Serpentinen höher, erreicht einen Almboden, Plan Py, überwindet ein Steilstück, und wieder öffnet sich das Tal zu einem großen weiten Kessel, in dem sich von allen Seiten die Wasser sammeln. Plan Bouchet. Hier beginnt der Schnee. Zuerst in Flecken, ringsum vom frischen Grün bedrängt, Krokusse blühen, viele haben den Schnee durchbohrt, haben genug vom überlangen Winter und halten ihre Blütenkelche in die Sonne. Ein prachtvoller Bergfrühling umgibt uns. Am

Die große Gipfelkette der Dauphiné von der Pointe du Bouchet, links der Mitte ihr höchster Berg, die Barre des Ecrins.

liebsten würden wir jetzt alles ablegen und fotografieren, doch zuerst soll das Zelt stehen. Vor uns ist noch eine Felsstufe von etwa 200 Meter Höhe, von dort sind wir ja rasch wieder zurück. Die Schneedecke schließt sich, Gipfel tauchen auf, der höchste im Hintergrund muß die Pointe du Bouchet sein, und hinter uns, im Westen, ragt ein spitzer Berg auf, der Mont Bréquin. Oben, am Kamm, finden sich ein paar apere Flecke, doch überall Krokus und Küchenschellen. Mit großer Vorsicht zirkeln wir unser Zelt in die Blumen und können nach Belieben fotografieren. Dann klettern wir über Felsstufen wieder in den Kessel hinunter, direkt hinein ins Blumenparadies. Die schräge Nachmittagssonne beleuchtet den Westhang ideal, nur der Wind stört ein wenig und verlangt immer wieder Geduldsproben. Ein Dreißigstel und Blende 16 erfordern absolute Ruhe. Der Willi kann stundenlang vor einer Blume sitzen und auf die Sonne warten oder auf Windstille oder auf beides. Ich verzichte da lieber. Heute aber ist uns die Sonne sicher, genauso wie die Motive, die von allen Seiten locken. Ein bilderseliger Nachmittag, einsam, voll an Eindrücken und Empfindungen, Natur ohne Gießkanne und Kunstdünger.

Arten- und Farbenvielfalt im einsamsten Teil des Vanoise.

Am folgenden Morgen verlassen wir unser Zelt mit dem ersten Licht und sehen noch Sterne am blanken Himmel. Zunächst auf einem felsigen Rücken, später über weite geschlossene Schneefelder steigen wir unserem Ziel zu. Nun ist es ganz Tag geworden. Unter uns auf etwa 2000 Meter liegt eine wattige Nebeldecke, von Horizont zu Horizont Bergketten und Gipfel – ein Gewirr von Graten, völlig unbekannte Berge. Oder doch nicht? Ja, das muß die Meije sein, und wenn sie es ist, dann stehen links Barre des Ecrins und Pelvoux. Als wir den kleinen Glacier de la Pointe Rénod zwischen dem gleichnamigen Gipfel und der Pointe du Bouchet betreten, trifft uns die Sonne. Wir stoßen gerade auf eine ganz ansehnliche Neuschneelawine, die in den letzten Tagen abgegangen ist. Und das mitten im Sommer. Hier schnallen wir die Steigeisen an, für den Willi ist das neu, aber er äußert sich begeistert, wie sicher und leicht jetzt das Gehen am steilen Hang ist. An den Felsen seilen wir an und klettern in interessantem kombiniertem Gelände, in dem ich ihn sauber sichere, zum Gipfel.
Ein Meer von Schneebergen strahlt ringsum in den tiefblauen Himmel. Nur drei Gipfel kann ich benennen: Die wuchtige Grande Casse im Nordosten, und dort, neben der Aiguille de Peclet, ragt ein mächtiger Berg empor – der Montblanc. Unter uns das Skidorf Val Thorens mit seinen häßlichen Hochhäusern und den vielen Kranen. Es wird gebaut, hektisch und flüchtig. Drüben am Glacier de Chavière rumpelt sogar ein Lift, und ein Dutzend winziger Punkte lassen sich als Sommerskifahrer erkennen. Der Willi freut sich über seinen neuen »Höhenrekord« und lobt die Steigeisen. Als er plötzlich verstummt, sehe ich hin und kann mit ihm feststellen, daß er nur mehr eines an den Füßen hat. Das andere muß er wohl verloren haben, gemerkt hat er aber nichts. Wir werden es suchen. An der windstillen Sonnseite haben wir uns niedergelassen und vervollständigen die Gipfelfreude mit dem Inhalt des Rucksacks. Beim Abstieg finden wir das Eisen erst ganz unten. Der Willi hat es nicht einmal 50 Meter am Fuß gehabt und ist dennoch leichter gegangen.
Auf dem Schnee ist es ein leichtes, an Höhe zu verlieren, wir sind bald am Zelt, packen es ein und steigen hinunter zu den Blumen, dem zweiten Höhepunkt des Tages, auf den wir uns genauso freuen. Morgen wollen wir ins Nachbartal.

Verena, oder Vreneli, ist ein Schweizer Mädchenname, aber als Vreneli wird auch ein Goldstück bezeichnet, zum Beispiel die gute alte 20-Franken-Münze, die sogar nach dem Krieg noch in Umlauf war, nun aber ein Vielfaches an Wert dazugewonnen hat und damit aus dem Verkehr kam. Vrenelis Gärtli – das könnte eines von den vielen liebevoll gepflegten Gemüse- und Blumenbeeten sein, wie sie der Besucher der Schweiz in allen Dörfern vorfindet. Vrenelisgärtli heißt der Berg mit dem kleinen, kreisrunden Firnschild, der

Vrenelisgärtli

Das Glärnischmassiv, eine Wunderwelt der Blumen, Felsen und Gletscher

von Zürich her zu sehen ist. Felsen rahmen dieses leicht geneigte Schneefeld ein, und der Gedanke, es hier mit einem Garten zu tun zu haben, ist sehr naheliegend. Auch in den Ostalpen gibt es ein ähnliches Beispiel: die vergletscherte Gipfelfläche des Hochkönigs in den Berchtesgadener Alpen. Dieses etwa gleich hoch gelegene Schneefeld nennt sich die »Übergossene Alm«.

Ein Schneegrat leitet zu den Gipfelfelsen des Vrenelisgärtli.

Bei der abendlichen Auffahrt von Glarus zum Klöntaler See war die Nähe der Großstadt Zürich zu spüren: Viele Zäune und Verbotsschilder müssen die Besucher kanalisieren. Das Glärnischgebiet ist einer der Zürcher Naherholungsräume – deutsche Bergsteiger sind hier selten zu sehen.

Es war September. Die Tage mit der Vorahnung des Herbstes, klare Sicht, satte Farben, blauer Himmel, Eisenhut, Herbstzeitlosen. Es war ein ganz gewöhnlicher Montag, daher lag Stille über dem See und dem Tal. Direkt vom Südufer türmen sich gewaltige Felsmauern in die Höhe. 2000 Meter und mehr. Wüste Gräben durchreißen die steinernen Fluchten und gliedern Grate und Absätze. Einer der Gräben nennt sich die Dunggellaui, er kommt vom Inner Fürberg herunter, und es braucht wenig Phantasie, um sich die Wucht jener Lawinen vorzustellen, die an schneereichen Tagen zum See hinabdonnern.

Wir mißachten eines der Schilder ein wenig und stellen unser Auto hinten am Bodenberg zu einem großen Holzstoß. Die gutausgebaute kleine Sandstraße hinauf zum Bodenberg wollen wir ohnehin nicht fahren, wenn-

Kette an Kette reihen sich die Bergkämme der Glarner Alpen hintereinander: Ausblick vom Vrenelisgärtli nach Osten.

gleich die Verbotsschilder gar verlockend herumstehen. Wir sitzen noch gemütlich auf dem Holzstoß, um uns die dunklen Silhouetten der nachtschwarzen Berge, als eine Gruppe Bergsteiger mit Singen den Weg herunterkommt. Auf meine Frage erklärte einer, heute das Vrenelisgärtli erstiegen zu haben. Steigeisen wären völlig überflüssig und auf den Pickel könne man gut verzichten. Als gutgläubiger Mensch erachtete ich das für richtig. So war am Morgen der Rucksack ohne die Eisen gepackt, den Pickel aber hatten wir dabei.

Schon nach kurzer Zeit überholen uns auf dem schmalen Weg zwei breite Unimogs mit allen Utensilien zur Holzarbeit. Eine Viertelstunde später sehen wir die Fahrzeuge wieder, die Besatzung sitzt geduckt dahinter und winkt uns, ebenfalls eine solche Haltung einzunehmen. Bevor wir das begreifen, gibt es eine krachende Explosion, Rauch schießt in den Himmel, und die Wände um das Roßmattertal werfen sich den Donner hin und zurück. Wir sind nicht wenig erschrocken. Voll Neugier laufen wir zum Ort der Handlung und sehen, daß der Sprengstoff von einem in die Straße ragenden Felsblock ein Stück weggerissen hat. Schon ist einer der Waldarbeiter dabei, einen weiteren Stein mit einer plastikartigen Masse zu bestreichen. Obwohl alles mit Ruhe und Gemütlichkeit zu- und hergeht, fangen wir zu laufen an, ich halte mir die Ohren zu. Wir sind gerade 100 Meter weit gekommen, als es schon wieder kracht, und im Umschauen sehen wir die Trümmer hoch fliegen. Die Schweizer sind nur ein paar Meter um eine Ecke gelaufen – man kann sogar zum Dynamit ein partnerschaftliches Verhältnis entwickeln. Bei der Alpsiedlung Chäseren, 1272 m, beginnt ein schöner, alter Weg zur Alp Wärben in der Roßmatt. Eine großartige Berglandschaft umgibt diesen Almboden. Der beherrschende Gipfel ist der Bös Fulen, 2801 m, ein drohender Felskoloß, der sich in dem Gratverlauf befindet, in dem auch die beiden höchsten Gipfel des Glärnischmassivs stehen, der Bächistock und das Vrenelisgärtli. Der Weg zur Glärnischhütte wendet sich nun nach Nordosten und überwindet einen steilen Hang, auf dem prächtiges Gras und viele Blumen wachsen. Für eine vielbesuchte und altehrwürdige SAC-Hütte ist der Weg unwürdig. Schlecht angelegt und verwahrlost. Die Hütte dagegen hat alle guten Merkmale einer Schweizer Unterkunft, sie ist sauber, gut eingerichtet, und wenn der Hüttenwirt abwesend ist, gibt es offenes Buffet und sogar eine offene Kasse.

Wir sind allein, essen in aller Ruhe, schauen hinauf zu den terrassenartigen Felsstufen, auf denen das Gras wächst, und hinaus nach Westen auf die steinigen Flächen um den Pfannenstock, 2572 m. Später beschließen wir, dem Glärnischfirn noch unsere Anwesenheit anzuzeigen. Über einige Steilstufen erreichen wir bald die Schneegrenze und damit den Gletscher. Der Sonnenglanz des späten Nachmittags, die Stille, die nur tief unten das Rauschen des Bachs durchbricht, die warmen Steine, die Steinbrechpolster und Blumen runden diesen friedlichen Nachmittag aufs schönste ab.

Als wir zur Hütte zurückkommen, sind weitere Gäste da. Es wird gekocht und getafelt, und früh herrscht

Ruhe im Haus. Obwohl wir nach europäischer Sommerzeit aufstehen, sind wir nicht die ersten. Aber als erste auf dem Weg. Es ist noch dunkel, vom kommenden Tag keine Spur. Sterne flimmern am nachtschwarzen Himmel, die Taschenlampe geistert die Pfadspur entlang, es ist absolut still ringsum. Ich schätze, ja liebe diese Stunde in der Nacht vor der Dämmerung, den langsamen Beginn des Morgens, das behutsame Steigen, die volle Konzentration auf den Weg. Der Aufbruch in der Nacht vermittelt das Gefühl und sogar die Sicherheit, mehr zu erleben und zu schauen.

Als wir den Glärnischfirn betreten, ist es so hell, daß wir die Lampen löschen. Die Kälte der Nacht hat die Oberfläche hart werden lassen, deshalb brauchen wir die tief eingetretene Spur nicht. Jeder geht für sich dahin und hängt seinen Gedanken nach. Drei Kilometer ist er etwa lang, der Schnee am Glärnisch, der Grund auch, weshalb wir die aufgehende Sonne nicht am Grat erleben, sondern nur die Schneefelder des Bächistocks vom Morgen zeugen. Wir sind nicht wenig gespannt, wie das Vrenelisgärtli von nah aussieht. Schon vor vielen Jahren hat mir ein Arbeitskollege von schauerlichen Graten und Abgründen erzählt – aber es war sein einziger Berg im Leben. Nun, ich bin doch etwas überrascht, denn der verwächtete steile Grat, völlig verschneit, ist durchaus nicht ungefährlich. Mit Steigeisen kein Problem, ohne dieselben natürlich ein Risiko. Es ginge auch gut mit dem Pickel, aber mein Partner ist der zwölfjährige Sohn. Er schaut mich an, aber ich tue so, als ob ich nichts sehen und denken würde. Am Schwander Grat wird angeseilt. Vorsichtig steige ich in der gleißenden Sonne die dreißig Höhenmeter auf dem harten Firn ab, um den Verbindungsgrat zu erreichen. Langsam und mit großer Vorsicht gehen wir den harten, teils eisigen Kamm an, ich schlage Stufen und sichere, wenn der Bub nachkommt. Die Eisen vermisse ich schon sehr. Klar, am Vortag in der weichen Spur wären sie entbehrlich gewesen. Es geht alles gut, wir erreichen die verschneiten Felsen und stehen Minuten später auf dem schmalen Gipfelgrat.

Ein hinreißend schöner Tag umgibt uns. Die klare Sicht läßt fernste Berge erkennen, doch genauso interessant ist der Blick in die Tiefe, zum Klöntaler See, auf Glarus und Schwanden, hinein ins Sernftal und südlich hinab auf den reizenden kleinen Guppensee. Gegenüber die Steilabstürze des Ruchen, des dritthöchsten Glärnischberges; er sieht noch unnahbarer aus als das »Vreneli«, ist es aber nicht. Auch zu ihm wollen wir noch hinüber, denn von ihm zeigt sich unser Berg wohl am schönsten. Für den Rückweg nehmen wir uns vor, noch vorsichtiger zu gehen, denn beim Abstieg sehen wir den gähnenden, übersteilen Graben erst so richtig. Chaittäli nennt er sich im unteren Teil, bevor er sich in den »Munggenplanggen« verliert, also dort, wo die Murmeltiere ihre Löcher haben.

Sagenumwoben ist das kleine Firnfeld auf dem Gipfel des Vrenelisgärtli; der Garten der Verena ist weit ins Land sichtbar.

Kurze Zeit später stehen wir dann auf dem Ruchen, 2901 m, dem Nachbarberg, sehen zum Vrenelisgärtli, und wie erhofft, von hier ist er wirklich am schönsten, dieser so eigenwillig und einzigartig geformte Gipfel des Glärnischmassivs.

Eigentlich wollten wir mit dem Fahrrad ins Krimmler Tauerntal, auf die Warnsdorfer Hütte und auf die Schlieferspitze. Dann telefonierte der Michl: Wenn ich wolle, könne ich mit auf den Piz Bernina. »Da war ich schon.« – »Ich schon zweimal.« Nun, die Schlieferspitze fehlt mir zwar noch, aber sie ist kein Viertausender. Und das sagt eigentlich alles. Also ins Engadin, die Bernina übers Wochenende.

Programmwechsel

Eselsgrat heißt ein großartiger Weg auf den Piz Roseg

In Pontresina, am Eingang des Rosegtals, steht eine Tafel, die 200 Franken Buße verspricht für jene, die den endlosen Talhatscher mit dem Ottomotor zeitlich verkürzen wollen. Hier wird nur mit Muskelkraft verkehrt: Fußgänger, Pferdefuhrwerke, Fahrräder. Wie gern hätte ich mein neues Mountainbike mit seinen 21 Gängen mitgenommen, doch wir wollten den Berg ja überschreiten, gedachten über den Morteratschgletscher abzusteigen, zurück nach Pontresina.

Das Rosegtal ist schön, die rauschende Ova da Roseg, ein kraftvoller Gletscherbach, verbreitet angenehme Kühle und erinnert daran, daß früher einmal alle großen Alpentäler von solch graublauen Wassern belebt waren. Wir gehen im T-Shirt, in Turnhose und Turnschuhen. Die Rucksäcke sind schwer und groß, denn auch die Bergschuhe stecken in ihnen. Wenn meine beiden Freunde vor mir sind, sieht es aus, als würde der Sack auf zwei Beinen laufen. Alle zehn Minuten Glockengeläut, Rösser kommen angetrabt.

Endlich zweigt der Weg zur Hütte ab. Acht Kilometer sind wir gelaufen, 250 Höhenmeter haben wir gewonnen, doch nun geht es endlich bergauf. Hochsommer, Bernina, die Tschiervahütte – das wird ein Gedränge geben, aber noch habe ich Hoffnung, denn nur wenige Bergsteiger sind auf den Serpentinen des Weges zu sehen, viel mehr kommen herunter, locker, sonnengerötet, heiter. Platz gäbe es noch, die Verhältnisse seien gut. – Die schmutzigweiße Zunge des Tschiervaglet-

Prachtvolle Reihe der Berninagipfel, rechts der Piz Roseg.

schers taucht auf, ein kühler Hauch weht herüber. Die Hütte wird sichtbar, ein graues Haus inmitten grauer Steine. Das Bunte und Belebende um die Unterkunft sind die Bergsteiger, und es sind wesentlich mehr, als ich erwartet habe: Voll die Terrasse, der Gastraum und die Schlafräume. Jetzt ärgere ich mich, daß ich nicht doch auf die Schlieferspitze gefahren bin, aber dann erinnere ich mich an die vielen übervollen Hütten, die ich schon erlebt habe, und an die Möglichkeiten, die es gibt, den stickigen Schlafräumen, den Geräuschen der Schläfer zu entkommen. Dort, wo der Wirt die leeren Flaschen stapelt, gibt es ein paar Quadratmeter Holzboden. Mit drei Decken und der Daunenkleidung sollte sich dieses Biwak gut überstehen lassen. Die Decken sind rasch in meinem Besitz, heute wird niemand frieren dort oben, dafür sorgt die doppelte Lagerbelegung. Die beiden Freunde sehen mir belustigt zu, wie ich meine Schlafstätte errichte, sie schlafen auf dem Boden in einem der überfüllten Schlafräume.

Im milden Abendschein lockt uns der Gletscher, die Schatten des schrägeinfallenden Lichts modellieren die Türme und Spalten, lassen das Eis grün und blau schimmern. Michl junior begleitet mich hinüber, wir haben nur die Steigeisen und die Pickel dabei, wollen ein wenig üben und fotografieren. Die ersten Schritte auf dem spröden Eis sind unsicher, das war schon anders, nur zögernd will sich das Vertrauen in die Zwölfzacker einstellen.

Als wir zurückkommen, hat sich der Gastraum soweit geleert, daß wir drei freie Stühle zum Abendessen ergattern können, doch bald bin ich draußen auf den Brettern. Der Rucksack ist Kopfkissen, über die Decken kommt der Biwaksack. Die ersten Sterne blitzen auf, die Nebel lösen sich, dunkle Berggestalten zeichnen sich ab, die Gipfel von Roseg, Scerscen und Bernina. Fünfzehn Jahre sind vergangen, seit ich dort oben stand. Es war ein großer Bergtag damals, jede Einzelheit ist noch lebendig. Michl, der jüngere, reißt mich aus meinen Erinnerungen, er bringt einen jungen Schweizer mit, Christian heißt er. Dessen Freund, mit dem er auf den

Der glänzende Firngipfel des Piz Roseg vom Eselsgrat aus.

Nahtstelle von Eis und Fels – die Randkluft des Piz Roseg.

Piz Roseg wollte, ist nicht gekommen, ob wir vielleicht unseren Plan ändern würden? Wir diskutieren ein wenig und verschieben die Entscheidung auf morgen. Dann bin ich wieder allein und sehe hinauf zu den nachtschwarzen Silhouetten – zur linken und zur rechten. Ich denke zurück, ans Schreckhorn, über zwanzig Jahre ist es her, da gab es eine ähnliche Situation, und ich habe nur zögernd eingewilligt – doch welches Glück, damals gelang mir mit dem unbekannten Bergsteiger der Gipfel, der Freund gab lang vorher auf. Piz Roseg, ein stolzer Name, eine mächtige Berggestalt, ein Riese, ich kenne ihn nicht, habe mich kaum mit ihm beschäftigt. Aber er lockt.
Beim ersten Rumoren in der Hütte falte ich die Decken zusammen. Im Schein der Stirnlampe bin ich rasch bereit und finde die Freunde beim Frühstück. Was tun? Welchen Gipfel? Hat jemand die Führerbeschreibung gelesen? Der Eselsgrat, ein Dreier – La Crasta steht auf der Karte. Gut, versuchen wir es: Die beiden Michl und der Schweizer mit mir. Er hat ein Seil, wir können also in zwei Seilschaften gehen. Mit den Stirnlampen steigen wir die Pfadspuren bergauf, hinter uns eine Kette von sich bewegenden Lichtpunkten, Stimmen und das Klirren der Pickel. Es ist wie vor fünfzehn Jahren, es hat sich nichts geändert.
Aus der Lichtergirlande scheren ein paar Punkte aus, nach rechts. Das sind gewiß Rosegkandidaten, wir folgen und stehen bald auf dem hier nur wenig geneigten Gletscher. Die offenen Spalten sind gut zu erkennen, wir suchen den besten Weg. Langsam weicht die Nacht. Über uns ein drohendes Felshorn, der Piz Umur. Seinen Nordwestgrat, der den Tschiervagletscher in zwei Arme trennt, müssen wir umgehen. Eis und lockere Steine, doch jetzt ist es Tag.
Ein Bergsteiger kommt uns entgegen, er steigt ab. Was fehlt? Die neuen Steigeisen passen nicht, sie lassen sich nur mit einem Spezialschlüssel verstellen, den hat er nicht dabei, und nun hat ihn der Bergführer zurückgeschickt. Ich frage ihn nach dem Hersteller der Eisen – dann muß ich lachen. Er schaut mich verständnislos an, als ob ich die Tragweite dieser »Kleinigkeit« nicht erfassen würde. Doch ich lache aus einem anderen Grund: Seit über zwanzig Jahren trage ich dieses Werkzeug im Geldbeutel – einen kleinen Schraubenschlüssel,

der zu diesen Steigeisen gehört. Ein wenig umständlich suche ich ihn heraus und überreiche ihm sozusagen diesen Schlüssel zum Piz Roseg. Nun ist das Lachen an ihm. Er tut einen Sprung, er schreit nach oben, er rennt los, hastet hinauf. Nach wenigen Minuten sehen wir ihn wieder. Der Bergführer hantiert mit meinem Schlüssel – es geht, die Eisen passen nun.

In weitem Bogen queren wir den Gletscher auf den Eselsgrat zu. Auf zerbrechlichen Schneegebilden wird die wüste, zerrissene Randkluft überwunden, und dann stehen wir am Fuß einer Eiswand, die zu den Felsen des Eselsgrates führt.

Die von der Morgensonne in warme Farben getauchte Wand ist anscheinend schwieriger, als es den Anschein hat. Die zwei Führerpartien vor uns brauchen lang, wir schließen auf und haben Zeit, zu beobachten, sehen den Unterschied zwischen Profi und Amateur. Aber unsere beiden jungen Seilersten, trainierte Kletterer, zeigen, daß die Amateure den Vergleich nicht scheuen müssen. Mein Schweizer Seilkamerad steigt und sichert routiniert, es ist eine Freude, ihm zuzusehen, ich fühle mich sicher.

Was sonnseitig Genuß ist, wird schattseitig durch Schnee und Eis schwierig und gefährlich. Mir graust vor dem Abstieg, aber Christian kann mich beruhigen: »Das seilen wir alles ab.« Die Felsen des Grates leiten in einen Schneehang – das Gröbste ist geschafft. Noch fünfhundert Höhenmeter in guter Spur auf einem Rücken, der mit jedem Schritt die Sicht weit werden läßt in einen prachtvollen Sommertag.

Die letzten Meter auf einer Schneide und der Blick zum Felsgipfel hinüber, der noch siebzehn Meter höher ist, doch weitere eineinhalb Stunden fordern würde. Aber wir sind mit unserem Schneeberg zufrieden. Ein paar Meter tiefer, nach Süden, gibt es Rastplätze zum Schauen und Erholen. Ich schließe die Augen und bin glücklich, hier zu sein, auf einem Berg, den mir der Zufall geschenkt hat.

Christian drängt zum Abstieg, er hat heute noch allerhand vor: hinunter auf den Tschiervagletscher, auf die Höhe 2800. Dann hinauf zur Fuorcla Boval, 3347 m, und Abstieg zur Chamanna da Boval, 2495 m. Weiter hinab zum Morteratschgletscher und hinauf zur Diavolezzahütte, 2973 m. Morgen möchte er den Piz Palü überschreiten ...

Ohne Eile geht es das Schneefeld bergab. Westlich in der Tiefe der zerrissene Roseggletscher, im Norden die grauen Wellen des Tschiervagletschers, gegenüber grüßen Bernina und Scerscen, über den Biancograt steigen die Seilschaften noch auf. Dann wird es wieder ernst, es beginnt das Abseilen. Schlingen sind genug vorhanden, und Christian legt eigens für mich noch eine neue dazu. Das erstemal muß ich mich schon etwas überwinden, doch als ich zum drittenmal dran bin, wird es schon wieder vergnüglich – und wenn ich jetzt meinen

Die Fahrt ist schon Erinnerung. Rückblick zum Roseg.

Abseilachter dabeihätte! Aber wir wollten ja auf den Berninagipfel steigen.

Am Ende der Felsen verabschieden wir uns von Christian, die beiden Jungen binden sich zusammen, laufen über die Schneefelder hinab und sind bald entschwunden. Wir beide gehen gemächlich tiefer, sehen immer wieder zurück auf einen stolzen Berg, dessen Firne in der Nachmittagssonne glänzen. Wie Balkone kleben drei Hängegletscher an der Nordseite – so gegen die Gesetze der Schwerkraft, als müßten sie noch heute hinabstürzen. Eis tritt hervor, der Schnee bleibt zurück, Wasser rauscht in den Runsen des Gletschers, wir können den Durst löschen. Auf der Hütte wieder Hochbetrieb. Die von oben Kommenden genießen den Respekt der Aufsteigenden, es ist zu spüren, und wir halten es ja selber so.

Dann steht der Abstieg vor uns, der fast endlose Gang durchs Rosegtal – ein Spaß, wenn wir die Räder dabei hätten. Doch draußen in Zernez weiß ich ein gediegenes Restaurant, in dem ich schon so manchen Gipfel des Engadins mit einem guten Essen und Veltliner vergolden konnte. Der Bergsteiger braucht immer ein Ziel ...

Unterwegs zum Bruneggborn über den Turtmanngletscher.

Das Faszinierende am Tal von Zermatt sind die extremen Gegensätze zwischen den Weiden und Wäldern des Talbodens und den himmelhohen, braunen Felswänden zu beiden Seiten. Wasser stürzt durch steile Gräben, bildet weißgischtende Fälle, das Eis zerschrundeter Gletscher hängt drohend über grünen Wiesen, und unwirklich hoch blinken die Firnfelder und Grate der Gipfel. Kurz nach St. Niklaus öffnet sich überraschend der Blick auf einen Berg, dessen messerscharfer Firngrat in mehreren Aufschwüngen in den Himmel zu springen scheint: das Bruneggborn. Trotz der Vorzugslage und dieser Wächterstellung ist das Bruneggborn nach wie vor ein einsames Ziel, was auch dadurch

Winter und Sommer

Das Bruneggborn von der Cabane de Tracuit und von der Topalihütte

begründet ist, daß alle Wege lang und auch umständlich sind. Gleich drei Hütten kommen für eine Ersteigung in Betracht: die Topali-Hütte, 2678 m, aus dem Mattertal; die Tracuit-Hütte, 3308 m, von Zinal im Val d'Annivers und die Turtmann-Hütte, 2428 m, aus dem gleichnamigen Tal. Ein Blick auf die Landkarte zeigt, daß die beiden erstgenannten Unterkünfte lange Wege und große Höhenunterschiede bringen, wogegen die Route von der Turtmann-Hütte am klarsten erscheint.

Das Bruneggborn mit Ski von der Cabane de Tracuit

Bei prachtvollem Pfingstwetter war uns das Bishorn, 4158 m, direkt »in den Schoß gefallen«. Die 800 Höhenmeter zum Gipfel und die Abfahrt zurück zur Hütte hatten uns nicht gefordert, weshalb wir nach einem anderen Ziel sahen. Ein Blick auf die Karte zeigte vorderhand keine weiteren skifahrerischen Möglichkeiten – oder doch? Wölbte sich der Glacier de Tracuit nicht nach Norden hinab zum Turtmanngletscher, und führte dieser Eisstrom nicht geradewegs auf einen Berg zu, dessen Form uns schon seit langem aufgefallen war – auf das Bruneggborn? Allerdings, diese Skitour begänne mit einer rasanten Abfahrt von 400 Höhenmetern über einen spaltenreichen, aber am Morgen gewiß hartgefrorenen Gletscher, dann folgten 1000 Meter Aufstieg zum Gipfel, 1000 Meter Abfahrt auf dem Turtmanngletscher, 400 Meter Aufstieg zur Cabane de Tracuit, sodann 1000 Meter Abfahrt und 600 Meter Abstieg nach Zinal. Ein ordentliches Programm, da ja auch die Heimfahrt an diesem Pfingstmontag noch stattfinden sollte. Und das waren dann vier volle Stunden Autofahrt.

Abfahrtsfreuden in lockerem Pulverschnee im Turtmanntal.

Der helle Glanz eines weiteren Bilderbuchtages lag schon über den Bergen, als wir leise die Hüttentür schlossen und unsere Ski die ruppige Fläche des hier noch fast ebenen und geschlossenen Gletschers laufen ließen. Das folgende Steilstück erforderte harten Kanteneinsatz, dann, als der Turtmanngletscher näherkam, querten wir unter den Abstürzen des Stierbergs so hoch wie möglich nach Osten und spannten später die Felle auf. Wir waren aber nicht allein, denn ein Stück vor uns stieg eine weitere Seilschaft dem Brunegghorn zu; diese beiden kamen von der Turtmannhütte. Der Ehrgeiz war geweckt, wir wollten sie erwischen. Im Schutz einiger Bodenwellen kamen wir fast ungesehen hinter die zwei Walliser und überholten sie. Abzuhängen waren sie aber nicht, denn sie nahmen den sich nun entspinnenden Wettlauf an. Bis zum Gipfel gab es noch ein spannendes Duell, das ich beinahe verloren hätte, denn ich lief alle Erhebungen des Gipfelgrates auf und nieder, während mein Gegner als Ortskundiger den geraden Weg unter mir wählte. Der Sieg war hauchdünn, aber errungen. Nun erst war Zeit für das grandiose Panorama, das uns umgab. Zweieinhalbtausend Meter tiefer das Mattertal, das uns von der noch 700 Meter höher aufragenden Mischabelkette trennt. Dom und Täschhorn zeigen sich vom Brunegghorn von ihrer Schauseite, die beiden Eisströme Festi- und Domgletscher stoßen weit die Täler hinunter. Im Dunst des Horizonts verschwimmen die Berge der Monte-Rosa-Gruppe, dann aber ragt machtvoll das Weißhorn empor, auf dem Ostgrat ein breiter Turm, aber der gehört nicht dazu – es ist der Gipfel des Matterhorns. Die herrliche weiße Wand vor uns ist die Nordseite des Bishorns, auf den beiden Spitzen standen wir gestern. Die Abfahrt bringt uns in wenigen Minuten über den leicht aufgefirnten Gletscher zum Punkt 2842 m, und von dort beginnt in praller Sonne ein schweißtreibender Aufstieg zur Cabane de Tracuit. Rast vor der Hütte, ein angenehm frischer Wind kühlt die heißen Gesichter, und dann geht es hinab ins Tal von Zinal – solange der Schnee reicht auf Ski. Der Abstieg zu Fuß vor der hohen Kulisse von Besso, Dent Blanche und Grand Cornier ist zugleich der Eintritt in den Bergfrühling.

Das Brunegghorn im Sommer von der Topalihütte

Fünfzehn Jahre waren vergangen, seit wir den Weg zur Topalihütte das letzte Mal gingen. Inzwischen hatte sich viel verändert – ausnahmsweise nicht am Objekt, sondern am Subjekt. Weg, Hütte und Berg waren geblieben wie in der Erinnerung, nichts hatte sich verändert, ein Wunder im Tal von Zermatt, wo seit Jahrzehnten nur das Wachstum angebetet wird. Aber mit uns gingen jetzt zwei Buben, 12 und 7 Jahre alt. Aus der Erinnerung gefallen waren nur Länge und Schwierig-

keit des Weges, weshalb ich glaubte, diesen Vier-Stunden-Aufstieg noch am späten Nachmittag beginnen zu können. Aber nach drei langen Wegstunden über Steinstufen und ausgesetzte Passagen streikte unser Jüngster endgültig, und der Vater sah sich nach einem Biwakplatz um. Er war auf der Aussichtskanzel der verfallenen Alp Walkerschmatt, 2139 m, bald gefunden, und da uns ein gütiges Schicksal in der Nähe dieses staubtrockenen Weges auch noch ein wenig klares Wasser bescherte, waren alle zufrieden, und die Kinder warteten gespannt auf die Dunkelheit. Wir lagen, verpackt in sämtliche Kleidungsstücke, eng beisammen im Biwaksack und sahen hinauf in den blanken, dunkler werdenden Himmel, aus dem ein Meer von Sternen hervortrat. Es war die Zeit der zweiten Augusthälfte, in der ungezählte Sternschnuppen ihre geschweiften Bahnen über das Firmament ziehen. So war an Schlaf lange nicht zu denken, und das Entdecken von Sternbildern, Meteoriten, Flugzeugen und Satelliten nahm kein Ende. Spät in der Nacht ging dann der Mond auf und tauchte die Riesen der Mischabelgruppe in gleißendes Licht. Am Morgen gab es dann noch eineinhalb Stunden Aufstieg zur Topalihütte, die sich in den 65 Jahren ihres Bestehens nicht veränderte. Von welcher Hütte kann das noch behauptet werden? Schon diese Tatsache dokumentiert, wie einsam die Wege und Gipfel um diese Unterkunft geblieben sind. Die vier Mauern umschließen nur zwei Räume: einen Aufenthalts- und einen Schlafraum. Wasser wird wie immer in einer »Buttn« auf dem Rücken eine Viertelstunde weit heraufgetragen, und wer in dieser Kunst unerfahren ist, bringt nur einen Teil der Flüssigkeit auf die Hütte, der andere Teil sucht sich seinen Weg den Rücken hinunter durch die Hosen und Strümpfe in die Schuhe. Wir empfanden es sympathisch, das einfache Leben dort auf 2674 Metern, im Bewußtsein, daß dies in Deutschland oder Österreich undenkbar wäre, denn dort behaupten die zuständigen Herren, daß »man« so etwas heute niemandem mehr zumuten könne. Die Cabane de Topali ist das Geschenk der Eltern von Dr. Ch.-P. Topali, der im Alter von 26 Jahren in den Bergen verunglückt ist.
Am Nachmittag stieg ich mit dem älteren der Buben weglos in den völlig einsamen Winkel des Unteren Stelligletschers, dessen Randzonen sich in einem geradezu chaotischen Zustand befinden. Eis und Steine sind übereinandergetürmt, große Blöcke änderten ihre Lage bei geringster Belastung, Wasser rauschte in tiefe Spalten hinunter, und überall fanden sich grüne Wassertümpel im Eis. Ein Hauch arktischer Urlandschaft wehte uns an, der tiefe Ernst dieses vergessenen Winkels machte schweigende Wanderer.
Für den anderen Tag ist das Brunegghorn geplant. 3.30 Uhr. Ein sternklarer Himmel steht über dem dunklen

Mischabelgruppe, Dom und Täschhorn von Walkerschmatt.

Kamm der Mischabel, das wird ein Prachtstag. Der Bruder muß geweckt werden, er schläft ja im Zelt. Eine Tasse Tee, die der Kocher gewärmt hat, dann nochmals alles überprüft, und wir sind auf dem Weg, mein Bruder wird mich begleiten. Der Pfad quert die Steinwüste Chella und führt dann hinauf auf einen kleinen Sattel, der in der Karte mit 2030 m angegeben ist. Wir sind noch ein paar Meter unter diesem Punkt, als plötzlich ein rasch anwachsendes Donnern an unser Ohr dringt. Das ist ein Fels- oder Eissturz, und zwar müssen gewaltige Mengen unterwegs sein. Wir hasten los und sehen oben im Dämmern des Morgens an der anderen Talseite eine große Eiswolke sowie den Abriß am Hohberggletscher mit einer weißen Spur, die sich an die 1000 Höhenmeter im Birchbachgraben hinabzieht. Was wäre das in der Sonne für ein Schauspiel gewesen!
Noch ein paar Meter nach Süden und wir sehen unseren Berg, den die aufgehende Sonne glänzen und leuchten läßt. Der kleine vorgelagerte Abberggletscher ist von vielen Spalten durchzogen und zerrissen. Er wird viel Zeit kosten, weshalb wir den Umweg über das Schöllijoch und das Schöllihorn, 3500 m, in Kauf nehmen. Vom Schöllihorn bietet sich ein geradezu phantastischer Blick auf den Turtmanngletscher, das Bishorn und in die Ostwand des Weißhorns. Hinter uns erheben sich die Barrhörner, ebenfalls Ziele von der Topalihütte. 130 Meter verlieren wir bis ins Bruneggjoch. Hier seilen wir an und queren den Oberen Turtmanngletscher auf den Punkt 3671 m zu, das sanfte Bisjoch bleibt westlich. Noch eine halbe Stunde, dann stehen wir am Gipfel vor einer großen Kulisse, die sogar das Matterhorn einbezieht, wenngleich es nur wie ein massiger Turm im Ostgrat des Weißhorns aussieht. Unser Gipfel ist der Logenplatz vor dem Mischabelkamm, dessen höchster Punkt, der Dom, noch 700 Meter höher aufragt. Monte Rosa, Liskamm, Zwillinge und Breithorn scheinen auf dem grauen Dunst zu schweben, genauso wie die Eisriesen der Berner Alpen jenseits des Rhônetals. Der windstille Tag hat uns die Augen zufallen lassen, und wir schlafen eine halbe Stunde auf den sonnenwarmen Steinen.
Der beim Aufstieg noch harte Schnee ist nun weich geworden und erleichtert das Absteigen. In einem Schuß fahren wir den ersten Steilhang des Schölligletschers hinab, und am Sattel sitzen wir noch eine halbe Stunde in der Nachmittagssonne, bewundern die drei großen Gipfel Brunegghorn, Bishorn, Weißhorn, die sich von hier, immer höher werdend, kulissenhaft hintereinander staffeln. In Griffweite blüht Himmelsherold, eine reizvolle Überraschung, die diese Stunde der Zufriedenheit ins Glücklichsein abrundet. In der Nacht schreckt uns ein Gewitter auf. Es beginnt zu regnen, und es hört nicht mehr auf. Den gesamten Abstieg bis hinab ins Mattertal.

Über dem Abberggletscher Brunegghorn, Weißhorn, Bishorn.

Verehrte Leser! Es kann nicht ausbleiben, daß jemand, der ein Bergerlebnis oder einen Tourenvorschlag so ausgestaltet, daß es den Anschein hat, hier ist gut geplant, wurde an alles gedacht, ist die Bergfahrt in Harmonie und Sicherheit durchgeführt worden, daß so einer beim Leser einen (völlig unverdienten) Vertrauensvorschuß erhält. Und doch sieht es oft in Tat und Wahrheit ganz anders aus. Im folgenden wird versucht, die vorher beschriebene Tour aufs Brunegghorn, daß heißt nur die Anfahrt, den Auf- sowie den Abstieg Topalihütte »ehrlich« zu schildern.

Wir, zwei Familien mit drei Buben im Alter von 7, 9 und 12 Jahren, sind von unserem Nächtigungsort viel zu spät weggefahren und wollen doch am gleichen Tag noch auf die Topalihütte. Stau vor, in und nach Interlaken, riskante Überholmanöver. Da, der Bruder ist gerade vier Autos zurück, eine preiswerte Tankstelle, ich biege schroff ab, der Bruder hat's nicht gesehen und schießt vorbei. Er versucht nun, mich wieder einzuholen und fährt, was möglich ist, immer in der Meinung, ich sei vor ihm. Auch ich muß nun das Rennen aufnehmen, habe aber mit meiner vollgeladenen Familienkutsche wenig Aussicht. Den Kindern wird übel, alle schimpfen. Auf der Grimsel-Paßhöhe vom Bruder keine Spur. Hinunter ins Rhônetal, denn in Brig oder irgendwo zwischen Visp und St. Niklaus wartet ein Freund auf irgendeinem Campingplatz. Wir sollen ihn abholen, er will mit aufs Brunegghorn. Wo er sitzt, weiß nur der Bruder, und dessen Aufenthaltsort weiß jetzt ich nicht. Kostbare Zeit verstreicht beim Suchen auf allen vorhandenen Campingplätzen. Weder Bruder noch Freund sind zu finden. Die Hetze hat die Vorfreude vertrieben. Leonhard, der kleinere, wäre jetzt lieber am Meer oder wenigstens daheim statt in dem blöden, heißen Auto. Der Vater schimpft – Tränen. Dann fahre ich nach St. Niklaus hinauf, zum Ausgangspunkt Topalihütte und verfahre mich prompt. Also zurück und auf die andere Seite der Vispa. Endlich sind wir in Schwidernen. Da ist auch das Schild: Topalihütte. Ein freundlicher Walliser zeigt uns einen Parkplatz auf seinem Grund. Wir fangen an zu packen, und mittendrin

Kurz nach dem Sturz von Leonhard, der nur einen Meter vor einer hohen, senkrechten Wand endete, stehen wir in der Alp Walkerschmatt und warten im Regen auf das Eintreffen der fünf Nachzügler. Es kommen aber nur vier, und wir sind zunächst fassungslos. Daß schlußendlich alles gut ausgeht, ist eine ganze Folge von glücklichen Umständen, die auch ganz anders hätten sein können..

Haarsträubende Fehler

Der Versuch, eine Bergfahrt so zu schildern, wie sie wirklich ablief

erscheint der Bruder. Zuerst Erstaunen und Erleichterung, dann Vorwürfe und Gegenargumente. Den Freund hat er nicht gefunden. Aber jetzt heißt es Tempo beim Packen. Es ist 17 Uhr, bis alle fertig sind. Fünf Minuten vorher fragt die Schwägerin, wo es hingeht. Ich deute flüchtig auf die Tafel, aber sie sieht nur meinen Arm und läuft in diese Richtung – nach Randa auf der Straße. Niemand sieht sie dabei, und wir meinen, sie ist auf dem Weg zur Topalihütte ein wenig vorausgegangen, Himbeeren suchen. Wir werden sie erst in 18 Stunden wieder sehen. Dann setzt sich unsere Karawane in Bewegung. 1500 Höhenmeter stehen bevor.

Der Hüttenweg hat es in sich. Steil, gefährlich, aber interessant. Aus Gewichtsgründen haben wir nicht alle Flaschen gefüllt, und bald haben wir kein Wasser mehr. Der Tag vergeht, die Mischabelkette glüht herrlich in der untergehenden Sonne, aus dem Tal flimmern schon die Lichter, von der Schwägerin weit und breit nichts zu sehen. Sie geht wohl bis zur Hütte voraus. Unverständlich, dieser Egoismus, das wird sie noch zu hören

Die Lehren aus diesen vielen Fehlern sind vor allem zwei: sich niemals und unter keinen Umständen trennen. Und für Kinder sind solche Touren zwar höchst interessant, doch zugleich auch sehr gefährlich. Unternehmungen im Almgelände, wie sie das obige Bild zeigt, haben für Kinder den gleichen Reiz, besonders natürlich, wenn der Papa das Zelt, die Isomatten, den Kocher usw. im Rucksack schleppt.

bekommen. Unser Jüngster fragt alle drei Minuten nach der Entfernung zur Hütte. Ich nehme ihm den Rucksack ab und fange an, lange Räubergeschichten zu erzählen, wobei mir fast der Atem zuwenig wird. Mit Mühe bringe ich ihn so weiter, aber dann wird es sowieso dunkel. Wir haben jetzt 1000 Höhenmeter, es wird ein Biwak geben. Da haben wir Glück – ein topfebenes Stück Wiese bei der Alp Walkerschmatt festigt den Entschluß. Aber wir haben kein Wasser, und jeder hat Durst. Der Bruder geht mit allen Flaschen auf die Suche und kommt erst nach einer Stunde zurück, uns fällt ein Stein von der Seele – und Wasser hat er auch. Unterdessen habe ich das Lager bereitet. Steine weggeräumt, die Biwaksäcke ausgebreitet und darauf die Schlafsäcke gelegt. Dann wärmt der Kocher das Wasser für den Tee, und bald liegen wir alle in den Biwaksäcken und schauen in den glänzenden Himmel, bis uns die Augen zufallen. Am anderen Tag sind es dann noch zwei gemütliche Stunden in schönster Hochgebirgslandschaft zur Hütte. Dort erwartet uns die Schwägerin schon. Auch sie hatte biwakiert.

Schon in der Nacht trommelte der Regen aufs Dach und enthebt uns der »Sorge«, früh aufstehen zu müssen. Nach dem Kaffee erkläre ich den andern, daß ich mit unserem Kleinen vorausgehen wolle, damit wir nicht gar zu weit zurückblieben bei dem Wetter. Wir stiefeln also los, hinein in den leise fallenden Regen, in ein dichtes Nebelgebräu. Die flechtenüberzogenen Blöcke sind glitschig, die Waschküche ist oft so dicht, daß wir zusammen die Markierung suchen müssen. Ich nehme mir vor, daß ich meinen kleinen Kameraden weiter unten, wo sich der Weg durch die Steilabstürze windet, anseile. Der nun stärker rauschende Regen kann mit dem Schirm nur mehr teilweise abgewehrt werden, das andere Wasser sucht sich am Rücken den Weg nach unten. Plötzlich ein erschreckter Laut hinter mir, und ich sehe, wie mein Kleiner stolpert, sich überschlägt, einmal, zweimal und dann kopfunter liegen bleibt – einen Meter vor einer Wand, die dort senkrecht abbricht, wie tief, verwehrt gnädig der Nebel. Mit weichen Knien klettere ich zu ihm hinunter und hebe ihn am Rucksack mit größter Vorsicht zurück. Dann kommt die Reepschnur aus der Tasche und der Bub an die Leine. Er lacht schon wieder, die lebensbedrohende Situation ist ihm gar nicht aufgegangen, aber ich habe immer noch wachsweiche Knie. Kurze Zeit später hören wir Stimmen, der Haupttroß naht. Als erster kommt Hansi aus dem Nebel, grüßt und fragt: »Wo ist die Mama?« Wo soll die schon sein, hinter uns natürlich, denn uns hat niemand überholt. »Die Mama ist gleich hinter euch losgegangen.« Mir stehen schon wieder die Haare zu Berge. Betroffene Gesichter, Kriegsrat. Zurück und Suchen scheidet bei diesem Wetter zunächst aus. Wir müssen hinunter und sehen, ob sie vielleicht den anderen Weg erwischt hat. Wenn sie abgestürzt ist, finden wir sie sowieso nur bei besserem Wetter. Der kleinere der Buben fängt zu weinen an und möchte seine Mami sofort suchen. Mir graust, wenn ich die Möglichkeiten abstecke und an die nächsten Stunden denke. Mittlerweile sind wir völlig durchnäßt, müssen immer wieder durch hohes Gras und Büsche, an denen schwer der Regen hängt. Es bleibt die Hoffnung, daß nichts passiert ist und daß sie im Nebel den anderen Weg gegangen ist. Noch eine gute Stunde sind wir im Ungewissen, dann sehen wir sie im Talboden unter dem Vordach eines Heustadels, schon umgezogen. Sie lacht verlegen, als sie uns sieht: »Es tut mir leid, ich hab den richtigen Weg nicht gefunden ...«

Eine wahre Schaukanzel, die Topalihütte vor der Mischabel.

Nun war der lange Weg zur Topalihütte hinter uns. Wir standen in dem einen Raum dieser kleinen Unterkunft, deren besonderes Merkmal es ist, daß sie sich in einem halben Jahrhundert nicht verändert hatte. Sie war also nicht erweitert, erhöht, vertieft oder umgebaut worden – und deshalb war sie noch »echt«, unverfälscht und – wie vor fünfzig Jahren. Also spartanisch einfach, auch das Wasser fehlte. In einer Blechbutte mit Holzdeckel mußte es hundert Höhenmeter tiefer geschöpft und heraufgetragen werden. Eine nasse Angelegenheit für alle, die diesen Trägerdienst ausübten. Bei jedem Schritt schwappte das Eiswasser über den Hals in den Rücken, sammelte sich weiter unten und rann, nun schon wärmer, in Strümpfe und Schuhe. Ganz klar, daß solches Wasser kostbar ist, ganz plötzlich und selbstverständlich wird es überlegt und sehr sparsam verwendet. Wir waren allein und freuten uns darüber. Um die Hütte allerdings weideten Schafe. Spät abends, wir waren gerade dabei, in die Lager zu steigen, rumpelte es, und herein kamen fünf wilde Gestalten – Walliser Schäfer, die am Wochenende ihre Schafe zählen wollten, nachsehen, ob sie noch alle vorhanden seien. Sie verfügten ohne weiteres über unser mühsam transportiertes Wasser und redeten eine Sprache, von der kaum ein Wort zu verstehen war. Dann kam Wein auf den Tisch, und die Unterhaltung steigerte sich in Menge und Lautstärke. Auch die Zeit der Hüttenruhe war ihnen offenbar unbekannt, denn der Lärm, den sie um Mitternacht noch verursachten, hätte Tote erweckt. Kaum waren sie im Lager, fing ein ganz gewaltiges Schnarchen an, wobei einer ständig die Tonlage wechselte, während ein anderer die Luft in Schüben einzog und jedem vollbrachten Atemzug einen tiefen Seufzer der Erleichterung anhängte.

Die Schnarcher

Ein unkonventioneller Versuch, Mitschläfer am Schnarchen zu hindern

Wir drei lagen auf der linken Lagerreihe, die Schäfer auf der rechten. Jede Seite hatte etwa zehn Plätze und die entsprechenden Decken und Kissen. An Schlaf war nicht zu denken, doch wir hätten ihn dringend gebraucht, da wir am folgenden Tag eine lange Tour geplant hatten. Meine Empörung steigerte sich nach und nach in Wut, und ich versuchte die verschiedensten Mittel, um die Ruhestörer zur Stille zu bringen. Aber es half kein Pfeifen, Räuspern und »Mitschnarchen« – es rasselte, keuchte, schluckte und pfiff. Nach einer halben Stunde griff ich zu einem anderen Mittel: Zum Kopfkissen. Neben mir lagen ja vier Stück. Langsam richtete ich mich auf, ergriff ein Kissen am Zipfel, lauschte in die Dunkelheit, um den Übeltäter auch zu treffen, und warf. Der dumpfe Aufprall weckte einen Schreckensschrei – doch der Schnarcher mit der hohen Tonlage, auf den ich es abgesehen hatte, geigte weiter seine spitzen Laute. Der Getroffene aber war unschuldig. Doch auch er wollte nun wieder einschlafen, wurde jedoch durch die absonderlichen Geräusche seines Nachbarn gehindert, weshalb er ihm einen Stoß versetzte. Mit einem Röcheln verstummte dieser und drehte sich um. Auch der andere stellte seine geräuschvolle Luftversorgung ein, und für kurze Zeit war Stille. Aber ich hatte so etwas ja schon oft erlebt und traute dem Frieden nicht. Vorsorglich zog ich die drei anderen Kissen herbei, und nicht zu früh, denn der mit der Fistelstimme fing schon wieder an – vorsichtig zwar, doch mit konsequenter Steigerung auf den vorherigen Höhepunkt. Das bewog auch den anderen, mit seinen Unterbrechern und Schlucklauten nicht hintanzustehen, wobei er den vollen Tonumfang schon mit drei Atemzügen erreicht hatte. Es war also wieder alles beim alten und keine Hoffnung auf Änderung. Es mußte etwas geschehen, und zwar ohne jeden Verzug. Erneut streifte ich die Decke ab, brachte mich in Sitzstellung, legte ein Kissen vor mich, horchte die Richtungen – und warf ganz kurz hintereinander erst nach links, dann nach rechts, legte mich blitzschnell nieder und lauschte. Volltreffer auf den Fistelstimmigen und Fehlschuß auf einen Unschuldigen. Beide fuhren in die Höhe und fingen an zu schimpfen, auch die anderen drei erwachten, fragten, was los sei, und nun schimpften alle fünf: Ich hörte einen sagen: »Du häsch um di gschlage!« – »Nei, du häsch mir es Kissi agschosse!« Nun erwachten auch meine Kameraden, die um Ruhe brüllten und somit den Lärm erst vollständig werden ließen. Nur ich lag, anscheinend unbeteiligt, auf der Seite und hielt mir die Nase zu, weil mich das Lachen über die allgemeine Konfusion zu zerreißen drohte.

Rasch war es wieder still. Immerhin so lange, daß meine Nachbarn einschliefen, bevor das Rachenfestival erneut begann. Jetzt verlor ich praktisch alle Hemmungen, ich mußte mich durchsetzen, nahm also mein eigenes Kissen und das letzte von rechts, kniete mich aufs Lager, wobei ich mir zunächst den Kopf an der schrägen Holzdecke anstieß, daß es krachte, hörte gar nicht mehr lang hin, sondern wuchtete die Geschosse mit voller Kraft nach drüben, warf mich nach hinten und lauschte. Zwei Volltreffer mit der Wirkung von fünf. Da drüben wurde jetzt geflucht, gerauft und gestoßen. Dann flammte eine Taschenlampe auf – ich sah, wie sich zwei an den Kragen gingen, zwei saßen aufrecht im Lager, und der mit der Taschenlampe versuchte, die Kämpfenden zu trennen.

Freund Manfred neben mir stieß bösartige schwäbische Bezeichnungen hervor und wedelte ebenfalls mit seiner Taschenlampe. Er sah nach mir, aber ich stellte mich

Walliser Schwarznasenschafe sind geschickte Berggänger.

schlafend, weshalb er mich anstieß und schrie, daß das die Höhe sei. Ich fragte gähnend: »Was?« Das war ihm zuviel: »Den Lärm, den die da mached!« Dabei leuchtete er auf die Gestalten im anderen Lager, die immer noch nicht genau wußten, was eigentlich los war. Doch der mit der Lampe erkannte nun, daß mit der Zahl der Kopfkissen etwas nicht stimmte. Auf ihrem zerwühlten Lager waren überall Kopfkissen zu finden, während auf unserer Seite kein einziges mehr zu sehen war. Er fragte: »Heit dir di Kissi gschosse?« Manfred verstand kein Wort und schrie: »Ha?« Und nun war die Konfusion vollständig, denn jener mit der Lampe ergriff jetzt die Kissen und schleuderte sie nacheinander zu uns herüber, wobei er es mit der Taschenlampe einfach hatte, das Ziel zu erfassen und die Flugbahn zu verfolgen. Seine vier Kameraden und meine zwei waren perplex – es wollte ihnen noch nicht in den Kopf, weshalb hier auf der Topalihütte um Mitternacht zwischen wildfremden Menschen eine Kissenschlacht begann, denn ich hatte umgehend die heranfliegenden Kissen gefangen und begann, sie zurückzuwerfen.

Die Angelegenheit endete mit gegenseitigen Anschuldigungen und Vorwürfen, und die im wahrsten Sinn dicke Luft des Schlafraums war auch am Morgen beim Frühstück noch zu spüren, bis wir die Barrhörner angingen und die Schäfer nach ihren Tieren suchten.

Der Toni liebt die Berge im Winter, er ist sozusagen ein Schneemensch — dies aber nicht aus Überzeugung, sondern gezwungenermaßen. Das verhält sich so: Als Hotelier in einem Fremdenverkehrsort, der nicht für die Wintersaison werben kann, ist er »gezwungen« (wie er sagt), im Winter zuzusperren. Von November bis April hat er also »frei«, das heißt, da beherbergt er niemanden, da kann er nach Wetter, Herzenslust und Schneelage Skifahren gehen. In der »Saison« aber hat er's gnädig (bayer.-mundartl. für eilig, unabkömmlich, voll eingespannt), da rotiert er zwischen Rezeption, Küche, Keller, Gaststube. Man kann keine drei Minuten mit ihm sprechen, schon ruft ihn jemand, klingelt das Telefon, fragt die Bedienung. Ich mache mir im späten Frühling und im Sommer gern das Vergnügen und besuche ihn am Abend nach einer Bergtour zu einem guten Essen und einem Weißbier. Meist habe ich dann einen braunen Kopf, was den Toni ärgert. So nebenbei sage ich dann nach dem »Servus«: »Heit war i im . . .« (Kaiser, Berchtesgadener, Tauern, Zillertaler, Stubaier, Sellrain, Engadin, Karwendel usw.). Aber der Toni hört nur halb hin und will nur wissen, was ich essen möchte. Da läßt er sich nicht lumpen, im Gegenteil, auch er hat sein Vergnügen, nämlich das abtrainierte Kilo dieser Bergtour wieder aufzufüttern.
So ein- bis zweimal pro Sommer gibt er sich aber einen Stoß, dann, wenn er es gar nicht mehr aushält, und fragt per Telefon, ob wir nicht am Donnerstag, wenn das Wetter schön ist . . . Am Donnerstag hat er einen halben Tag frei, und wenn er alle Hemmungen fahren läßt, dann kann es auch einmal ein ganzer werden. Aber für diesen ganzen Tag muß es dann schon ein Gipfel sein, »der was hermacht«. Diesmal ist ihm der Großglockner eingefallen, als Tagestour. Mit 200 Kilometern Anreise und 200 Kilometern Abreise. Mit der Vorgabe, daß er abends um 21 Uhr noch die wichtigsten Tagesarbeiten erledigen könne, wie Abrechnungen und Bestellungen — und daß er im Auto unbedingt schlafen müsse, weil er ja vor ein Uhr nachts nicht ins Bett käme, und wenn wir um halb vier Uhr morgens abfahren würden, hätte er ja kaum zwei Stunden Schlaf. Solche Par-

Unterwegs mit Toni

Der Großglockner als Tagestour über Stüdlhütte und Stüdlgrat

forcetouren kann ich zwar nicht ausstehen, aber was tut man nicht für einen guten Freund, der das Gebirge so liebt (aber die Arbeit noch viel mehr).
Wir haben das Unternehmen Großglockner-Stüdlgrat mehrmals verschoben, weil dummerweise in diesem Jahr immer nur die Mittwoche schön waren, an den Donnerstagen dagegen regnete es regelmäßig. Dies war

Über die harte Oberfläche des Teischnitzkees zum Glockner.

mir bisher noch nicht aufgefallen, weil mein Augenmerk auf das Wetter hauptsächlich den Wochenenden gilt. Also, für den in Aussicht genommenen Donnerstag meldete das Radio Regen, jedoch erst am Nachmittag. Wir fahren. Als bei mir der Wecker lärmt und mich aus dem gesündesten Schlaf reißt, muß ich den Toni per Telefon wecken. Es ist 3 Uhr. Zu meiner Überraschung meldet er sich sofort und verkündet, daß er noch gar nicht im Bett war. Ein paar Gäste wollten einfach nicht heimgehen, und als er sie endlich los war, hätte er nicht einschlafen können, weil ihn die Sache so aufrege. Zehn Minuten später steht er in der Haustür – 3.15 Uhr. Um halb vier sind wir gefahren, das heißt, ich durfte ausnahmsweise ans Steuer des großen BMW, eigentlich das erstemal, sonst fährt der Meister selbst. Ich hab noch nie 184 PS dirigiert und betätige das Gaspedal mit Samtpfoten, zudem hat der Toni gebeten, ruckfrei zu fahren und langsam in die Kurven zu gehen. Ich werd's versuchen. Dreieinhalb Stunden Fahrt stehen uns nun bevor, über Kitzbühel und den Paß Thurn nach Mittersill, durch den Felbertauern ins Iseltal und hinauf nach Kals. Der Toni ist sogleich eingeschlafen und wird nur

Am Stüdlgrat. Eine Folge schöner, ausgesetzter Kletterstellen.

geweckt, als ein wildfremder Mensch zu früher Morgenstunde um eine kleine Spende für die notleidenden Aktionäre der Felbertauern-AG ersucht. Dann kann er weiterschlafen bis zum Lucknerhaus. Hier ist die Schranke, hier müssen wir aufhören, obwohl es jenseits noch ein paar Meter hinaufginge zur Lucknerhütte.
Es ist kalt und windig, Wolken haben den Himmel überzogen, doch können wir hoffen, daß der Wind die wenigen blauen Flecke vergrößern wird. Mit leichtem Rucksack schlagen wir ein flottes Tempo an, vorbei an der Lucknerhütte und dann an der Stüdlhütte, hinauf zum Schnee des Teischnitzkees, wo uns die Sonne anlacht. Zwei Kärntner, die schon eine Zeit hinter uns her sind, überholen uns und bestätigen damit, daß wir offenbar doch zu wenig geschlafen haben und das Ziel ein wenig zu hoch steckten (ein höheres war aber nicht verfügbar). Zehn Jahre früher bin ich diesen Weg schon einmal gegangen, an einem sonnigen Herbsttag, wo nicht ein Fleckchen Schnee in den Felsen zu finden war. Doch dies ist heute ganz anders: Schnee liegt überall, die Westflanke von Österreichs höchstem Berg ist sogar makellos weiß. Auch die Schwierigkeiten haben sich offenbar in diesen zehn Jahren gesteigert. Gleich die ersten Passagen erstaunen mich so, daß ich dem Toni vorschlage, anzuseilen. Damals haben wir das Seil völlig umsonst mitgetragen, es blieb im Rucksack. Hoch über uns bewegen sich mehrere Seilschaften schneckengleich langsam. Ich denke an die bevorstehenden Überholvorgänge — sie sind immer etwas unangenehm. Die Langsamen wissen, daß sie nicht schnell sind. Sie haben uns ja weit unten auf dem Gletscher gesehen, und plötzlich stehen wir hinter ihnen. Obendrein wissen sie auch, daß wir heute am Morgen nicht wie sie von der Stüdlhütte abmarschiert sind, daß wir auch den Hüttenanstieg und die Anfahrt schon in den Muskeln haben. Dieses stumme Wissen bewegt sie aber nicht, uns Platz zu machen, sondern wir müssen sie im schwereren Gelände überholen. Die Kärntner aber gehen gut, sie sind schon zwei Seillängen voraus. Die ersten Sicherungshaken tauchen auf. Große, rote Gebilde, die eigenartig geformt sind, der Lienzer Bergsteiger Alfred Thenius hat sie erfunden. Nach kurzem Überlegen haben wir den Vorgang erfaßt, hängen das Seil richtig ein und können so auf Karabiner verzichten. Praktisch, diese Österreicher. Von diesen Haken kommt wohl die Ansicht, beim Stüdlgrat handele es sich um einen Klettersteig.

Der höchste Punkt Österreichs, das Kreuz des Glockners.

Die Inschrift des Kreuzes auf dem Großglockner

Die ihr auf unserer Heimat höchsten Zinne steht,
Wie sie aus dunklem Fels zum Lichte geht,
Denkt derer, die aus Licht ins Dunkle gingen,
Dem Vaterlande helles Licht zu bringen.
Denkt ihrer treu, dann wird dem Mutterland
Ihr Tod der Auferstehung Unterpfand.

Der Toni zeigt keine Spur von Müdigkeit, und weil er trotz seiner vielen Arbeit immer brav trainiert, stimmt auch die Kondition. Das Klettern macht ihm so richtig Freude, er strahlt übers ganze Gesicht und möchte die Kärntner möglichst bald wieder überholen. Das gelingt uns auch, aber nur deshalb, weil sie sich verrennen und wir ihnen nicht nachlaufen. Zwei Seillängen höher stehen wir vor der berühmten Stelle, dem »Wandl«. Erstaunlich, daß ich da schon einmal allein ohne Seil und ohne besonderen Respekt drüber bin. Jetzt kommt mir diese Stelle schon ein wenig schwierig vor, vor allem ausgesetzt. Nun sehe ich auch weshalb: Dort, wo einmal einer von den vortrefflichen Theniushaken steckte, ragt nur noch ein kaum wahrnehmbarer Eisenstumpf aus den Felsen. Sicher habe ich mich damals an diesem Hilfsmittel hinaufgezogen. Der Toni schaut unternehmungslustig nach links und nach rechts, doch wir müssen gerade hinauf, über die fast grifflose Platte. Da gibt's jetzt nur eins: einen Steigbaum. Ich muß dem Toni in die gefalteten Hände, dann auf die Schulter und schließlich gar noch auf den Kopf steigen — dann erst erwische ich einen Griff und bin in Sekunden an einem Stand, an einem Haken und kann den Toni nachsichern. Dieses Manöver haben die Kärntner noch mitbekommen und bitten uns, ihr Seil um diesen oberen Haken zu legen, was der Toni mit Gönnermiene auch tut. Jetzt haben wir die Verfolger endgültig hinter uns gelassen, ein schönes, beflügelndes Gefühl. Gemütlich klettern wir weiter, sehen durch eine Scharte schon das Kreuz und Wolken, die den höchsten Gipfel Österreichs umspielen. Dann ist der Punkt 3798 erreicht, wir stehen ganz allein am eisernen Kreuz, haben den Glockner für uns, nichts lenkt uns ab, denn die Wolken haben jeden Blick in die Ferne verhüllt. Aber es ist nicht Schlechtwetter, die grauen Schwaden werden immer wieder einmal licht, lassen das Blau des Himmels spüren, die Wärme dieses Sommertages. Aus der Tiefe, jenseits des Pasterzengletschers, dringt der Ton einer Autohupe, hin und wieder ist das Rauschen von Bächen zu vernehmen, doch alles unwirklich leise, weitab, tief unter uns. Wir sitzen hoch darüber, sind emporgehoben über das Getriebe des Alltags und wissen, daß wir bald wieder hinab müssen, noch heute — aber nicht mit leeren Händen, mit einem gewichtigen Stückgut für die Erinnerung, mit dem Großglockner über den Stüdlgrat. — Da kommen schon die Kärntner, wir grüßen und beginnen mit dem Abstieg, auch sie sollen den Gipfel für sich haben, wir sind hier erst am Umkehrpunkt einer langen Reise, sie wollen nur noch zur Adlersruhe hinab. Sie wird uns nur Station sein für eine Rast — und auf die freuen wir uns jetzt, als wir über die Glocknerscharte queren, zum Kleinglockner, oberhalb der langen Eisenstangen, die hier nach Süden stürzende Seilschaften halten sollen. Den Blick in die Abgründe verwehren die Nebel, die Sonne erfaßt jetzt die Gipfelregion, gleich ist alles viel freundlicher, weniger bedrohlich. Wir können gelassen absteigen, zufrieden und locker, die Aufgabe ist fast getan, und der Toni wird sogar noch rechtzeitig seine abendlichen Arbeiten erledigen können.

Walliser Riesen im ersten Schnee: Cornier und Dent Blanche.

Im Reigen der stolzen Gipfel, die den Zinalgletscher umgeben, ist er nicht der höchste. Wohl aber bildet die Nordseite des Grand Cornier – ein vereister Steilabsturz von etwa 500 Metern Höhe, der sich in einem zerrissenen Gletscher fortsetzt –, das Schaustück des Gletscherkessels von Zinal. Südlich des Grand Cornier ragt die Dent Blanche zwar noch um 400 Meter höher auf, doch sie zeigt sich dem taleinwärts Wandernden erst nach Stunden. Der Grand Cornier ist ein faszinierender Berg, ein Stück Himalaya im Wallis: Schnee und Hängegletscher, Eisbalkone, Firnfelder, Terrassen und Felsrippen. Wer immer auf dem Zinalgletscher oder seiner riesenhaften Seitenmoräne der Mountethütte zusteigt, wird von diesem Bild gefesselt sein. Die meisten müssen den Namen dieses Berges erst auf der Karte erkunden – sie sind nicht seinetwegen gekommen. Es gibt namhaftere Ziele in nächster Umgebung wie Weißhorn, Zinalrothorn, Obergabelhorn und Dent Blanche.

Ein großer Unbekannter

Der Grand Cornier, 3967 m, besitzt keinen leichten Anstieg

Damit ist schon erklärt, warum dieser Gipfel ein bergsteigerisches Schattendasein führt: Dreiunddreißig Meter fehlen zum Viertausender – ein klassisches Manko. Aber es ist da noch etwas, nämlich die Frage nach dem Normalweg. Es gibt keinen von der einfachen Sorte. Unter dem dritten Schwierigkeitsgrad findet sich nichts, und außer der Route über den Nordgrat von der Moiryhütte sind die Wege sehr lang.
Von der Moiryhütte im gleichnamigen Tal läßt sich der Grand Cornier am »leichtesten« ersteigen. Leicht geht's zunächst über Moränenschutt auf den Glacier de

Kulissenartig hintereinander gestaffelt die Nordostflanken von Pigne de la Lé, Grand Cornier und Dent Blanche.

Der Nordostgrat des Grand Cornier mit tollen Kletterstellen. Ganze 33 Meter fehlen ihm zur magischen Grenze 4000 Meter.

Moiry und über dessen sanfte Flächen unter der Pigne de la Lé und den Bouquetins dem Grand Cornier entgegen. Der steile Aufschwung zum Punkt 3845 Meter ist bei Blankeis ein respektables Hindernis. Und dann sind es noch 117 Meter Höhe, verteilt auf 500 Meter Distanz, gespickt mit zahlreichen Gendarmen, die meist von Eis und Schnee verziert sind. Dazu viel Luft, Ausgesetztheit nach allen Seiten. Am Gipfel dann die Superschau in die weite Runde der hohen Walliser Berge.

Am Ende einer überlangen Regenperiode, die uns eine Woche lang im Dauphiné unter der Barre des Ecrins festhielt – untätig, hoffend, resignierend –, waren wir ins Wallis zurückgefahren. Prachtvolles Septemberwetter, hinreißend der Kontrast der tiefverschneiten Gipfel unter dem blauen Himmel. Winterliche Verhältnisse, die Ski hatten wir schon auf dem Glacier Blanc vermißt. Auf der langen Fahrt über die Pässe Mont Cenis, Isèran, Petit und Grand St-Bernard war mir ein Gipfel in den Sinn gekommen, der mich vor Jahren schon abgewiesen hatte, zweimal sogar – und da zögerten wir nicht mehr.

Die Auffahrt aus dem Rhônetal ins Val d'Anniviers war wie immer: eine Himmelfahrt aus dem hitzeflirrenden Talboden in die herbstliche Kühle der hochgelegenen Dörfer Vissoie, St-Jean, Grimentz. Aber die Straße windet sich noch weiter empor zum Stausee auf 2350 Meter. Zuvor waren mir noch die Himbeeren eingefallen, ein Trümmerhang über Grimentz, in dem die besten Früchte wachsen, Beeren mit köstlichem Aroma, überreif, groß und gesund. Wir pflückten uns in einen direkten Sammelrausch und hatten in kurzer Zeit zwei Kilo mehr im Rucksack. Vom Parkplatz zur Hütte sind es nicht einmal 500 Höhenmeter, knapp zwei Stunden. Zuerst auf der Moräne, dann im steilen Gipfelhang. Die Hütte ist nicht wiederzuerkennen, sie hat sich fast ums Doppelte vergrößert, geblieben ist nur die Müllbeseitigung: Abwurf auf den Gletscher (keine typisch deutsch/österreichische oder italienisch/französische Krankheit, in der Schweiz ebenfalls weit verbreitet). Der Cornier ist seit längerem nicht mehr »gemacht« worden, zu viel Schnee, auch morgen will niemand dort hinauf. Ob wir vielleicht . . .? Peut-être.

Zwischen der vom Gletscher aufgeschütteten Moräne und dem steilen, felsigen Hang hat sich ein kleiner See gebildet.

Um fünf Uhr, es ist noch stockdunkel, wecke ich den Bruder und stolpere dazu hundert Meter weit durch die Steine. Er hat es vorgezogen, unter dem grandiosen Sternenhimmel zu schlafen, und ist ganz begeistert von dieser Nacht. Kurze Zeit später flackert der Schein der Taschenlampe über die Blöcke und sucht die Steinmänner, die in reicher Zahl den Weg weisen. Am Gletscher dämmert es, langsam erhalten die hohen Gipfel Konturen, und als wir auf der Höhe der Pigne de la Lé sind, leuchtet die Spitze des Grand Cornier rot auf. Ein traumhaftes Bild vor dem tiefblauen und wolkenlosen Himmel.

Die harte Schneedecke bricht höher oben und bringt mühevolle Spurarbeit bis zum Aufschwung des Berges. Lockerer Pulverschnee auf Blankeis ist ein Fall für die Eisen. Wir ersteigen den steilen Hang in gerader Linie. Punkt 3845 Meter, hier beginnt der Felsgrat, er ist schmal, oft überwächtet und stets ausgesetzt. Prächtige Kletterstellen sind dabei, aber immer wieder der heikle Tanz in schmalen Kerben des harten Schnees oder im Eis. Wir verzichten auf das ständige Anpassen an die Gegebenheiten, das heißt auf vielmaliges An- und Ablegen der Eisen, und schlagen lieber ein paar Stufen mehr. Viele Türme sind schneefrei und bieten schönsten Klettergenuß. Er ist so intensiv, daß uns der Gipfel überrascht – wir sind am Ziel.

Den Blick nach Süden, ich habe ihn gespannt erwartet, und da schnellt sie schon hinauf, die Nordwand der Dent Blanche – 1000 Meter Eis und Fels in winterlichen Verhältnissen –, wohl die einsamste der großen alpinen Nordwände, und damit auch jene, die am wenigsten durchstiegen wird. Die Walliser Viertausender bieten ebenfalls ein winterliches Bild. Die berühmte Kulisse von einem neuen Standpunkt; vertraute, bekannte Berggestalten wecken Erinnerungen. Dort drüben am schroffen Obergabelhorn haben wir ein eiskaltes Biwak durchgestanden. Der Arbengrat wirkt von hier messerscharf, ein riesiger Gendarm im Ostgrat – der Kluckerturm – erinnert an ein Gewitter mit Schnee, Sturm und Kälte. Auch am Zinalrothorn lagen wir im Biwaksack, ebenso am Nordend, wo unser Lebenslichtlein schon bedenklich flackerte. Fünfundzwanzig Walliser Viertausender sind von hier oben zu sehen, fünfundzwanzigmal Erinnerung an unvergeßliche Bergtage. Matterhorn und Dent d'Hérens verdeckt der Koloß im Süden, die Dent Blanche, deren Nordwand immer wieder den Blick anzieht. Wünsche sind plötzlich da: Viereselsgrat, Arbengrat, Schaligrat – aber auch unbekannte Gipfel locken: der Besso, die Wellenkuppe, der Mont Durand, die Pointe de Zinal. Doch diese Bildungs- oder Besteigungslücken können unserem Glück nichts anhaben – der Grand Cornier überragt sie alle. Nur langsam kommt der Gedanke an den Abstieg, der Abschied von unserer lichtüberschütteten Kanzel, auf der kein Lufthauch zu spüren ist. Der Kletterrausch ist verflogen, eine Stunde höchster Konzentration auf den Türmen des Grates über dem Abgrund. Der Blick durch die Füße auf den eineinhalbtausend Meter tiefer liegenden Gletscher hält uns wach. Erleichterung am Gratende, Freude beim Zurückschauen und ein wenig Müdigkeit auf den nun aufgeweichten Schneefeldern des Moirygletschers. Riesenbetrieb auf der Hütte – keine Bergsteiger, nur Tagesbesucher. Abstieg zur Moräne, zum kleinen Gletschersee, in dem Eisschollen schwimmen. Auf dem Lawinenkegel fahren wir zu ihm hinunter, um uns die salzigen Gesichter zu waschen. Aber für den Bruder ist das klare Wasser, die volle Sonne Verführung genug, es zu riskieren. Er krault durch dieses eisige Gletscherwasser, während in mir schon der Gedanke an ein Fußbad Schaudern hervorruft.

Wieder hinab ins spätsommerliche Wallis. Ein Ahnen des Herbstes ist zu spüren, die Zeit der großen Bergfahrten ist wohl schon vorüber, ehe sie richtig begonnen hat. Die Septembersonne wird den Schnee in den Hochregionen kaum mehr wegtauen – es stört uns nicht mehr, soll er hier liegenbleiben bis zum nächsten Winter – wir fahren jetzt ins Bergell.

Balmhorn von Osten vom Anstieg zum Hockenhorn. Links der Gitzigrat, rechts die Firnschneide des Wildelsigengrates.

Von dem Tisch, von dem ich dies schreibe, brauche ich nur den Kopf ein wenig links zu wenden und hinaufzusehen zur wilden Eiswand des Balmhorns, die hier, von der Hütte aus, 1750 Meter aufragt. Nur zweihundert Meter über dem Balmhornhüttchen (1958 m) beginnt der zerrissene, zerschrundete Gletscher der Balmhorn-Nordwand, oder sollte man besser sagen, hier endet er, denn so beeindruckend die vielen Eistürme, Blöcke und Spalten auch wirken – sie sind unaufhaltsam auf dem Rückzug. Dieser Gletscher »stirbt«.
Siebenmal Balmhorn, heute wäre es das achte Mal gewesen, doch einer mondhellen Nacht und einem wolkenlosen Morgen folgte ein überraschender Wettersturz, dessen ersten Stoß wir irgendwo auf halber Höhe des Wildelsigengrates, unter dem Biwaksack, abwarteten. Dann stiegen wir wieder zur Hütte hinunter.
Siebenmal auf einen Berg, auf fünf verschiedenen Wegen – das bedarf wohl einer Erklärung: Das Balmhorn bedeutet mir viel, es ist, wenn ich so sagen darf, »mein

Vier Grate

Zackengrat, Gitzigrat, Wildelsigengrat, Nordwestgrat: das Balmhorn

Berg«, für mich der Berg der Berge. Die Erlebnisse am Balmhorn waren immer besonderer Art; doch gewährt dieser Berg jedem, der die 2600 Höhenmeter von Kandersteg aus nicht scheut, eine unvergleichliche Aussicht, eine Sicht sowohl in die nahe Umgebung wie zu fernen Gipfeln. Ein klarer Tag am Balmhorn gehört zu den unvergeßlichen, ist ein Schau-Erlebnis ohnegleichen.

Vier völlig verschiedene Grate treffen auf dem Balmhorngipfel zusammen: von Südwesten der Normalanstieg, der Zackengrat, beginnend auf 3100 Metern unter den Nordabstürzen des Rinderhorns. Zugang von Kandersteg, über den Gemmiweg von der Alp Spittelmatten oder Schwarenbach. Von Südosten, von der Gitzifurgge (3000 Meter) schwingt sich in großen Stufen der felsige Gitzigrat empor, eine begeisternd schöne Kletterei. Der Fels ist allerdings oft brüchig. Der Zustieg zur Gitzifurgge kann südlich von der Fluhalp oder von Osten vom Lötschenpaß erfolgen. Dort steht eine private Unterkunftshütte, die ebenfalls von zwei Seiten erreichbar ist: nördlich von Kandersteg und Selden und weiter über die Gfällalp und den kleinen Lötschengletscher zur Hütte. Oder von Süden aus dem Lötschental über die Hockenalp, zu der neuerdings eine Seilbahn führt. Von Nordosten kommt der Wildelsigengrat herauf, von der Balmhornhütte, die von Kandersteg durch das Gasterntal auf einem klettersteigähnlichen Weg zu erreichen ist. Der vierte Grat, von Nordwesten, ist eine Verbindung mit dem Nachbarn des Balmhorns, dem Altels. Beide Berge bilden eine Einheit, die sich am auffallendsten von Norden zeigt, denn in dem gewaltigen Kessel liegt der wildzerrissene Nordwandgletscher.

Das erste Mal: Über den Zackengrat

Es war 1961, an einem heißen, dunstigen Sommertag, als wir das Balmhorn erstmals über den Zackengrat erstiegen. In der Alp Spittelmatten hatten wir über-

Über den Zackengrat: Balmhorn-Besteigung auf dem Normalweg, über das große Schneefeld, das zum Gipfel führt.

Wie eine Nähmaschinennaht: meine Spur vom Balmhorn zum Altels, über den Wächten der Nordwand.

nachtet, in der Finsternis den Weg gefunden, und ich war mit meinen zwei bergunerfahrenen Begleitern bis kurz unter den Gipfel gekommen. Dort setzte sich einer in den Schnee und war nicht zu erweichen, die letzten paar Meter noch mitzugehen. Beide waren bisher noch nie über die 2000-Meter-Grenze gekommen, und nun standen sie schon eher bei 4000. Ein Meer von Quellwolken verwehrte die Sicht, und da auch der Zackengrat, der Normalweg, nicht viel interessante Wegstücke bot, wäre mir das Balmhorn sicher nicht so außergewöhnlich vorgekommen, um es siebenmal zu besteigen. Der Anstoß dazu war ganz banal: Daheim, damals an meinem Arbeitsort im Schweizer Mittelland, mußte ich feststellen, daß ich zwei Filme mit Vorsatzlinse belichtet hatte und dabei der Meinung war, es handele sich um das UV-Filter. Es waren also alle Bilder wertlos, unscharf und verschwommen. Ein harter Schlag für einen fotobegeisterten Bergsteiger. Was war da zu tun? Nur eines: noch einmal gehen. Meine beiden Begleiter hatten keine Lust, den Berg schon eine Woche später noch einmal zu besteigen, weshalb ich allein auszog.

Das zweite Mal: Zackengrat – Altels

Ein wundervoll klarer Sommerabend begleitet mich den Weg nach Spittelmatten hinauf, und es war an den Wolken und dem Sonnenuntergang zu erkennen, daß es morgen schön werden würde. Beschwingten Schrittes erreichte ich die Alp und mußte den Sennen bei einem Liter Milch von glücklichen Kühen erklären, warum ich schon wieder hier stand. Um zwei Uhr nachts war ich unterwegs, stieg fast zwei Stunden in tiefer Dunkelheit die Moräne hinauf, erreichte den Zackengrat und mit ihm die überwältigende Sicht ins Wallis noch vor der Sonne. Westlich über mir die Steilabstürze des Rinderhorns, vor mir die wuchtigen Berggestalten von Altels und Balmhorn, die sich scharf gegen den heller werdenden Himmel abhoben. Und dann begann das so heiß ersehnte Schauspiel, das große stille Leuchten, das Spiel der Sonne mit Himmel und Bergen. Bewegende Empfindungen, an diesem Tag noch ausgeprägter – denn der Alleingänger erlebt viel tiefer und nachhaltiger.
Langsam stieg ich auf dem Grat, eher einem runden Rücken, zum Gipfel hinauf, die schönste Aussicht nach Westen und Süden genießend. Dort oben öffnete sich dann mit wenigen Schritten eine weitere überwältigende Schau nach Norden und Osten – auf fast alle Viertausender des Oberlandes. Die Rast wurde ein Genuß für die Augen, das Schauen und Entdecken nahm kein Ende. In dieser Hochstimmung beschloß ich, zum Altels weiterzugehen und über ihn nach Spittelmatten abzusteigen. Der scharfe und verwächtete Grat, mit einigen Türmen gespickt, ließ mich aber vorsichtig werden, und ich fragte zwei Schweizer, die gerade in diese Richtung aufbrachen, ob sie mich das Stück zum Altels hinübers ans Seil nehmen würden. Die Antwort war negativ, das sei zu gefährlich, das hätten sie noch nie gemacht. Sie hätten keine Ahnung, was ich leisten könne. Ich war enttäuscht, denn diese Art von Bergkameradschaft hatte ich noch nicht erlebt, setzte mich in den Schnee und sah den beiden zu, wie sie auf den

Wie eine Himmelsleiter schwingt sich der Wildelsigengrat auf.

ersten Steilaufschwung losstapften. Doch da gab es eine Stockung, eine Diskussion, beide stiegen westlich ab, um diesen Turm zu umgehen, wobei sie weit hinab und dann wieder hinauf mußten. Ich lachte, sprang auf, nahm den Rucksack, die Eisen hatte ich schon an den Schuhen und rannte los; immer so, daß ich von den zwei »Bergkameraden« nicht gesehen werden konnte.
Der Turm war steiler als erwartet, der Tiefblick in die Nordwand luftig und faszinierend zugleich, doch in ganz kurzer Zeit war dieses unverspurte Steilstück hinter mir, ich ließ mir keine Zeit, eilte weiter, erstieg den zweiten Turm, setzte mich in den Schnee und erwartete »meine Lieben«. Sie kamen nach einigen Minuten mühsam heraufgespurt, sahen meine Tritte, dann mich, und beim Rennen zwischen dem Hasen und dem Igel mag es keine dümmeren Gesichter gegeben haben als diese hier. Aber es war kein Zweifel möglich – dies war tatsächlich der »Cheiben-Usländer«. Nachdem wir uns auf diese unerwartete Weise wiedererkannt hatten, stieg ich wortlos weiter, erreichte den Altels-Gipfel und sah auf die ungeheure, gleichmäßig geneigte Fläche hinunter, die von hier in einem Stück 1700 Meter hinabschießt. Am 11. September 1895 hat sich hier eine Katastrophe riesigen Ausmaßes ereignet, als in den frühen Morgenstunden dieses Tages der gesamte Hängegletscher den Weg in die Tiefe nahm. 4,5 Millionen Kubikmeter Eis stürzten mit Urgewalt hinunter auf die Almböden von Spittelmatten, töteten sechs Sennen und über 150 Rinder. Die Wucht der Eismassen war so groß, daß Teile davon die steilen gegenüberliegenden Felsen 300 Meter hinaufgeschleudert wurden und im parallel laufenden Üschinentäli zu finden waren. Unten, am Weg zur Gemmi, erinnert heute eine Tafel an dieses Naturereignis.
Der Gang da hinunter ist ein ausgesprochener »Knierogler«, auf Schotter und harter Unterlage, wobei man wie eine Fata Morgana den lockenden grünen Almboden stets vor Augen hat, der nur sehr langsam näher kommt.

Das dritte Mal: Wieder über den Zackengrat

Die dritte Balmhornbesteigung verlief bei herrlichem Wetter ohne besondere Ereignisse, und ich kann mich nur noch erinnern, daß meine Bewunderung einigen Seilschaften galt, die vom Wildelsigen- und vom Gitzigrat heraufkamen.

Das vierte Mal: Durch die Nordwand

Zwei Jahre später war die kleine Balmhornhütte unser Ziel. Von der Talstation der Gemmibahn führt ein Sträßchen in den großen, ebenen Boden des Gasterntals, und der Beginn des Weges zur kleinen Hütte hinauf ist gar nicht leicht zu finden. Es weckt richtig die Neugierde, wenn man vor diesen riesigen Wänden steht und weiß, daß irgendwo durch diese Felsfluchten der Weg führt. Und tatsächlich glaubt man sich dann eher auf einem Klettersteig als auf einem Hüttenzustieg. Auf 1958 Meter steht das Hüttlein, und als wir ankamen, war außer drei weiteren deutschen Bergsteigern noch niemand da. Wir hatten den Wildelsigengrat im Sinn, die drei wollten durch die Nordwand, die sich von hier in beeindruckender Größe aufbaut. Gegen Abend kam der Wirt, damals Ernst von Känel aus Frutigen, und

dann noch an die vierzig Schweizer Bergsteiger, so daß die Hütte überbelegt war. Wir zwei waren als SAC-Mitglieder aus den besetzten Lagern nicht zu vertreiben, doch unsere drei Nordwandaspiranten, einfache DAVler, mußten heraus und auf den Boden. In dieser Sardinenbüchse, wo die Bergsteiger sogar noch auf den Bänken sitzend die Nacht verbrachten, verzichtete der Hüttenwirt auf sein Bett in der kleinen Kammer zugunsten zweier Besucher und schlief sitzend, den Kopf auf dem Küchentisch. Eine Geste, die ich nur dieses eine Mal von einem Hüttenwirt erlebt habe. Der kleine Raum wurde dann so drückend eng und stickig, daß wir zwei die Holzhütte als Lager vorzogen und unseren Platz freiwillig zur Verfügung stellten. Als Unterlage diente dort ein Berg Seile, die in der Hütte keinen Platz mehr gefunden hatten. Tief und unbehindert schliefen wir in den Schlafsäcken bis 2 Uhr – dann wurden uns die »Matratzen« brutal herausgerissen, man wollte los, leider aber fing es an zu donnern und zu regnen, und deshalb zog alles wieder in die Hütte zurück. Um 4 Uhr zeigten sich einige Sterne, es wurde besser, und bis auf uns und den Wirt war plötzlich alles ausgeflogen. Gegen fünf Uhr brachen auch wir auf. Nach etwa einer halben Stunde teilen sich die Wege: links zum Grat, rechts in die Wand. Wohin? Am Grat über dreißig Personen, hier bis auf unsere drei Vorgänger Einsamkeit. Also dorthin. Im SAC-Führer als »schwierige bis sehr schwierige« Eistour bezeichnet – und im Mittelteil »äußerst gefährlich wegen Eisfall«.
Wir waren jetzt sehr spät dran, schlugen deshalb unser höchstes Tempo an und hetzten ohne Seil den vorerst noch nicht steilen, aber zerrissenen Gletscher hinauf, wobei wir unsere drei Landsleute schon nach einer Stunde einholten. Das wunderte uns sehr, denn sie waren immerhin eine Stunde vor uns aufgebrochen und vor ihnen lagen noch viele Stunden Steigen.
Bald befanden wir uns unter der gefährlichen Schlüsselstelle, und hier wollte der Freund partout einen anderen Weg gehen, wobei es mir erst anhand des Führers und großer Überredungskunst glückte, ihn zu überzeugen. Dieser Aufenthalt hatte ungefähr fünf Minuten gedauert, gerade wollten wir weiter, als sich oben eine ganze Wand aus Eis löste, sich fast aufreizend langsam zu Tale neigte und dann berstend und krachend direkt auf uns zu in die Tiefe stürzte. Die letzten Eisbrocken rollten noch an uns vorbei – wir waren furchtbar erschrocken, denn ohne unser Streitgespräch wären wir genau dort gewesen, wo die Eislawine ihren Weg genommen hatte. In höchster Eile rannten wir nun bergauf, querten die drohenden Eismauern auf einem Felsband, das sich unter dieser Barriere hinzieht, und waren dann am Beginn eines steilen Schneefeldes in Sicherheit. Der Schnee war schlecht und tief, die Spurarbeit anstrengend, mehrere Stunden stiegen wir durch diese endlos steilen Hänge, wobei sich urplötzlich das Wetter verschlechterte. Es fing zu schneien an, als wir uns ge-

Rückblick vom Altels über den Schneegrat zum Balmhorn.

rade an einer geeigneten Stelle durch eine fast senkrechte Eiswand hackten. Das dauerte längere Zeit, in der unsere Nachfolger auf Rufweite herankamen. Nun bezogen sie gar ein Biwak – warum wohl? Es ging doch noch gut! Ich rief hinunter, einmal, zweimal, doch es kam keine Antwort. Zudem fiel Nebel ein, sie schwanden uns aus den Augen, der Sturm nahm zu, und jetzt wurde es gefährlich. Deshalb hielten wir uns immer

mehr links, bis wir kurz unter dem Gipfel den Grat erreichten. Die Sicht war auf ein paar Meter zusammengeschmolzen, weshalb wir den höchsten Punkt überquerten, ohne anzuhalten und in der hin und wieder erkennbaren Spur der Schweizer den Zackengrat hinabrannten, inmitten eines Infernos. Dort überholten wir mehrere Seilschaften, kamen aus den Wolken, wobei der Schnee in Regen überging. Beim weiteren Abstieg fragte uns ein Bergführer nach den dreien in der Wand – wir konnten ihm mitteilen, daß sie ein Biwak bezogen hätten und wahrscheinlich den Sturm abwarten wollten. Alles weitere verlief glatt, also 2600 Meter Abstieg und die Fahrt nach Hause.

Am Montag war die Tour schon angenehme Erinnerung. Am Nachmittag stand ich in unserer Redaktion am Fernschreiber und sah routinemäßig die Meldungen durch – plötzlich tickert eine Zeile heraus: Drama am Balmhorn – zwei Tote! Und dann eine grauenhafte Geschichte: Zu dem Zeitpunkt, als wir die drei zum letzten Mal sahen und ich ihnen rief, starb einer an Herzversagen. Am selben Abend noch schleppten die beiden anderen den Toten zum Gipfel hinauf und warteten oben die Nacht ab, da sie die Hoffnung nicht aufgeben wollten. Bei Tagesanbruch, es war schönes Wetter geworden, stieg einer von beiden allein ab, um Hilfe zu holen. Dabei nahm er zwei Rucksäcke mit und wählte in völliger Unkenntnis der Routen eine der schwierigsten, nämlich die über die Gitzifurgge nach Leukerbad. Seinen Absturz beobachtete ein Senne, der sogleich die Rettung verständigte. Hermann Geiger, der damals noch lebte, hat dann die beiden Toten sowie den Überlebenden mit seinem Heli nach Leukerbad geflogen.

Das fünfte Mal: Über den Wildelsigengrat

Schon eine Woche später bewog mich dieses Ereignis, nochmals zur Balmhornhütte aufzusteigen, um mit Ernst von Känel dieses schreckliche Geschehen zu rekonstruieren. Im Gespräch mit mir bedauerte er es, die drei nicht intensiver gewarnt zu haben. – Unser Weg war am andern Tag die riesige Stufenleiter des Wildelsigengrates, ein langer, abwechslungsreicher Gang zum Gipfel. Ohne unser Zutun lösten sich im steilen und engen Couloir hinter uns einige große Steine und stürzten in die dort kaum zwei Meter breite Rinne, in der sich gerade eine geführte Dreierseilschaft befand. Während der Führer den gefährlichen Geschossen wie eine Katze auswich, mehrmals blitzschnell zwischen den Felsen hin- und hersprang, sich duckte und wieder aufschnellte, wurde der Zweite am Seil

▲ *Kanderfirn und Berner Alpen vom Gipfel des Balmhorns.*
◀ *Blick nach Südosten, auf Fletschhorn, Lagginhorn, Weißmies, Balfrin, Nadelgrat, Dom und Täschhorn.*
▼ *Mischabel, Monte Rosa, Liskamm, Zwillinge, Breithorn, Weißhorn, Zinalrothorn, Obergabelhorn und Matterhorn.*

auf dem Oberschenkel getroffen und konnte nach ambulanter Behandlung seiner großen Wunde nur mühsam und unter Schmerzen den Weg fortsetzen. Die abschließende Firnschneide ist dann ein hinreißendes Finale, wenn sich mit jedem Schritt der große Kreis weiter schließt, um dann oben diese umfassende Sicht zu bieten. Nun fehlte noch der Gitzigrat.

Versuch das sechste Mal: Biwak und Umkehr

Mit geringen Wetteraussichten und um so größeren Hoffnungen stiegen wir, wieder zu zweit, zum Lötschenpaß hinauf, aber noch bevor wir den Gletscher erreichten, ging der Nieselregen in normalen Regen über, und wir suchten uns einen Biwakplatz. Er wurde unter einer hohen, überhängenden Wand gefunden, und ich weiß nur noch, daß wir uns abends sehr freuten, daß der Regen einen Meter vor unseren Füßen niederfiel. In der Nacht aber kam Wind auf, er trieb die Wasserschleier näher, sie erreichten den Schlafsack, die Beine, die Knie, die Schenkel – und dann war's uns zuviel – wir zogen uns an, stiegen um drei Uhr morgens ab.

Das sechste Mal: Wieder über Wildelsigen

Die sechste Balmhorntour führte uns nochmals über den Wildelsigengrat, es lag so viel Schnee, daß sich diese Besteigung als schlimmster Schneehatscher im Gedächtnis gehalten hat. Elf Stunden dauerte allein der Aufstieg.

Das siebte Mal: Über den Gitzigrat

Und dann gelang der »Gitzi« doch noch. Bei stabilem Sommerwetter trugen wir die Rucksäcke durch das lange Gasterntal nach Selden und stiegen den steilen Weg zur Lötschenhütte hinauf. Über 1700 Höhenmeter beträgt der Höhenunterschied Kandersteg–Lötschenpaß. Das siebte Mal Balmhorn war krönender Abschluß der fünf großen Wege an diesem Berg. Strahlendes Wetter, beste Verhältnisse und interessante Kletterei bildeten eine Traumkombination. Die Nacht dann in der Alp Spittelmatten im Heu, eineinhalb Meter über hundert Rindern, von denen jedes eine Glocke am Hals hatte, war den Erlebnissen am Balmhorn angemessen: außergewöhnlich. Dieser Höllenkrach, der jedem Faschingsumzug zur Ehre gereicht hätte, ließ uns keine Viertelstunde schlafen, obwohl bleierne Müdigkeit in uns war.
Bleibt noch nachzutragen, daß ich das Balmhorn, auf die Einleitung bezogen, am folgenden Tag, wieder über Wildelsigen, zum achten Mal erstieg.

▲ Blick vom Wildelsigengrat auf die Hängegletscher der Nordwand und den Verbindungsgrat zum Altels.
▶ Die letzten Meter des Wildelsigengrates, hinten die Jungfrau mit Mönch und Eiger, unten das Gasterntal.
▼ Vor den brüchigen Steilstufen des Gitzigrates.

Monte-Rosa-Gipfel, Liskamm, Castor, Roccia Nera, Breithorn und Kleines Matterhorn vom Grand Cornier.

Zwei Uhr. Die Tür aufgestoßen – phantastisches Wetter, gleißendes Mondlicht über den Gletschern. Die Ostwand des Matterhorns glänzt im frischen Schnee, fast ein Meter ist gefallen in der letzten Woche, Wetterumsturz und Wintereinbruch im August. Vorgestern quälende Schneestapferei auf die Dufourspitze, gestern Rasttag, heute in Bombenform. Freude, richtiger Auftrieb kommt dazu, beflügelt von diesem Prachtmorgen. Auftrieb und Schönwetter – heute ist beides wichtig, denn wir haben viel vor: die große Runde auf dem Monte-Rosa-Plateau: Ludwigshöhe, Schwarzhorn, Balmenhorn, Vinzentpyramide, Parrotspitze und die Signalkuppe.
Wir sind zu sechst, unseren zwei Zweierseilschaften haben sich zwei österreichische Bergführer »angeschlossen«. Das heißt im Klartext: Die riesigen Neuschneemengen, den gesamten langen Grenzgletscher hinauf, müssen wir abwechselnd spuren. Jeder eine Viertelstunde Schwerarbeit, dann eineinviertel Stunden in den Tritten der Vordermänner. So haben wir es beschlossen, und so halten wir es bis auf den ersten Gipfel, die Ludwigshöhe.

Monte-Rosa-4000er

Ludwigshöhe, Schwarzhorn, Vinzentpyramide, Parrotspitze, Signalkuppe

Um drei Uhr verlassen wir die Monte-Rosa-Hütte, in der wir fast allein waren, queren zum Grenzgletscher hinüber. Winterliche Verhältnisse, die Spalten sind überdeckt, große Schneehauben auf den Steinen, kalt und stummm ragen die Eisriesen in den Himmel. Schweigend stapfen wir aufwärts. Plötzlich flammt der Liskamm rot auf, Matterhorn, Breithorn und Zwillinge fangen Feuer – der Tag beginnt. Schnell wechseln die Farben, die Sonne steigt, ihre Strahlen kommen tiefer, erwärmen uns bald. Stunde um Stunde mühen wir uns bergauf, sondieren, gehen Spalten aus und schauen nach unserem ersten Berg, der Ludwigshöhe. Nun taucht sie als kleiner, unbedeutender Rücken auf, aber beim Näherkommen wird sie doch ein ansehnlicher Gipfel mit einem scharfen Grat. Und welche Sicht! Ein Meer von Bergen umgibt uns. Überall »Bekannte«. Fern, jenseits des Aostatals, im Bogen der Po-Ebene, die von Wolken bedeckt ist, ragt eine schwarze Pyramide auf: Monviso heißt dieser Koloß, der ohne Nachbar dasteht. Grivola und Gran Paradiso, dunsterfüllt das Aostatal, dann der Montblanc. Nun springt die Firnschneide des Liskamms ins Gesichtsfeld. Dent Blanche und Weißhorn jenseits des Zermatter Tals. Wieder in die Nähe: Dufourspitze, Zumstein, Signalkuppe und Parrotspitze, unter uns Schwarzhorn, Balmenhorn und Vinzentpyramide, die nächsten Ziele dieses glockenklaren Tages, dessen Stunden uns mit Sicherheit zu wenig werden würden.
Leichten Herzens laufen wir den Grat wieder hinunter, denn sogleich werden wir wieder auf einer herrlichen Aussichtswarte sein. Das Schwarzhorn mit einer hohen Randkluft und einer verschneiten steilen Eisflanke steht jetzt vor uns. Mit den Frontzacken der Steigeisen direkt ein Vergnügen. Wieder wandert das Auge rundum, Schau bis zum wolkenlosen Horizont. Abstieg zum Balmenhorn, ein paar Meter hinauf zur großen Bronzestatue, die ein noch höherer Blitzableiter abschirmt. Dann halten wir Rast in der kleinen Hütte,

die sich hier in den Felsen versteckt. Eine sogenannte Biwakschachtel – es war damals die erste, der wir begegneten. Seit acht Stunden sind wir unterwegs, und es steht noch ein volles Programm vor uns, doch zwei der Freunde und die Bergführer überlegen sich's anders. Die Vinzentpyramide soll gestrichen werden – ich bin dagegen und finde Zuspruch aus der anderen Seilschaft. Kein Unglück also, wir seilen uns um, die Freunde gehen mit den Bergführern zur Capanna Regina Margherita hinauf, wo auch wir am Abend eintreffen wollen. Unser Gipfeldurst ist erst entfacht, deshalb rennen wir los, doch nicht lang, denn windgepreßter Schnee und hohe Windgangeln lassen uns bald wieder zur alpinen Kleinarbeit zurückkehren: mühevolles Spuren durch plattigen Preßschnee, unter dem sich tiefer Pulverschnee befindet.

Über eine Stunde waren wir unterwegs, vom Balmenhorn zum Gipfel der Vinzentpyramide. Wieder neue Perspektiven, andere Blickpunkte. Nun sind wir frei über dem dunsterfüllten Aostatal, sehen über das Wolkenmeer der Po-Ebene »an den Rand der Welt«. Östlich, unter uns der gewaltige Talabschluß von Alagna, in den mehrere zerrissene Gletscher fließen. Nördlich, weit entfernt, die Signalkuppe, und dorthin wollen wir noch.

Wieder sind wir auf der Wanderschaft, steigen hinab, auf viertausend Meter, hinauf zum Balmenhorn, dann in der Spur unserer Freunde am Schwarzhorn und an der Ludwigshöhe vorbei und sind müde und durstig geworden. Der Durst quält uns besonders. Längst sind unsere Flaschen leer, immer wieder nehmen wir Schnee in den Mund, schmelzen ihn mit der Zunge.

18 Uhr. Die Spur unserer Freunde läßt die Parrotspitze rechts liegen. Das ist nicht in unserem Sinn, und deshalb queren wir auf eine steile Flanke zu und steigen im milden Abendlicht dieses herrlichen Hochsommertages auf 4436 Meter. Die Sonne sinkt zum Horizont, vergoldet die Welt um uns ins Märchenhafte. Unter uns das schattendunkle Tal von Macugnaga, weit im Norden die strahlend-weiße Kette des Berner Oberlandes. Langsam steigen wir ab, haben Durst und Müdigkeit vergessen und können nur sprachlos schauen. Im Seser Joch kommt die Dämmerung, sogleich wird es kühler, und unser Durst meldet sich jetzt fast gewaltsam.

Apathisch gehen wir weiter, noch 300 Höhenmeter sind's hinauf zum höchsten Bauwerk Europas, zur Capanna Regina Margherita. Plötzlich bleiben wir stehen – irgendwo tropft Wasser! Ja, dort oben hängen an einem Eiswulst meterlange Eiszapfen, die in rascher Folge Wassertropfen verlieren. Da müssen wir hin, welch ein Glück! (Wir besaßen damals nicht einmal einen Kocher.) Ein paar Eiszapfen haben wir abgeschlagen, und das Wasser auf einen einzigen geleitet; nun rinnt ein ganz ordentlicher Strahl in den Mund, und wir trinken, bis die Bäuche gluckern. Dann werden die Flaschen gefüllt. Unterdessen ist es ganz dunkel geworden, und vor uns steht als runde, große Eiskugel der letzte Gipfel für heute – die Signalkuppe. Noch eine Stunde kämpfen wir gegen die bleierne Müdigkeit, müssen sogar kurz unter der Hütte nochmals die Steigeisen anziehen, ehe wir die Capanna erreichen – 21 Uhr – 4556 Meter.

Ein langer Tag, der längste vielleicht, ist vorüber, wir standen auf fünf Viertausendern, waren 19 Stunden unterwegs und sind jetzt nur mehr müde.

Der Tag beginnt. Die aufgehende Sonne erfaßt das Matterhorn. Dahinter, noch im Schatten, die Dent d'Hérens.

Der vielfach gezackte Kamm von Lauteraarhorn und Schreckhorn, eine der bedeutendsten Gratüberschreitungen.

Freitagabend. Bis spät in die Nacht hinein warten wir auf drei Freunde aus Deutschland. Um ein Uhr nachts poltern sie die Treppe herauf. Müde von einer 600-Kilometer-Fahrt, und morgen ihr erster Viertausender. Einer hat seinen Pickel vergessen, hat aber dafür eine Gitarre und Humor. Der ist immer zu brauchen. Wir sind eine illustre Gruppe, als wir am Samstagvormittag mit der Gitarre vom Grimselhospiz taleinwärts ziehen, dem Lauteraarhorn zu. Zweieinhalb Stunden wandern wir auf und ab, dem mittleren Stausee der Grimsel entlang in einer unbeschreiblichen Blumenpracht. Der Bergfrühling ist in voller Blüte. Blumen, Gräser, Zweige, alles lebt, blüht, wächst, und dazwischen Wasser, weiß-schäumend, glasklar, lebendig. Immer wieder fotografiere ich Hummeln, Bienen und

Ballast im Rucksack

Ein endlos langer Weg von der Grimsel auf den Gipfel des Lauteraarhorns

Käfer, die geschäftig von Blüte zu Blüte eilen. Ehe ich mich's versehe, bin ich allein und die Kameraden weit voraus. Nach eineinhalb Stunden erst treffe ich sie wieder auf der Hütte. Doch sie ist uns heute nur Station. Wir müssen weiter, noch gut drei Stunden haben wir vor uns bis zu dem Platz, an dem wir biwakieren wollen. Jeder für sich laufen wir über die mächtige Moräne dahin. Schon mehrmals habe ich in diesem Gebiet Kristalle gefunden, und so sind auch diesmal die Augen am Boden. Und plötzlich liegt einer vor mir, unversehrt, klar, leicht goldgelb getönt, fast zehn Zentimeter hoch! Alle fünf Minuten nehme ich ihn aus der Tasche, bewundere ihn und vergesse darüber fast den überschweren Rucksack, der mir mehr und mehr Mühe macht. Nach zwei Stunden wird er unerträglich und ich muß ihn absetzen. »Das nächste Mal wird er leichter«, nehme ich mir vor. Ich schätze ihn auf 25 Kilo. Viel zuviel für zwei Tage! Erst eine halbe Stunde später komme ich erschlagen zu unserem Nächtigungsort auf einer Moräne, wo die Kameraden bereits mit dem Einebnen des Schlafplatzes begonnen haben. Als ich meinen Rucksack öffne, muß ich zweimal hinsehen, sechs, sieben große Steine fallen heraus! Ich bin so überrascht, daß ich gar nicht begreife. Erst als ich ein verlegen grinsendes Gesicht sehe, dämmert es. Aha, ihr Banditen! Sie entschuldigen sich damit, sie hätten sich diesen »Spaß« gemacht und ihn dann vergessen und meinten, daß ich das ja gleich hätte merken müssen. Nun, als ich diesen Ballast vor mir sehe, denke ich das auch. Mit vereinten Kräften errichten wir dann eine Mauer aus Steinen gegen den Wind, während im Kocher das Wasser siedet. Und kurz vor dem Einnachten liegen wir zufrieden in unseren Schlafsäcken und schauen hinauf

zur dunklen Silhouette des Lauteraarhorns, über dem glitzernde Sterne stehen.
Nach gutem Schlaf sind wir gegen sechs Uhr unterwegs zum Einstieg in das große Couloir, das sich kühn fast 1000 Meter emporschwingt in den Sattel, von dem ein kurzer Felsgrat auf den Gipfel leitet. Langsam, stetig und gleichmäßig, ziehen wir in Serpentinen hinauf; die Schneebeschaffenheit ist ideal, doch heiß brennt die Sonne vom föhnigen Himmel. – Gegenüber das Finsteraarhorn: Seine klaren Linien erinnern an einen Kristall. Eine kleine Rast, ich schaue nach oben, und wieder traue ich meinen Augen kaum, denn etwa hundert Meter über uns steigen zwei Gemsen! Und wir meinten, wir wären die ersten heuer, wie uns der Hüttenwirt der Lauteraarhornhütte sagte. Ich überlege: Seit vielen Stunden müssen sie ohne Nahrung sein, und noch eine lange Zeit haben sie vor sich zur nächsten Vegetation. Wir sind gespannt, was sie weiterhin tun werden. Hinter ihnen sind wir, rechts ist ungangbares Gelände und nach Osten bricht es steil nach unten. Es bleibt nur der auch nicht einfache Weg zum Gipfel. Und sie gehen ihn. Langsam, gelassen steigen sie seitlich des Grates in steilem Schnee dem Gipfel entgegen. Nun sind wir sprachlos und voller Bewunderung. Als wir uns am Grat anseilen, sehen wir sie noch kurz auf dem Weiterweg hinüber auf die andere Seite, und dann verschwinden sie. Würde das, was wir eben erlebten, erzählt, ich könnte es nicht glauben.
Nach einer kurzen, angenehm luftigen Kletterei stehen auch wir auf 4042 Meter, dem Gipfel. Der Föhn hat den Dunst vertrieben, und wir sehen weit hinaus ins Land. Im Süden steht eine Föhnmauer über den Walliser Gipfeln und hüllt die berühmten Berge in Wolken. Vor uns bricht die Nordwestwand mit erschreckender Steilheit hinab, und tief unten können wir die Strahlegghütte erkennen. Nur kurz ist die Rast, denn es liegen noch acht Stunden Abstieg vor uns, und es wird sicher Nacht werden, bis wir an der Grimsel sind. Vorerst haben wir Glück. Die Julisonne hat den Schnee aufgeweicht, und wir fahren, am 40-Meter-Seil gesichert, mit dem Pickel rauschend nach unten. Noch ist die Freude über diesen Gipfel in unseren Augen, als wir uns auf den Weg über die Nasse Strahlegg und den Lauteraargletscher begeben. Vier Stunden lang geht es über wäßrigen Firnschnee und Gletschersümpfe bis zum See, und es bleibt uns nicht erspart, den endlosen Pfad mit seinem ermüdenden Auf und Ab zu gehen und so die Tour bis zur Neige auszukosten. – 21 Uhr: Ein letzter Anstieg zum Hospiz fordert noch einmal den Rest der Energie. Drei Stunden im Auto bis Solothurn sind bei unserer Müdigkeit gefährlich. Doch besser als erwartet bleibe ich wach, wenngleich die Kameraden hinter mir schnell und fest eingeschlafen sind. Lang und strapaziös war es, das Lauteraarhorn, doch was ist das schon im Vergleich zu all dem, was wir erleben durften.

▲ *Kristalle wachsen aus Felsen wie Hochgebirgsflora.*
▼ *Ein wundervoller Weg führt durch die Sunnige Aar.*

Wie eine Lanzenspitze ragt im Kammverlauf der westlichen Seite des Zermatter Tales, zwischen Obergabel- und Weißhorn, das Rothorn empor. Drei lange, felsige Grate führen auf seinen Gipfel. Von der Cabane du Mountet wird der Nordgrat begangen, der Südostgrat von der Rothornhütte, während der Südwestgrat von beiden Stützpunkten erreicht werden kann. Alle drei Grate sind klassische Klettertouren in herrlichem, festem Fels. Allein schon seiner Gestalt wegen, die besonders vom Matterhorn her besticht, war der Wunsch, über einen dieser kühnen Grate zu klettern, seit langem geweckt.
August. Spät, sehr spät erst hatten wir in Zinal das Auto verlassen und uns auf den langen, mühevollen Weg begeben, der zur Cabane du Mountet hinaufführt. Das heißt, zunächst waren wir nur zu zweit, denn unser Freund Sepp war wieder einmal mit dem Packen nicht fertig geworden, doch wollte er sogleich nachfolgen. In der Eile übersah er dann bei der Alp le Vichiesso die Abzweigung zur Cabane Petit Mountet und folgte eine gute Stunde dem Weg zur Tracuithütte über den Roc de la Vache, bis ihm ein Senn den richtigen Weg wies. Unterdessen waren wir langsam weitergewandert und hatten ständig zurückgeblickt, denn unser Kamerad war noch nie so lange ausgeblieben. Die Moräne lag nun hinter uns, wir hatten den Zinalgletscher gequert, und die Sonne verließ die Spitzen der höchsten Gipfel, als er schweißnaß herangekeucht kam. Nun war die Freude groß, und der abendliche Friede über den dunklen Berggestalten zog auch in uns ein, während wir die letzten Serpentinen hinaufstiegen. Still war es in der Hütte, als wir sie gegen 23 Uhr erreichten, und still war es schon wieder, als wir erst lang nach sieben Uhr in einen leuchtenden Morgen hinaustraten. Weit hinab hatte die Sonne ihre wärmenden Strahlen schon gerichtet und die Gletscher in helles Licht getaucht. Vor uns der zerrissene Glacier du Grand Cornier, aus dem die Nordwand der Dent Blanche über 1000 Meter emporragt. Links von ihr das schneebekränzte Obergabelhorn, die Wellenkuppe, das Trifthorn und dann unser heutiges Ziel, das Rothorn von Zinal. Unwirklich hoch

Die Zeit versetzt

Schöne luftige Kletterei
über den Nordgrat auf das Zinalrothorn

steht es über uns, und plötzlich können wir weit oben am Nordgrat ein paar sich bewegende Punkte erkennen, ebenso unwirklich klein: Bergsteiger, die schon lange unterwegs sind. Das spornt uns an, und schnell gewinnen wir über den steilen Glacier du Mountet an Höhe. An der »Epaule«, der Schulter, dem Beginn des Grates, halten wir Rast. Tief liegen die Hörner des Besso und der Blanc de Moming schon unter uns. Der Blick fällt steil ab auf die wilden Brüche des Moming-gletschers, gleitet die Hänge der Diablons hinauf, die ihren Namen von den Steinlawinen herleiten, die von ihnen schon zu Tal fuhren, und sucht die Tracuithütte, die dort am Col gleichen Namens steht.
Von da an beherrscht das Weißhorn die Szene. Zwischen Nord- und Schaligrat zieht sich die gewaltige Westwand hin; und über uns sind die zerklüfteten Schalihörner. Vom Gipfel steigt eine Seilschaft schon ab, und nun sind auch wir wieder unterwegs. Der Grat beginnt mit einer scharfen Schneide, das »Rasiermesser« genannt. Man kann diese Stelle reitend oder han-

Das Zinalrothorn von der Alp Barneusa im Val d'Anniviers.

gelnd überwinden, doch die Ausgesetztheit bleibt atemberaubend. Links senkt sich die Wand fast siebenhundert Meter hinunter auf den Hohlichtgletscher, während zur Rechten die Abstürze auf den Glacier du Mountet nicht weniger beeindrucken. In herrlicher, luftiger Kletterei geht es weiter zu einem mächtigen Turm (die »Sphinx«), der rechts umgangen wird. Wieder wird der Grat schmal und scharf, »Bourrique« heißt dieses markante Stück. Hier begegnen wir den zwei absteigenden Kletterern. Um aneinander vorbeizukommen, müssen wir uns jeweils umarmen und höchst vorsichtig wieder lösen. Die beiden wollen heute noch über die Schalihörner zum Schalibiwak und morgen aufs Weißhorn, eine ganz große Tour! Noch einmal überwinden wir einen steilen Turm, dann führen leichte Blöcke hinauf zum Gipfel. Schnell ist die Zeit vergangen, seit der Hütte sind wir ohne nennenswerte Pause nur gestiegen, deshalb laden die sonnenwarmen Felsen doppelt zur Rast. Ein wolkenloser Himmel ist über uns und um uns die Gletscher, Gipfel und Täler, die fast alle irgendwelche Erinnerungen wachrufen. Wie besitzt doch jeder Berg, jeder Weg seine eigenen Schönheiten, wie verschieden und andersartig sind die Wände und Grate dieser Gipfel und wie verschieden ist auch

Zinalrothorn mit Nordgrat und Südwestgrat, gesehen vom Trifthorn, einem idealen Skiberg von der Mountethütte.

immer das, was der Mensch im Gebirg erleben kann. Der Gipfel ist schon ein Kulminationspunkt des Erlebens, doch das »Ziel ist der Weg«.

Es ist drei Uhr geworden, und wir wenden uns dem Abstieg, wieder über den Nordgrat, zu. Die Sonne neigt sich gegen den Horizont, als wir die »Schulter« betreten. Die Wärme hat die dünne Schneeschicht aufgeweicht, und grünliches Eis tritt zutage. Für diese paar hundert Meter brauchen wir nun Stunden, denn Stufe um Stufe müssen wir uns nach unten hacken. Auf dem Gletscher wird es dunkel, und das erschwert unser Fortkommen auf dieser spaltenreichen Route sehr (die Taschenlampen hatten wir auf der Hütte liegen lassen). Obwohl ein sternenübersäter, wolkenloser Himmel über uns steht, ist die Finsternis hier doch so vollständig, daß wir ein Biwak erwägen. Wenn nur der Mond käme! Aber wir haben die Tage um Neumond. Da durchzuckt mich ein Gedanke: Unser Kocher! Ja, unser guter Kocher, mit dem wir auf dem Gipfel den traditionellen Kaffee gekocht hatten! Rasch wird er hervorgeholt und entzündet, doch o weh, sein blaues Licht leuchtet kaum. Es ist wie beim Gasofen in der Küche. Sepp aber weiß sich zu helfen: Die Luftzufuhrlöcher werden mit Heftpflaster abgedichtet, und nun haben wir eine Flamme von fast einem halben Meter Höhe, und wir können sie mit der Gaszufuhr nach Belieben kleiner und größer schalten. Vor Freude lachen wir laut in die stille Nacht, schlagen uns auf die Schultern und können nun mit dieser Fackel gut und schnell zur Hütte absteigen – wieder ist alles schon beim Schlafen, und als wir uns am anderen Morgen, am dritten Tag, zum Abstieg rüsten, sieht uns der Hüttenwirt zum erstenmal, und er schüttelt seinen Kopf.

Nomen est omen – das Schreckhorn, egal von welcher Seite man es sieht, ist ein abweisender Berg. Kulminationspunkt eines mächtigen, ziemlich genau von Nordwest nach Südost verlaufenden Kammes, Juwel jeder Viertausender-Sammlung und von den neun Berner Oberländer Gipfeln über der »magischen Grenze« der schwierigste. Respekt vor diesem schroffen Felsen war vorhanden. Oft genug hatte ich von den Nachbargipfeln hinübergesehen, vom Wetterhorn, vom Diamantstock, von den Fiescherhörnern und immer wieder von der First, dem prachtvollen Aussichtspunkt oberhalb von Grindelwald. Auch Willo Welzenbachs Beschreibung seiner Schreckhornbesteigung, in seinem Buch mit einem Satz erwähnt, konnte da nichts ändern: »Tags darauf turnten wir über den Andersongrat aufs Schreckhorn und stiegen nach Grindelwald ab.« So kurz und schmerzlos ging das damals – und dies auf einer noch anspruchsvolleren Route, als unserer.
Für das Schreckhorn muß einiges zusammenstimmen, aber das wichtigste ist das Wetter. Einer meiner Schweizer Freunde ist viermal eingestiegen und wieder umgekehrt. Kondition, Klettertraining, Erfahrung im kombinierten Gelände und eine gut eingespielte Seilschaft sind auch am Schreckhorn wesentlich. Der letzte Punkt war der kritische: Wir kannten uns kaum, hatten uns am Sektionsabend erst kennengelernt, beim Stichwort Schreckhorn war ich mit Beat ins Gespräch gekommen, und wir hatten uns für den kommenden Samstag verabredet . . .
Das Wetter ist bombensicher und die Hitze schwer erträglich, als wir in Grindelwald-Grund aus dem Auto steigen und uns auf den langen Weg zur Strahlegghütte begeben. Ein sehr interessanter Steig, ein geradezu hochalpiner Hüttenanstieg mit sehr viel Abwechslung in einer großen Szenerie. Dort, wo die grauen Wasser der Weißen Lütschine die wilde Schlucht des Unteren Grindelwaldgletschers verlassen, führt der Weg im dichten Hochwald steil aufwärts. Das Harz duftet, Insekten summen, und selbst der Schatten der Bäume vermag nur wenig zu kühlen. Leicht ansteigend geht es talein an den Steilhängen des Mettenberges; gegenüber der Ostfuß des Eigers, wo oben am Ostegg messerscharf der Mittellegigrat ansetzt. Kurz vor der kleinen Alpwirtschaft Stieregg hören wir plötzlich ein dumpfes Donnern, das rasch stärker wird und nun das ganze Tal erfüllt. Die Luft zittert, wir haben das Gefühl, daß die Felsen beben. Vom gegenüberliegenden Kallifirn bricht eine Eislawine. In 2700 Meter Höhe hat sich ein Stück des Gletschers gelöst, und die Eismassen fallen nun, aus der großen Entfernung fast zeitlupenhaft langsam, die steilen Felsen hinunter. Sie teilen sich, nun immer schneller werdend, in verschiedene Arme, sammeln sich in einem Trichter, stürzen bogenförmig hinaus ins Leere, einem riesigen Wasserfall gleich, und verschwinden in einer Staubwolke in der Tiefe. 1300 Meter Fall in wenigen Sekunden. Ein eiskalter Hauch weht herüber, uns schaudert, und nicht nur wegen der Kälte. Nach der Stieregg wird alles wieder ein wenig freundlicher. Gegenüber die Fiescherwand, über einem riesenhaften Kessel mit einer Reihe von Eisbalkonen und Bruchzonen. Fern dahinter eine elegante Spitze, das Finsteraarhorn. Wir queren die Bänisegg und folgen dem Weg auf die Rote Gufer zu. Jetzt wird's alpin wie auf einem

Sieben von hundert

Das Schreckhorn, rassigster Viertausender der Berner Alpen

Hoch über dem Tal, das Schneefeld unter dem Schreckhorngipfel. In der Tiefe Unteres Eismeer und Fieschergletscher.

Klettersteig. Drahtseile, Leitern und Stifte helfen über diese Steilstufe. Dann überschreiten wir eine Reihe von Bächen, betreten das Obere Eismeer und sind bald an der Hütte.
Früher Nachmittag, die Unterkunft ist längst überfüllt, eigentlich haben wir das nach dem sechsstündigen Aufstieg nicht erwartet. Die 47 Plätze sind von über 120 Bergsteigern belegt. Die meisten liegen bei diesem Prachtwetter schon um vier Uhr nachmittags in den Lagern, um ja einen sicheren Schlafplatz zu haben. Mit dem Hüttenwirt ist nicht zu reden, er brüllt durch die Räume, hat den Überblick völlig verloren. Ein Platz unter einem Tisch ist noch zu haben. Der Beat liegt irgendwo auf einer Bank.
Kurz vor der offiziellen Hüttenruhe besucht er mich noch und stellt mir den Fritz vor. Er kennt ihn erst seit einer Stunde. Fritz wartete den ganzen Nachmittag auf seinen Seilkameraden, der ist aber nicht gekommen. Ob wir ihn morgen mitnehmen würden? Ein sympathischer Mensch, aber wieder eine Unwägbarkeit mehr. Was er schon gemacht hat? Morgen sein erster Viertausender. Es wird immer lustiger, denn nach den Äußerungen des Wirts gehen alle 120 Bergsteiger morgen aufs Schreckhorn. Was tun? Er schaut mich an, voll Hoffnung, was bleibt mir anderes übrig, als ja zu sagen. Dann dösen. Die Hütte knarrt und ächzt, Schläfer stöhnen; Unruhe, das Ungewisse des morgigen Tages. Ich hab die Hoffnung fast aufgegeben. Ab zwei Uhr Kampf ums Teewasser. Streit um die wenigen Plätze. Über mir wird gefrühstückt, überall um mich Schuhe und Ausrüstungsgegenstände, ringsum geschieht alles in Hast, doch ich bleibe noch unter dem Tisch in meinem Schlafsack. Das Wetter soll schön sein. Fritz kommt, er ist schon fertig. Bewußt langsam schäle ich mich aus der Hülle und hoffe, daß die 120 bald dahin sind.
Es ist halb vier, als wir als letzte in die Nacht hinaustreten. Der Hüttenwirt, mit dem ich mich gestern noch ein wenig angelegt habe, brüllt uns noch nach, daß man um diese Zeit nicht aufs Schreckhorn gehe, viel zu spät sei es. Vor uns winden sich lange Schlangen bergauf. Die Lichter der Lampen blitzen. Im Osten ist der Himmel schon licht, und bald dämmert der Tag. Weit vorn biegen die meisten Gruppen nach rechts ab. Aha, man hat umdisponiert aufs Strahlegghorn, 3461 m, den Hüttenbuckel. Drei Viertel der Kompanie schwenken nach rechts.
Jetzt ist eine dunkle Felspyramide sichtbar, das Schreckhorn. Wir seilen an. Etwa vierzig Bergsteiger sind vor uns. Wenn wir uns voll einsetzen, können wir bis zum Einstieg zwanzig hinter uns lassen. Eine gute Gelegenheit, denke ich, meine beiden Schweizer zu testen. Ich erhöhe das Tempo, trete aus der Spur und beginne, die Kolonne zu überholen. Die beiden halten mit, und schon sind 20 Schreckhornaspiranten, die uns gewiß am Grat aufgehalten hätten, hinter uns.

Die mächtige Randkluft und ein harter Lawinenkegel leiten auf den Beginn des Südwestgrates zu. Dieses Stück will ich ohne Eisen gehen, schlage mit dem Pickel Kerben für die Schuhe, aber meine beiden am Seil wollen nur mit Steigeisen über dieses gefährliche Stück. Gut, ich seile mich ab und bin in wenigen Minuten am Einstieg. Nach einer Viertelstunde sind wir wieder beisammen und steigen in die Felsen. Es ist nun ganz Tag geworden. Finsteraarhorn, Fiescherhörner, Eiger sind in voller Sonne. Ihre Strahlen gleiten tiefer, hinunter in

Über die Rampe links verläuft der Anstieg zum Schreckhorn.

den Fiescherkessel und tauchen das Spaltengewirr in Licht und Schatten, wodurch es noch wilder aussieht. Ohne Seil turnen wir den Grat hinauf, Fritz brav hinter mir, nur dem Beat scheint das Tempo nicht zu behagen. Und wirklich, er möchte umkehren, wir sollen ohne ihn weiter, es tut ihm leid. Ich habe Bedenken, ihn allein über den zerrissenen Gletscher zurückgehen zu lassen, aber er meint, mit Vorsicht gehe das schon. Wir verab-

schieden uns. Den Fritz hat mir wohl ein Engel geschickt. – Was würde ich jetzt ohne ihn anfangen? Umkehren und absteigen.
Jetzt zurück, bei diesen Verhältnissen? Nein, auch der Fritz hat Auftrieb. Der ist immerhin so groß, daß wir von unseren zwanzig »Vorgängern« bis zur Schulter zehn überholen. Die fünf ersten sehen wir hoch oben über diesem fast ebenen Platz im braunen Fels verschwinden.
Drei Zweierseilschaften mühen sich die hier beginnenden Risse hinauf; es geht aber alles sehr langsam, und überholen wollen sie sich auch nicht lassen. »Fritz, ich probier's rechts. Paß auf und komm dann so schnell wie möglich nach!« Er nickt. In einem schmalen, langen Riß geht es besser als erwartet. Ich sichere den Fritz herauf und schon sind wir allein. Und wir bleiben es. Hinter uns haben alle aufgegeben. Es folgen phantastische Kletterstellen. Oft ungemein ausgesetzt – und der Fritz hält sich gut. Ein Schneefeld, ein kurzer, fast waagrechter Grat, und wir stehen auf dem Gipfel. Unsere Vorgänger sind schon wieder fort. Sie steigen über das Couloir ab. Wir werden den Aufstiegsweg zurückgehen. Doch vorerst freuen wir uns über den Gipfel. Wärme, Windstille. Leise dringt das Rauschen der Gletscherbäche aus der Tiefe, Sommerwolken ziehen vorüber, tauchen uns in helle Nebel, geben uns wieder frei. Wohlige Müdigkeit, ein wenig Schlaf, ein Windstoß, wir denken an den Abstieg.

Der gewaltige Kamm von Lauteraarhorn und Schreckhorn.

Eine endlose Folge von Kletterstellen, Sichern und Abseilen nimmt uns nun gefangen. Stunde um Stunde geht es nach unten. Die Sonne brennt in die Wand. Durst haben wir nicht, denn Wasser rinnt überall von den Felsen. Gegen drei Uhr überspringen wir die Randkluft, um vier sind wir vor der Hütte. Beat hat auf uns gewartet und gratuliert uns. Was geht wohl in ihm vor? Er zeigt es nicht...
Weitere vier Stunden Abstieg, ein wildes Gewitter an der Bäregg und die hereinbrechende Dunkelheit schrecken uns nicht mehr – nach diesem Gipfel.

Pfingsten. Wir fahren durch den Lötschbergtunnel ins Wallis, Ski auf dem Dach des Autos. Wir wollen auf die Weißmieshütte. Mir kommen Bedenken, ob auch genug Schnee liegt, ob wir die Ski nicht die meiste Zeit statt an den Füßen auf der Schulter haben. Leider ist von Saas Grund aus nichts zu sehen, weshalb wir nach Saas Fee hinauffahren, und da zeigt sich die Misere: kein Schnee auf den südwestlich geneigten Flächen des Saaser Tals, die Ski können wir vergessen, wie gut, daß ich die Bergschuhe ins Auto geworfen habe, denn wir werden fast sommerliche Verhältnisse vorfinden. Schade, ich hatte mich auf eine schöne Skitour gefreut, auf die Abfahrt vom Gipfel der Weißmies bis hinunter ins Tal – zweieinhalb Kilometer Höhendistanz.

Nun wird es ein Weg durch den Frühling, über blühende Matten, vorbei an den gischtenden Schmelzwassern, die jedes Rinnsal füllen. Zweieinhalb Stunden folgen wir dem aperen Weg, die letzte halbe Stunde heißt es im sulzigen Schnee waten; deshalb beschließen wir, am folgenden Tag das Lagginhorn anzugehen, dessen Südwestgrat weitgehend schneefrei ist.

Die Hütte ist gut besucht, lauter Walliser, und es geht hoch her, an Wein ist kein Mangel. Es wird erzählt, Geschichten von den Bergen, schaurige Erlebnisse, soviel bekomme ich mit. Obwohl ich jetzt zwei Jahre bei den Eidgenossen lebe, kann ich der Unterhaltung nur in Bruchstücken folgen, doch ich weiß, der Walliser Dialekt wird selbst in den benachbarten Kantonen nur schwer verstanden. Ich lausche gespannt, verstehe immer mehr, aber ein Wort, es kommt laufend vor, ist nicht zu »entziffern«. Auch meine beiden (deutschen) Freunde können sich keinen Reim auf dieses Schlüsselwort machen. Es lautet: »drprüf«. Nach zwei Stunden gebe ich mir einen Ruck und frage meinen Tischnachbarn höflich und langsam, welche Bedeutung dieses »drprüf« habe. »Ah«, meint dieser »das isch eifach, das heißt ‚hinauf', ‚drüber üf'!« Ja, natürlich, jetzt war's klar, vieles hatte nun Sinn bekommen.

Im Dämmern des neuen Tages zogen die Schweizer dem Weißmiesgipfel zu, und wir stiegen über den unschwierigen Blockgrat zum Lagginhorn hinauf und standen dort oben in den Wolken. Es war kalt und windig, wir

Magische Grenze

Weißmies und Lagginhorn – ein paar Meter über viertausend

froren in unseren dünnen Anoraks, wir umrundeten die kleine Stange, die den höchsten Punkt markiert und wandten uns ohne jeden Aufenthalt wieder nach unten, um hinter einem Felsen geschützt ein wenig zu rasten und Kaffee zu kochen. Ein Viertausender, der niedrigste der Schweiz, der uns leichtgefallen war, der auch keine tieferen Spuren in der Erinnerung hinterlassen hat...

Zwei Jahre später, 1965, der schlechteste Bergsommer (vom Wetter her), an den ich mich erinnere. Von Bern fahren wir zu zweit nach Interlaken, und dort steht am Ortsausgang ein junger Mann am Straßenrand, den Daumen in unserer Fahrtrichtung. »Wohin?« – »Nach Innsbruck.« – »Wir fahren ins Wallis.« – »Können Sie mich bis zum Brünigpaß mitnehmen?« An der Abzweigung zum Brünig waren wir uns schon einig, daß wir zu dritt ins Wallis fahren würden, denn Sebastian, ein Innsbrucker Student, hatte noch Zeit, bloß keine Lust mehr, denn er hatte am Eiger biwakiert und nur schlechtes Wetter erlebt. Unser Ziel war die Weißmies, und die winterlichen Verhältnisse im August ließen es geraten scheinen, zu dritt unterwegs zu sein, schon des Spurens wegen. Es regnet wieder, während wir zur Hütte hinaufstiegen. Sie ist fast leer, nur zwei Holländer und der Hüttenwirt bilden die Besatzung. Für morgen ist ein kurzes Zwischenhoch angesagt, das wollen wir nutzen, obwohl es bis unter die Hütte geschneit hat.

Zeitig brechen wir auf, treten in einen grauen windigen Morgen und stapfen durch tiefen, nassen Neuschnee zum Geißrück, queren mühsam den Triftgletscher und wühlen uns die Hänge zum Südwestgrat hinauf. Was für ein Glück, daß wir den Sebastian dabeihaben, allein hätte ich aufgegeben, da wir zwei im metertiefen Neuschnee nicht weit gekommen wären.

▶ *Weißmies-Ostgrat. In der Tiefe der Zwischbergengletscher. Winterliche Verhältnisse im Sommer an der Weißmies.*

Die letzten Meter zum Weißmiesgipfel auf der Ostgrat-Route.

Abwechselnd spurend kämpfen wir uns höher und hoffen, daß der Wind am Grat den Neuschnee verblasen hat, doch von der Hütte zum Gipfel benötigen wir die doppelte Zeit: acht Stunden. Aber das Wetter hat sich gebessert, das Zwischenhoch ist exakt eingetroffen, wir stehen auf 4023 Meter und schauen ringsum auf tief verschneite Berge, auf winterlich weiße Flanken und Gletscher – und wir sehen hinunter ins Saaser Tal, nach Mattmark, wo der gewaltige Schüttdamm gebaut wird, der später den Mattmarksee aufstauen soll, und wir sehen den zerrissenen Allalingletscher, dessen Zunge vor drei Tagen abgebrochen ist: Hunderttausende von Kubikmetern Gletschereis nahmen den Weg in die Tiefe, auf ein Barackendorf zu, dessen Bewohner am Nachmittag schliefen oder sich in den Aufenthaltsräumen befanden: 88 Menschen wurden völlig überrascht, nicht einer konnte fliehen. 57 Italiener, 26 Schweizer, drei Spanier und zwei Österreicher starben unter einer halben Million Kubikmeter Gletschereis, weil die Walliser Ingenieure diese Unterkünfte an einen Ort stellten, an den ich mein Zelt kaum einmal für eine Nacht aufgeschlagen hätte. Schweigend sehen wir hinab auf die todbringende Lawine, die als weißes Band quer im grünen Tal liegt, Grab für 88 Menschen, Leid für Hunderte von Angehörigen. Darüber die großen, stillen Berge, sie stehen da wie immer, weiß und strahlend unter dem blauen Himmel...
Langsam steigen wir ab, den ganzen Tag über waren wir völlig allein; auf der Hütte ist nur mehr der Hüttenwirt.

Seit vier Tagen befinden wir uns jetzt auf der Hohen Route. Am Morgen verließen wir bei Sturm und schlechter Sicht die Cabane de Valsorey und begannen den Aufstieg zum Plateau du Couloir. Trotz des Sturms war im unteren Bereich der Schnee locker und das Spuren mühsam. Nach und nach aber verfestigte sich die Schneedecke, und wir schnallten die Ski an den Rucksack und die Steigeisen an die Schuhe.
Erst in der vergangenen Woche wurde eine Gruppe Skifahrer von einer Lawine diesen steilen Hang hinuntergefegt, und einer von ihnen konnte nur mehr tot aus den Schneemassen geborgen werden. Die schrecklichen Einzelheiten dieses Unglücks waren im Hüttenbuch für die Bergungsmannschaft genau dargestellt worden. Auch jetzt schien mir diese Riesenflanke keineswegs sicher, weshalb ich meine zwei Kameraden und die uns folgende Dreiergruppe im Schutz eines Felsens zurückließ und in den von oben kommenden orkanartigen Sturmböen allein der großen Wächte entgegenstieg, die das Plateau nach Westen begrenzt. Sollte jetzt etwas passieren, würden immerhin fünf Kameraden nach mir suchen und mich vielleicht auch finden, denn ich zog eine Lawinenschnur hinter mir her, die der Wind oft waagrecht zur Seite wehte. – Die letzten Meter zeigten sich scheußlich steil, und im Wind balancierend, die Eisen im Harsch, schlug ich mit dem Pickel eine Bresche in die Wächte, zwängte mich durch diesen Spalt und war in Sicherheit. In einem Moment mit Sichtverbindung winkte ich den Kameraden, die bald neben mir standen. Bei der Abfahrt zum Glacier du Sonadon ließ der Schneesturm nach, und als wir zum Col du Sonadon aufstiegen, sah die Sonne aus den Wolken. Die anstehende 1300-Meter-Abfahrt über den Glacier du Mont Durand hinunter in die Böden von Chermotane brachten nicht das erhoffte Schwelgen im Pulverschnee, denn er lag fast meterhoch. Wir legten praktisch eine einzige Schußspur nach unten, wobei derjenige, der diese Spur zog, bis zur Brust im weißen Mehl steckte. Das letzte Stück der Abfahrt über Firn war dann noch ein schöner Abschluß, der das Wühlen im Lockerschnee vergessen ließ. Zur Cabane de Chanrion mußten wir

Der Kampf

Unbeteiligter Zeuge einer mörderischen Auseinandersetzung

noch eine halbe Stunde aufsteigen und schnallten deshalb die Felle wieder an die Ski. Ein gemütlicher Nachmittag stand uns bevor, ich freute mich darauf.
Plötzlich über uns ein gellender Schrei, noch einer und immer wieder – jetzt löst sich oben von den Felsen ein wirres Knäuel und kollert langsam, wie in Zeitlupe, den Hang herunter, direkt auf uns zu! Und jetzt sehen wir es genau: Ein roter und ein brauner Körper bekämpfen sich wie rasend, Haarbüschel fliegen, rot ist die Spur im Schnee. Ein Fuchs hat ein Murmeltier angefallen. Jetzt haben sie, zehn Meter vor uns, den Talboden erreicht und kämpfen weiter, doch die Bewegungen des Murmeltiers werden schwächer, der Fuchs wird Sieger. Wir sind schockiert, zunächst zu keiner Bewegung fähig. Doch jetzt, als im Murmeltier jede Gegenwehr aufgehört hat, überfällt uns eine unsinnige Wut auf den Fuchs, und Sepp und ich stürmen stöckefuchtelnd auf das grausige Schauspiel zu. Jetzt erst sieht uns der Fuchs. Langsam, wie mir vorkommen will, mit einem zynischen Grinsen, wendet er sich zur Flucht. Trippelt er den Hang hinauf, sich ständig umsehend und auf Distanz bedacht. Ich weiß, daß ich ihn nicht erwische und laufe ihm noch ein paar Schritte nach, während sich Sepp dem Murmeltier zuwendet. Doch nein! Auch der Fuchs scheint schwer angeschlagen, er zieht eine Blutspur, seine Bewegungen werden langsamer, jetzt bricht er zusammen, bleibt liegen, atmet schwer. Blut sickert aus vielen Wunden, vielleicht erwartet er den Tod aus meiner Hand. Aber meine Wut wandelt sich in tiefes Mitleid, wie er so vor mir liegt. Wer weiß, ob er diesen Kampf auf Leben und Tod überleben wird. Noch nie war ich einem lebenden Fuchs so nahe, ein wunderschönes Tier, das rotbraune Fell, der buschige Schwanz, die großen, glänzenden Augen... Welche Tragik über alldem, hier, auf 2200 Meter, mitten im Hochgebirge, in einer strahlenden, sonnigen, friedlichen Welt. Wir stehen schweigend um das tote Murmeltier – oben liegt der Fuchs. Wir haben hier nichts mehr zu suchen, sind überflüssig. Wir erlebten die grausame und unerbittliche Natur – dort, wo wir die schöne und harmonische zu finden hofften.

Der schwer verletzte Fuchs unter der Cabane de Chanrion.

Gestern standen wir auf dem Täschhorn, einem schwierigen und komplizierten Viertausender. Wir erlebten eine große Tour, waren achtzehn Stunden unterwegs. Zwölf Stunden dauerte die Erholungsphase, der Schlaf in der Täschhütte, und ohne Eile schlenderten wir am nächsten Tag hinunter nach Otavan und weiter hinab nach Zermatt. Dort versäumten wir die letzte Gondel hinauf zum Schwarzsee und mußten zu unserem Ärger in Zermatt übernachten.
Am folgenden Morgen waren wir die ersten an der Bahn, und ich wurde beauftragt, mittels eines grünen 50-Franken-Scheins viermal eine Karte Zermatt-Furi-Schwarzsee zu erstehen, das Stück zu zwölf Franken. Ich trat an den Schalter, legte meinen Schein aufs Roulette, und da ich der Meinung war, auch das große Einmaleins noch leidlich zu beherrschen, fügte ich bei: »Viermal zwölf ist sechsunddreißig.« Nun, mein Gegenüber, beruflich zwar Kassier, hatte an dieser Rechnung nichts auszusetzen und warf mir vier Karten und vierzehn Franken in den Teller zurück. Als wir gegen Mittag auf der Terrasse des Hotels Belvedère saßen, konnten wir die absteigenden Matadore des Matterhorns bewundern, und es gibt gewiß nicht viele Plätze auf der Welt, wo Freude über die erbrachte Leistung, über das Erlebnis am Berg so offen und unverhohlen gezeigt werden wie hier. Entsprechend auch der andere Fall: Enttäuschung und Trauer, wenn das Können oder die Kondition nicht reichten. Das Horn ist auch 100 Jahre nach Whymper nicht kleiner geworden, und die 1300 Höhenmeter verlangen immer noch Trittsicherheit und entsprechende Kondition. Am späten Nachmittag steigen wir noch ein paar hundert Meter den Normalweg empor, das Terrain zu erkunden, das wir wahrscheinlich in tiefer Dunkelheit zurücklegen müssen. Trotz der zahllosen Besteigungen war es leicht, sich dort in der Finsternis zu verlaufen, denn Pfadspuren gab es in alle Richtungen. Es wurde also beschlossen, uns an einen schnellen Führer zu hängen, und zwar an einen, dessen Herr einen sportlichen Eindruck ausstrahlte. Während des Abendessens suchten wir uns unauffällig ein »Opfer« aus, wobei wir aber nur Äußerlichkeiten werten konnten, wie Bräune auf dem Gesicht, Kleidung, Auftreten und Bewegung. Unsere Wahl erfolgte einstimmig, und sie hatte durchaus Hand und Fuß, denn wie der kommende Tag zeigte, standen wir als dritte Seilschaft auf dem Gipfel, und die Zeit, die wir dazu benötigten, konnte sich durchaus sehen lassen, sie betrug drei Stunden und fünf Minuten.

Berg der Berge

Ein glanzvoller Tag am Matterhorn und seinem Hörnligrat

In diesem spaltenreichen Eisfeld unter der Monte-Rosa-Hütte fließen Gorner- und Grenzgletscher zusammen.

Drei Uhr, irgendwo rasselt ein Wecker. Wenig später zieht Theodor Kronig, der Wirt der alten Hörnlihütte, die Schläfer reihum an den Beinen, und zwar so, daß jeder aufwacht. In ganz kurzer Zeit waren wir reisefertig, stiegen die wenigen Stufen zum Hotel hinauf, wo die Führer nächtigten und jene Gäste, die auch den Franken nicht wenden mußten. Dort warteten wir vor der Tür geduldig auf unseren Pfadfinder, den wir mit seinem Herrn, einem sportlichen jungen Amerikaner, durchs Fenster beim Frühstück beobachten konnten.
Ein großer Tag kündigte sich an, die Sterne strahlten aus dem samtschwarzen Himmel, hell schimmerten die Bänder der Milchstraße – und in dieses Gewirr an Lichtpunkten hob sich die breite, dunkle Silhouette des Matterhorns. Im unteren Teil waren dort einige Lichtpunkte zu erkennen, die Lampen von ein paar Seilschaften aus der Hörnlihütte, die mit uns das Haus

Das Matterhorn mit der verschneiten Ostwand und seinem kleinen Bruder, dem Riffelhorn. Rechts der Hörnligrat.

verließen. Aber wir waren uns sicher, daß wir diese Greenhorns bald überholen würden. Es waren Alpinisten aus verschiedenen Nationen, die allerdings mit wenig Bergerfahrung gleich aufs Matterhorn wollten. Als vierte Seilschaft, schon angeseilt, verließen unser Führer und sein Herr das Hotel, nun gefolgt von uns Schmarotzern. Aufs Anseilen verzichteten wir zunächst. Das Tempo war leicht zu halten, doch nach kurzer Zeit war der Führer im Bilde, und nun versuchte er allerhand Mittelchen, um uns abzuhängen. »Zruckblybe, Steischlag!«, war sein beliebtestes, denn während wir zusehen mußten, wie er eine Steilstufe in normaler Gangart überwand, rannte er oben so schnell, wie sein Herr laufen konnte, weiter und war meist aus dem Blickfeld, wenn wir um die Ecke kamen. Aber hier war er gerade an die Rechten gekommen, denn der Anschluß wurde mit Einsatz und Ehrgeiz rasch wieder hergestellt, und mit lammfrommen Gesichtern stiegen wir dann wieder hinter ihm nach. Da wir auch keine Anstalten machten, zu überholen, fügte er sich ins Unvermeidliche und lotste uns auf der mit Sicherheit besten Route höher.

Kurz unter der Solvayhütte blitzte die Sonne über die Mischabelkette; ein grandioses Schauspiel die lichtüberfluteten Gipfel von Monte Rosa, Liskamm, Zwillingen und Breithorn. Herrlich auch die schnell wechselnden Farben des Himmels, in den über uns der golden leuchtende Fels des Matterhorns hineinstach. Nun wurde die Kletterei luftiger, wir seilten an; durch eine Scharte, der Blick in die Nordwand, deren riesige Dimensionen und unglaubliche Steilheit beeindruckend sind. Meine Gedanken gehen zurück zu Whymper und Taugwalder, die diesen schroffen Felsen erstmals erstiegen; ich denke mir die Seile weg, an denen wir hinaufturnen, und bewundere die Leistung der Erstersteiger. Irgendwo in der Nähe befindet sich die Stelle, an der sich die Katastrophe ereignete, nur wenig unter dem

Scharfe Grate prägen den oberen Teil des Matterhorns.

Gipfel, wo fünf von ihnen in die Tiefe stürzten. Der Grat wird schmäler, der Blick weiter, neue Bilder tauchen auf, verdrängen die Gedanken an die Vergangenheit, noch ein paar Schritte – und wir stehen auf dem Gipfel des Matterhorns.
Montblanc und Gran Paradiso sind aufgetaucht, scheinen als leuchtendweiße Spitzen über dem Dunst der Täler zu schweben. Grüne Seeaugen um das Val Tournanche, Wolkenschiffe segeln tief unter uns. Monte-Rosa-Gruppe, Mischabelkette, Weißhorn und dann eine Berggestalt von unglaublicher Kühnheit – das Zinalrothorn ragt wie eine Pfeilspitze in den tiefblauen Himmel. Nach und nach kommen auch die anderen Seilschaften herauf, weshalb wir zum italienischen Gipfel hinübersteigen. Ein durchsichtig-klarer Tag umgibt uns, es ist völlig windstill, und es ist so schön und die Schau so groß, daß wir zwei volle Stunden auf dem Berg der Berge verweilen. Längst sind wir allein, die Führer gönnen ihren Herren ja nur zehn Minuten Verschnaufpause. Für sie ist diese Herrlichkeit der Alltag. Einer, so hörte ich vorhin, stand heute zum 277. Mal auf dem Cervin. Der Abstieg durch die Galerie der

fixen Seile vollzieht sich schnell und problemlos, rasch kommen wir tiefer, legen bald das Seil ab und überholen noch die meisten Partien. Zwar gibt es jedesmal Ratschläge zur Vorsicht, und einer der Zermatter Bergführer schimpft ganz wütend, doch entziehen wir uns dem heiligen Donnerwetter eilig durch Flucht nach unten.

Auf der Hütte sitzt »unser Führer« mit ein paar anderen schon beim Rotwein, und er mustert uns nicht gerade liebevoll, haben wir uns doch unentgeltlich seiner Ortskenntnisse bedient und ein paar Hunderter gespart. Verstohlen nehme ich einen »Fünfliber« aus dem Geldbeutel, verstecke ihn in der hohlen Hand, trete auf ihn zu und sage, während ich ihm die Hand entgegenstrecke: »Vielen Dank für die indirekte Führung heute morgen!« Nur zögernd läßt er sich zu einem Handschlag herbei, doch als er das Geld spürt, das jetzt den Besitzer wechselt, staunt er nicht schlecht: »Potz tuusig, das isch mir jetz au no nöd undercho – merci dänn.«

Als ich für diese Aktion den Geldbeutel öffnete, war mir der Inhalt etwas viel erschienen. Woher war denn der Zehner? Gemeinsam rechneten wir die Kasse durch, da kam's: 4 x 12 = 48! Nachdem sich Gelächter und Gespött über meine Rechenkunst gelegt hatten, beschlossen wir, dem Kassier die zwölf Franken zurückzubringen, obwohl unsere Liquidität gering und die Einnahmen sowie die Rendite der Seilbahngesellschaft sicher gewaltig waren.

Im unteren Teil des Hörnligrates, in der Tiefe das Furgghorn.

Der Abstieg nach Zermatt erfolgte über Zmutt, von wo das Matterhorn eigenartig verzerrt aussieht. Dann ging ich noch schnell zur Seilbahnstation hinauf, um die zwölf Franken abzugeben, doch ein anderer Herr ist heute am Schalter der Kasse. Ich erzähle ihm die verzwickte Geschichte, aber es läßt ihn kalt, denn er weist das Geld ab mit dem Hinweis, der andere solle selber zu seiner Kasse sehen. – Also gut, mir war's recht, das gab immerhin einen ordentlichen Zuschuß zum Festbankett auf die so vollendet geglückte Besteigung des Matterhorns.

Wer von Salzburg auf der mittlerweile zur Autobahn gewordenen Strecke nach Werfen fährt, wird nach dem Tunnel auf der linken Seite riesenhafte Wände sehen, die an Schlechtwettertagen, wenn die Nebel die volle Sicht nach oben verwehren, noch eindrucksvoller und abschreckender wirken, denn der Phantasie sind dann keine Grenzen gesetzt, sich die Fortsetzung dieser Mauern nach oben beliebig vorzustellen. Wer nun dazu von der Existenz des Tennengebirges nichts oder nur Bruchstückhaftes weiß, wird verwirrt und verwundert nach dem Namen dieser Gebirgsgruppe forschen und feststellen, daß diese lotrechten Felswände zu einem Kalkalpenstock gehören, der trotz seiner leichten Erreichbarkeit einsam geblieben ist. Das hat seine Gründe. Wegen der steilen Flanken, Wände und Wälder, durch das Fehlen von Alpweiden und Wiesenflächen, wegen der intensiven Verkarstung sowie der damit verbundenen Wasserlosigkeit und auch durch die abnormalen Höhenunterschiede ist das Tennengebirge Urlandschaft geblieben.

Auf 488 Meter liegt Scheffau, Eintrittsort im Norden, 2300 Meter sind die Wieselsteine hoch – 1800 Meter Distanz. Im Westen ist Werfen auf 550 Meter zu finden; das Raucheck, höchster Gipfel des Gebirges, hat seinen Scheitelpunkt auf 2431 m. Trotz dieser »Erschließungsfeindlichkeit« ist das Tennengebirge gerade für die Bergsteiger interessant, denn eine Reihe von Hütten verkürzen die Wege wesentlich. Markierte Routen durchziehen die wellige Hochfläche nach vielen Richtungen und bieten ausgedehnte Überschreitungen dieses Plateaugebirges geradezu an. Was im Sommer gut möglich ist, läßt sich im Winter und Frühjahr noch besser ausführen, nämlich ganz phantastische Skidurchquerungen von Süden nach Norden, von Werfenweng nach Scheffau oder Abtenau. Ein ganzer Strauß hochalpiner Abfahrten steht zur Auswahl, alle nordseitig: Sie heißen Wies, Schwer, Röth, Trickl.

Am Nachmittag des Pfingstsonntags kam doch noch die Sonne und brachte Bewegung in die im gestrigen Regenwasser ertrunkenen Pläne: Tennengebirge – Biwak – Trickl-Abfahrt. Etwas mehr als eine Stunde saßen wir

Trickl-Abfahrt

Die Überquerung des Tennengebirges mit Ski und der Bleikogel

im Auto, dann stand schon die Tafel am Weg: »Heinrich-Hackl-Haus $1^1/_2$ Stunden«. Doch das interessierte uns nicht besonders, wir hatten ja die Biwakausrüstung dabei. Warum? Weil es irgendeinem eingefallen war und keiner widersprach. Nach kurzer Zeit kam die Nacht, Hochwald nahm uns auf, Schnee überdeckte sporadisch den Weg und verbarg ihn später ganz. Lichter glänzten im Tal, Sterne über uns; wir stiegen eine apere Rippe bergauf, wurden langsam müde und sahen uns nach einem ebenen Fleck um. Der war aber so rar wie Wasser, und wir suchten nach beidem vergebens. Das Licht der Hütte kam in Sicht, die Schneedecke schloß sich, ohne daß wir ein ebenes Stück entdeckt hatten. Wir konnten dem Durst nicht widerstehen und öffneten die Tür des Hackl-Hauses, erwartungsvoll in Tee, Bier und Almdudler schwelgend. Der Wirt freute sich über die späten Gäste, denn trotz dieses Wetters und herrlicher Verhältnisse war sein Haus leer. Als er aber von unserer Absicht erfuhr, draußen auf der Veranda unter den Tischen zu nächtigen, war er fast ein wenig ärgerlich, doch dann trug er den Ausfall der Übernachtungsgebühren mit Humor und Fassung, denn diese streicht so und so die Sektion ein.

Eine klare Nacht entschädigte uns für den harten Betonboden, der Morgen kam leise, und da ich ein wenig früher aus dem Schlafsack kroch, konnte ich den Lagerplatz auch eher verlassen. Die Ski am Rucksack, zog ich in einer alten Spur der Tauernscharte zu. Nach einer Dreiviertelstunde lachte die Sonne um die Felsen des Tauernkogels und vergoldete die Welt. Überall das

Unsere Pfingsttour, die Überschreitung des Tennengebirges, ist mit Ski über die Trickl-Abfahrt ein erlesener Genuß.

Funkeln des Lichts in den Schneekristallen und tiefe Stille im weiten Kessel. Erst an der Scharte waren die Freunde mit ihren Riesenrucksäcken nachgekommen, und die letzten Meter stiegen wir gemeinsam hinauf. Rast im Plateau. Ein makelloser Frühlingstag umgab uns, überall lohnende Gipfelziele, eines wird herausgesucht und angegangen: der Eiskogel, 2321 m. Bis zum Gipfel sind die Ski an den Schuhen, auf nun leicht auffirnendem Schnee, der feine Skifreuden verspricht. Unsere zwei »Renner« drehen nicht einmal den Kopf in die weite Runde, sie haben die Felle schon verpackt und fahren los, als wir erst die Rucksäcke von den Schultern gleiten lassen und uns an der Aussicht freuen. Gegenüber der massige Hochkönigstock, fern im Vormittagsdunst die Tauern, um uns Gipfel, meist sanfte Erhebungen aus der sich weit hinziehenden Hochfläche, die immer wieder von tiefen Einschnitten durchrissen ist.
Eine tolle Abfahrt trägt uns wieder hinab – und wie geplant stoßen unsere beiden im Talboden zu uns, die gerade den Breitkogel, 2316 m, erstiegen haben und abgefahren sind. In der Spur geht es weiter, am Schübbühel vorüber, dem Bleikogel, 2412 m, zu. Der Dachstein steht jetzt gegenüber, aber uns lockt die Abfahrt, die »Trickl«. Sie beginnt ganz flach, doch lassen die tief unten liegenden grünen Wiesen um Abtenau auf steile Passagen schließen – und so kommt es: Eine Folge jäher Hänge, meist von hohen Felsmauern umgrenzte Kessel, leiten stufenweise hinab und steigern unsere Begeisterung in einen wahren Skirausch. Immer neue Tiefen, rasch wechselnde Kulissen, blauer Himmel, grüner Talboden, Latschen, Bäume, Wald, eine Lawinenrinne – der Schnee ist zu Ende. 1400 Höhenmeter sind wir abgefahren, wir schauen zurück, hinauf zu den steilen Flächen, die silbern glänzen, von feinen Linien, unseren Spuren, durchzogen. Ein frischer Wind kühlt die heißen Gesichter, Wolken ziehen am hellblauen Himmel, ein Prachtskitag, und die »Trickl« wird in den ersten Rang aller uns bekannten ostalpinen Abfahrten erhoben.
Ein mühsamer Abstieg auf altem Laub, Wasser, das hier aus den Felsen tritt, ein Bach, ein Meer von Frühlingsknotenblumen, Brunnenkresse und der Spaziergang durch die frischen grünen Wiesen zum nächsten Gasthof runden den Tag ab, an dem wir die »Trickl« fuhren.

Die Trickl-Abfahrt, eine lange Folge phantastischer Steilhänge, zählt zu den berühmten Skitouren der Nördlichen Kalkalpen.

Das Ende dieser Frühlings-Skitour in den Blumenwiesen über Abtenau ist klassischer Abschluß der Skisaison.

Der Hans war pünktlich wie immer, sogar sechs Minuten zu früh. Also mußte er mit seinen zwei Kameraden warten, bis ich das letzte Haferl Kaffee getrunken hatte. Sein Gesichtsausdruck glättete sich zwar, als ich dann mit hastigen Bewegungen die einzelnen Utensilien in den Rucksack stopfte, Ski, Schuhe und Stöcke verteilte und selbst mit Rucksack, Kamera und Brotzeit aus der Haustüre sprang. Da einige Kilometer Autobahn anstanden, konnte ich mich endgültig ankleiden. Gamaschen anlegen, Schuhe schnüren und den Rucksack packen.

Das Wetter sah traurig aus, und ich spähte auf der Karte nach den Wirtshäusern an unserer Route, denn ich sah uns bereits irgendwo in Nebel und Schneefall umkehren; es hing wohl nur davon ab, wann es zu schneien und zu stürmen beginnen würde. Aber vorerst tat sich noch nichts. Die Stationen: Kufstein, Wörgl, Hopfgarten, Westendorf (Neu-Holland), Windautal, Rettenbach und die Steinberghütte, 889 Meter. Hier fanden wir zwar einen geräumten Platz, doch noch eine ganze Reihe anderer Autos, alle mit Skiständern. Ich muß wohl ein langes Gesicht gemacht haben, denn der Hans fragte: »Is wos?« – »Du hast doch gesagt, daß es eine einsame Tour wird.« – »Ah, de gehn alle auf'n Lodron.« Das sagte er mit einer Sicherheit, als hätte er hier seit sechs Uhr früh Parkzettel verteilt.

Meine Felle klebten schon seit gestern abend auf den Ski, das brachte mir nun einen Vorsprung von drei Minuten. Mit langen Schritten glitt ich talein auf einem schmalen Weg, die Windauer Ache entlang. Dabei verpaßte ich die Abkürzung nach links, und der Hans mit Gefährten hatte mich wieder. Ich hatte auch keine Eile mehr, denn der Nebel wurde immer grauer und dichter, bald würde es zu schneien anfangen. Doch der Hans schritt unbeeindruckt bergauf, denn das Radio hatte ab 1300 Metern Sonne gemeldet. Jetzt aber waren wir schon auf 1200 und sahen die Untergrenze der Wolken auf 1500 Metern. Ich hegte unfreundliche Gedanken gegen die Wetterfrösche: Wie kann man seinen Beruf nur so oberflächlich ausüben; ob bei denen überhaupt ein Berufsethos vorhanden ist? Aber es kommt sicher

Harte Burschen

Nur wenige Meter über den Wolken – auf dem Gerstingerjoch

davon, daß sie sich mehr irren, als sie Richtiges weissagen; und wir, das Publikum, das ihren gut formulierten Märchen mit Aufmerksamkeit lauscht, verzeihen ihnen alles. Der Schnee konnte mich auch nicht begeistern, es war gräßlicher Bruchharsch. Keine Aussicht, keine Abfahrtsfreuden, keine Fotos – blieb nur das Training für bessere Zeiten.

Drei Almhütten kamen in Sicht, und der Hans entschloß sich zu einer Rast. Wir befanden uns nun im dichten Nebel, es war kalt und windig. Ich dachte an ein Wirtshaus, wagte aber nicht zu fragen, ob wir nicht doch umkehren sollten. Der Hans sprach von allem Möglichen, aber nicht vom Wetter und vom Umkehren. Bald ging's wieder weiter, Sicht jetzt vier, fünf Meter. Der Hans und der Ernst wurden schneller und entschwanden bald aus dem Blickfeld. Nur ihre Stimmen waren noch zu hören. Die Spur führte nach rechts, auf und nieder, und plötzlich wurde es hell, dann blau, das Licht bündelte den Nebel in den Bäumen, und wie im Flugzeug stiegen wir aus den Wolken. Helligkeit blendete, eine phantastische Sicht und das strahlende Weiß des Wolkenmeers. Dankbar und voll Sympathie dachte ich an die Wetterfr. . ., an die Meteorologen, die ja alles fast genau vorhergesagt hatten.
Der Hans war jetzt wieder zu sehen, er hatte sich einen kleinen Vorsprung herausgearbeitet, doch jetzt folgte er seinem Kameraden nach links, statt auf den Gipfel zu gehen. Aha, vielleicht haben sie's nicht überrissen, welcher der höchste Punkt ist. Diese Vermutung ließ mich rascher ausschreiten, und tatsächlich: sie waren der falschen Spur aufgesessen. Ich strebte nun nach rechts, und voll Freude konnte ich beobachten, daß sie ihren Irrtum erst merkten, als sie sich einmal nach mir umblickten, wohl um zu sehen, wie weit sie mich schon abgehängt hatten. Auf der Stelle wendeten sie und fuhren mit den Fellen zur Abzweigung hinab. Doch mein Vorsprung war so deutlich, daß ich mich nicht beeilen mußte und am Skidepot in Ruhe warten konnte. Mein Grinsen übersah der Hans, und einträchtig stapften wir dem höchsten Punkt zu, der nun allgemein als solcher erkannt war. Die Welt zeigte sich in Weiß und Blau. Gegenüber die Felspyramide des Großen Rettensteins, die Zillertaler, Kitzbüheler Skigipfel, Steinernes Meer, Leoganger und Loferer, der Wilde Kaiser, das Mangfallgebirge und wieder bekannte Skigipfel der Kitzbüheler Alpen. Wie war ich froh, daß wir nicht im Nebel aufgegeben hatten. Innerlich leistete ich dem Hans Abbitte, mußte aber nichts sagen, weil ich die Umkehr- und Wirtshauswünsche ja nur gedacht hatte, und so konnte ich mich auch als harten Burschen betrachten, der nicht so rasch aufgibt. Die Abfahrt war nicht erwähnenswert, wir krampften und kämpften durch den Bruchharsch und schwitzten dabei noch mehr als beim Aufstieg. Ansonsten gewann die Aussicht auf ein gemütliches Wirtshaus wieder die Oberhand, und jetzt mußte ich mich gar nicht mehr schämen, denn wir waren ja auf dem Gipfel gewesen – über den Wolken.

◀ *Eine gut angelegte Spur läßt den Aufstieg zum Vergnügen werden. Diese Kunst beherrschen aber leider nur wenige.*

▶ *Fünfzehn Zentimeter Pulverschnee auf harter Unterlage sind der Idealfall – ein im Grunde unbeschreiblicher Genuß.*

Der Rupertiwinkel und die Berchtesgadener sind ein besonderes, ein eigenwilliges Stück Bayern. Das beginnt schon bei der Sprache. Tonfall und Wortschatz unterscheiden sich deutlich etwa vom Tölzer oder Chiemgauer Dialekt. Er ist dort, zwischen Göll und Watzmann (»Wotzmo«) so ausgeprägt, daß es für einen Kundigen leicht ist, einen Berchtesgadener herauszuhören. So gibt es zum Beispiel nur ein Wort für Kurve, Biegung, Umfahrung – es ist die »Reibn«. Dieses Wort, ursprünglich als Oberbegriff gebraucht, hat sich längst verselbständigt, denn ein Skibergsteiger, der dieses Wort hört, fragt sofort: »Die Große oder die Kleine?« Aber es gibt noch eine dritte, in der Länge etwa in der Mitte liegend, es ist die »Hundstodreibn«. Das Wort Hundstod mag für einen Schweizer etwa so abwegig klingen wie für einen Bayern die Bezeichnung »Tschingellochtighorn« (Gipfel bei Adelboden), doch hinter beiden Namen stehen Berge, im Fall des Großen Hundstod, 2593 m, sogar ein großer und mächtiger. Nicht zufällig führt er das Wort »Großer« voraus.
War das ein Aufwand, bis wir endlich im Auto saßen: Drei Fahrräder, drei Paar Ski, drei Paar Stöcke, drei Rucksäcke und sechs Paar Schuhe – und alles mußte verstaut werden. Nicht zu vergessen auf dieser Skitour die Luftpumpe, das Flickzeug, Schlüssel, Zangen und eine Kette mit einem großen Vorhängeschloß. Um sieben Uhr morgens erreichten wir den Eingang zum Wimbachtal, die »Wimbachbrücke«, 610 m. Nun mußten wir umpacken. Ski, Stöcke, Rucksack und Schuhe auf das Fahrrad. Seit über 15 Jahren habe ich die Ski nicht mehr am Radl verstaut, aber ich weiß noch, wie's gemacht wird. Dann geht es los – mit dem Schieben. Acht Kilometer und siebenhundert Meter Höhe liegen vor uns bis zur Wimbachgrieshütte, 1327 m. Nach dem ersten Steilstück verspricht die Karte flachere Passagen, und wir hoffen, daß wir uns dort in den Sattel schwingen können. Doch die Steigung von durchschnittlich einem Meter Höhe auf zehn Meter Distanz ist für ein vollbepacktes Fahrrad nicht leicht, obendrein ist der Weg steinig, und tiefe Löcher zeugen davon, daß unsere Route bei Regen auch Bachbett ist. Wir stehen in den Pedalen, wo es noch möglich ist, aber meistens schieben wir und freuen uns auf die Abfahrt am

Auf einer Reibn

Die Umrundung des Großen Hundstod mit Fahrrad und Tourenski

Ende der Tour. Kurz vor der Wimbachgrieshütte beginnt der Schnee, und wir müssen wieder das Verkehrsmittel wechseln. Die Räder verstecken wir hinter einigen großen Felsen, ketten sie zusammen und beschweren die Turnschuhe mit Steinen. Wir haben keine Angst, daß uns die Räder gestohlen werden könnten, nur die, daß wir sie erst unten an der Wimbachbrücke wiederfinden können.

Unter den Mauern des Hundstod geht es in die Hochwies.

Nach einem kurzen Hüttenbesuch geht es flott weiter, dem Trischübel zu. Ein Frühlingstag umgibt uns. Das Wimbachgries, dieser gewaltige Geröllstrom, liegt schon unter uns, gegenüber die wilden Felsbastionen von Hocheis und Blaueis, eineinhalbtausend Meter über dem Talboden. Und links aus dieser Schlucht werden wir herausfahren, nach einer Abfahrt von fast tausend Metern Höhe durch den Loferer Seilergraben. Aber bis dorthin ist es noch weit. Zuerst müssen wir den Hundstod von allen Seiten gesehen haben. Steil und durch interessantes Gelände führt die Spur bergauf, wir verlassen die Baumgrenze und erreichen die Hundstodgrube, ein Hochtal mit weiten, unberührten Schneehängen, über denen der Hundstod thront. Viel Hitze, viel Schweiß, viel Durst.
Langsam verflacht das Gelände, wir sind etwa 2200 Meter hoch. Hier, an der Hundstodscharte, halten wir Mittagsrast, und hier sehen wir auch, daß wir gleich wieder tief hinunter müssen, dann erneut aufsteigen, später nochmals abfahren: 400 Meter hinab in die Hochwies und zum Abschluß 400 Höhenmeter bergauf, bevor wir das große Finale, den Loferer Seilergraben erreichen. Ein wenig überraschen mich diese Höhen-

Sanfte Hänge führen aus der Hochwies zum Seehorn hinauf.

unterschiede doch. Aber wenn ich an andere »Umfahrungen« zurückdenke, kann es gar nicht anders sein. Jeder Berg sendet nach den Seiten seine Grate aus, und wo Gratverläufe sind, da befinden sich auch Gräben und Täler, was hinauf und hinunter heißt. Als wir den ersten Aufstieg hinter uns haben, taucht unvermittelt das Ingolstädter Haus auf. Es ist verschlossen, aber wir brauchen es auch nicht. Wir wenden uns nun von Süden nach Westen, wobei der große Gipfel über uns sein Aussehen wechselt. Aus dem Schrofengelände werden Felspassagen – die gewaltige Westwand.

Am Horizont sind die Tauern und die Venedigerberge aufgetaucht, auf der anderen Talseite die Kalkstöcke der Loferer und Leoganger Steinberge. Die Abfahrt in die Hochwies ist ein skifahrerischer Leckerbissen, aber das Bewußtsein, daß jeder Meter neu erkämpft werden muß, reduziert die Begeisterung doch merklich. Die Hochwies ist fast vollständig von Felsgraten gefaßt, die nur nach Süden, für den Ausbruch des Bachs, eine Öffnung freilassen. Über uns die wilde, dreieckförmige Westwand des Hundstod, dessen zwei Gipfel durch eine tiefe Schlucht getrennt sind. Ich stelle mir vor, wie es sein könnte, in diesem Hochtal im Sommer zu zelten, über die Grate zu klettern und die Einsamkeit zu erleben. Kurze Zeit später stelle ich mir vor, wie viel schöner es jetzt wäre, dort oben auf der Kematenschneid zu sitzen und meinen beiden Freunden beim Aufstieg zuzusehen. 400 Höhenmeter sind es da hinauf, 1800 stecken uns schon in den Beinen.

Nach einer Stunde liegt dieser Weg hinter uns, wir stehen auf der Schneid und bringen es fertig, das nahe, nicht einmal 100 Meter höhere Seehorn links liegen zu lassen. Wir sind mit Höhenmetern heute reichlich eingedeckt. Die Rast ist nur kurz, die Zeit drängt, aber auch die Neugierde auf eine der mächtigsten und wildesten Abfahrten der Ostalpen – auf den Loferer Seiler-Graben, fast 1000 Meter. Er besteht aus zwei Teilen: Aus einem weiten Kessel mit ideal geneigten Hängen und aus dem steilen, sich unten verengenden »Graben«. In diese Abfahrt fährt wohl jeder Skibergsteiger mit gemischten Gefühlen ein, denn die Lawinengefahr ist allgegenwärtig. Den ersten Teil überstehen wir problemlos, doch gleich nach der Einfahrt in den Graben zeigt sich, was heute alles möglich ist: Fritz schwingt als erster hinunter, und sofort lösen sich ganze Schübe des weichen Firns und jagen schneller werdend und sich ausdehnend zu Tal. Dem Fritz wird das unheimlich. Er zieht einen Bogen und schießt nach links zur westlichen Begrenzung des Grabens, wobei sich wie von einem Messer geschnitten der Schnee in Bewegung setzt und nach unten davonrutscht. Das vom Fritz so gesäuberte Stück Graben zeigt sich strahlendweiß und läßt sich für uns prächtig fahren, zudem zeigt dieser Schnee keine Anstalten, ebenfalls abzurutschen. Gefährlich könnten nur die Schneemassen werden, die sich noch über uns befinden, doch rührt sich nichts da oben. Als es flacher wird, sehen wir riesige Lawinenkegel, über die sich gerade jener Schnee geschoben hat, den wir abgetreten haben. Das heißt Ende der Lawinengefahr und für uns unbeschwertes Schwingen hinaus ins Wimbachgries, wo bald der Schnee rar wird. Bis auf wenige Meter fahren wir an das Versteck unserer Räder heran und freuen uns auf den zweiten Teil der Abfahrt, per Fahrrad hinab ins Wimbachtal.

Gleich auf den ersten Metern spüren wir, wie steil es doch hinuntergeht. Meine Felgenbremsen schaffen es gerade noch, wenngleich nach wenigen Minuten die Hände vom Ziehen schmerzen. Die Fahrt über Stock und Stein nimmt uns voll gefangen und verlangt hohe Konzentration, um den Löchern und Felsbrocken auszuweichen. Die Freiläufe der anderen Räder kochen und verlieren das Öl. Eine Menge Spaziergänger sind unterwegs, die wir mit den Glocken und Geschrei aus dem Weg scheuchen. Über der Wimbachklamm hat es den Fritz dann noch erwischt: Ein Wasserableiter wurde ihm zum Verhängnis, er drehte einen Salto über die Längsachse direkt vor mir, und auf mein Gebrüll wälzte er sich blitzschnell zur Seite, wodurch es mir gelang, links an ihm vorbeizukommen. Passiert war nichts, aber die Skihose des Fritz sah traurig aus.

Ein grauer, trüber Apriltag, hohe Bewölkung, einige Föhnschiffchen hängen unter dem grauen Schleier. Eigentlich kein Tag für eine Skitour, aber wir hatten uns so intensiv vorbereitet, und solange der Föhn bläst, regnet es nicht. Gestochen scharf und näher und größer als sonst stehen die Gipfel der Berner Alpen im Süden. Ihre verschneiten Grate leuchten im fahlen Licht. Wir

Föhnsturm

Von der Sustenstraße über den Steingletscher zur Tierberglihütte

fahren den Brienzer See entlang. Auch er liegt grau im langen Becken zwischen Interlaken und Brienz, er ist unruhig, die Oberfläche des Wassers trägt Wellen mit Schaumkronen. Der Bergwind rüttelt am Auto, zerrt es hin und her. Über Meiringen fahren wir nach Innertkirchen und auf der Sustenpaßstraße hinauf zum Steingletscher. Hier steigen wir aus dem Wagen. Der Wind

Kurz vor Erreichen der Tierberglihütte – der Wind wird zum Sturm, bläst uns den Schnee ins Gesicht.

weht hier stärker als im Tal, doch nicht stark genug, daß wir uns abhalten lassen, den Weg zur Tierberglihütte zu gehen. Auf dem Gletscher keine Spur, wir werden allein sein dort oben, und wenn es morgen schön wird, was ja bei Föhn immer der Fall sein kann, dann sind jene, die daheim hinter dem Ofen sitzen, die Geprellten. Auf dem unteren Teil des Gletschers und im Steilstück ist der Wind leicht auszuhalten, doch als wir auf die weite Fläche, schon in Sichtweite der Hütte, treten, ist der Wind zum Orkan geworden. Er jagt Triebschnee in Schlangenlinien auf uns zu, wirbelt ihn auf und überschüttet uns mit zahllosen stechenden Eiskristallen. Wolken mit bizarr zerrissenen Rändern jagen nach Norden, aus ihnen kommt kein Niederschlag, weshalb wir zwischen den Sturmböen immer wieder unseren Kurs auf die Hütte vor uns ausrichten können. Die Kraft des Windes wird stärker, wir müssen uns schräg stellen, um nicht umgeworfen zu werden, und dennoch

treibt er uns immer wieder aus der Richtung. Der Orkan narrt mich. Rast eine Wand aus Schnee auf mich zu, schließe ich die Augen in der Brille, lehne mich dem Wind entgegen und erwarte den Aufprall der Luftmassen an meinem Körper. Nur selten errate ich die Wucht des Sturms – die Bö kann auch weniger stark als vermutet sein, dann muß ich auf den Boden, und dort ist der jagende Schnee viel stärker zu spüren als eineinhalb Meter höher. Wie unterschiedlich die Stärke des Windes ist. Sekundenlang fast Stille, dann wieder fegt eine Wand aus Schnee daher, die zum Stehenbleiben zwingt, den Atem raubt. Trotz dieser gefährlichen Lage habe ich keine Bedenken, die Hütte etwa zu verfehlen. Es dämmert zwar schon, doch ihre Umrisse sind deutlich da drüben am Tierbergli zu erkennen. Im Gegenteil, ich bin vollkommen ruhig, und wenn der Orkan in Spitzengeschwindigkeiten aufbrüllt, dann schreie ich mit, so laut ich kann – eine Maus in einer Herde trompetender Elefanten.
Dann stehen wir vor dem Haus, fühlen Erleichterung und Freude, wissen, wie lebenerhaltend dieses Refugium in dieser Nacht sein wird und öffnen die Tür. Wir sind allein. Der Druck des Windes im Kamin läßt kein Feuer im Ofen zu, wir schmelzen den Schnee auf dem mitgeführten Kocher. Es ist eiskalt in der Stube, wir haben uns ausgegeben und frieren nun. Deshalb in die Lager, in die Schlafsäcke, einen Berg Decken über die Daunenhülle. Da liegen wir nun und lauschen auf das schauerliche Wüten des Sturms, das sich von Stunde zu Stunde steigert. Das Gebälk knarrt und ächzt, der ganze Bau zittert beim Ansturm der Gewalten, die Fensterläden rattern in ihren Verankerungen, und immer wieder weht ein Hauch feinster Eiskristalle auf unsere Gesichter. Von Schlaf keine Spur. Ich überlege: Die Mauern der Hütte sind fast meterdick, das Blechdach ist gewiß so konstruiert, daß es großen Kräften standhalten kann, aber ich bin mir immer weniger sicher, ob der Dachstuhl dieser Belastung gewachsen ist, denn das Inferno um die Hütte steigert sich noch immer. Wir verfolgen das an den Tönen in den verschiedensten Höhen und Stärken, in stets neuem Stakkato, mit rasenden Synkopen. In den kurzen Perioden des Abflauens versuche ich vorauszuberechnen, in welchem Heulton die nächste Bö gegen die Hütte anrennen wird – vergebens, die Tonleiter dieses Blizzards ist unerschöpflich. Gegen vier Uhr morgens scheint die Vorstellung einem Höhepunkt, einer Entscheidung zuzusteuern, denn die Gewalt des Orkans nimmt furchterregend zu, und ich denke an den Fall, in dem das Blech aufgerissen würde und zu Rollen gewickelt davonflöge, wenn der Wind in unsere Kammer bricht und den Dachstuhl aus der Verankerung reißt, an fliegende Decken, an splitternde Balken, stechende Schneekristalle, an eisige Kälte und dies alles in totaler Dunkelheit. Diese Befürchtungen teile ich den Kameraden mit, und sogleich erheben wir uns, schlüpfen im Schein einer Taschenlampe zitternd in unsere Hosen und steigen die steile Holztreppe hinunter in den Gastraum. Wie sieht es da aus! Trotz der Läden und Doppelfenster liegt vor jeder Öffnung eine Schneewehe, die größte fast einen halben Meter hoch. Wir haben alles angezogen, was uns zur Verfügung steht, und sitzen nun, in Decken gewickelt, um einen Tisch, während der kleine Gaskocher unbehelligt unter einem Topf Schnee schnurrt. Wohl bringen wir das Teewasser zum Sieden, aber schon die wenigen Sekunden des Umgießens in die eiskalten Tassen genügt, um es um die Hälfte der Wärme zu bringen.
Gegen sechs Uhr morgens schnüre ich die Schuhe, ziehe Gamaschen, Anorak und Handschuhe an, setze die Brille auf, nehme die Taschenlampe in die Hand und stoße die Tür des Gastraumes zum Vorraum auf, das heißt, ich versuche es. Daß es nicht gelingt, liegt an den Schneemassen, die sich dort angesammelt haben. Mit der Schaufel schaffen wir Platz und stehen nun im kleinen Korridor, durch dessen nordwärts gerichtetes, ladenloses Fensterchen trüber Lichtschein hereindringt. Dann wagen wir uns an die Hüttentür, öffnen die Riegel und stemmen uns gegen die beiden Flügel. Durch den schmalen Spalt zwänge ich mich ins Freie, und nur durch den Umstand, daß ich noch am schweren Riegel hänge, werde ich nicht umgeworfen. Es nimmt mir fast den Atem, zu sehen ist nichts, ich kann nicht einmal in der Brille die Augen öffnen, so stechend schießen die Schneekristalle auf die Haut und in alle Ritzen. So hänge ich flatternd und warte auf eine Unterbrechung des Drucks. Die kommt, und ich wage rasch ein paar Schritte auf die Ostseite des Hauses. Dreißig Meter entfernt steht das stille Örtchen, und dorthin will ich mich durchschlagen. Schon brüllt der Föhn wieder in den höchsten Tönen, die Kleidung flattert wie ein Lastwagenverdeck – ich nehme schräge Lage und gehe los. Es kommt eine Bö, die soviel Schnee mit sich reißt, daß ich mein Ziel nicht mehr sehe. Zudem muß ich in die Knie, lege mich noch schräger, schlage die Skischuhe in den windgepreßten Schnee und erreiche armefuchtelnd und gleichgewichthaltend das Häusl, reiße die Tür auf und springe hinein. Was ich hier sehe und spüre, läßt erkennen, daß dieser Ausflug vergebens ist: Über der runden Öffnung schwebt der Deckel, denn diese schwere Holzabdeckung ist mit einem massiven Scharnier befestigt, kann also nicht davonfliegen. Der Luftzug aus der Tiefe nach oben ist so stark, daß der Deckel während meines Aufenthalts in diesem Raum nicht einmal nach unten fällt, und das hier lagernde Papier schießt wie ein Schwarm aufgescheuchter Wespen durch den engen Raum. An die Verwirklichung meines Vorhabens ist unter diesen Umständen nicht zu denken, und ich kämpfe mich zur Hütte zurück.
Um das Erlebnis abzuschließen: Gegen 11 Uhr flaut der Sturm fast schlagartig ab, und wir können noch gut zur Paßstraße abfahren, nachdem wir schon unseren Proviant für einen oder weitere Tage eingeteilt hatten.

Hubert Peterka nennt sie in seinem Venedigerführer einen »der stolzesten Ostalpenberge« und bedauert es, daß sie so wenig Besuch hat. Wer sich jedoch auf der Venedigerkarte ein Bild macht und den langen Anfahrtsweg über den Brenner oder den Felbertauerntunnel in Betracht zieht, kann sich da nicht wundern. Als Wochenendtour, etwa von München, gehört dieser Berg zu den großen ostalpinen Unternehmungen.

Hin und wieder ist auch eine große Tour unvermeidlich – also sind wir an einem schönen Mai-Wochenende aufgebrochen. Über die Salzburger Autobahn ging's nach Inzell, Lofer, Zell am See, Mittersill im Salzachtal, das Ödtal hinauf zum Tunnel (dort wie immer einige Hundert Schilling Verlust; wer nach Osttirol will, soll das auch büßen), das Tauerntal hinunter nach Matrei und von dort das Virgental hinein bis Streden. Das waren gut vier Stunden Fahrt.

Durch das hier beginnende V-förmige Maurertal führt der Weg zur Essener-Rostocker Hütte, 2208 m, hinauf. Wir hätten auch durch das Tal der wilden Isel, durch das Umbaltal, zur Clarahütte, 2038 m, aufsteigen können, aber von dieser Idee waren wir geheilt. Zwei Jahre zuvor sind wir, leichtsinnigerweise, von der Westlichen Simonyspitze kommend, das schöne Umbalkees abgefahren und mußten auf ungeheuren Lawinen neben und oftmals über dem wilden Iselbach dieses Tal hinaus. Es wurde eine der riskantesten und grimmigsten Abfahrten, die wir gefahren sind. Als dann, nach der Pebellalm, die Schwierigkeiten vorüber waren, ließen wir es auf dem Ziehweg nach Streden hinunterlaufen. Ich schoß in tollem Tempo um die Kurven – und dann lag der Weg etwa 30 Meter frei da: Steine und Kies. Mit aller Macht wollte ich diese »Durststrecke« durchstehen, aber es gelang nicht. Ein katastrophaler Sturz war die Folge, die Ski riß es herunter, den Rucksack dazu, und ich hatte mehr blaue Flecken als Finger, aber ich hatte auch Glück, denn es ging ohne offene Verletzung ab.

2000 Meter unter unserem Gipfel schnallen wir jetzt die Felle auf die Ski und die Ski auf den Rucksack. Die Lawinen, die hier liegen, sind chaotisch, grau vom Schmutz, von Steinen übersät und gespickt mit gesplittertem Holz. Im Hochwinter ein lebensgefährlicher Gang – heute ein

Frühlingsskitour

Durchs Maurertal zur Essener Hütte und auf die Dreiherrnspitze

sicheres Vergnügen, denn die steilen Abstürze haben ihre tödliche Fracht längst zu Tal geschickt. Aber sie dauert ihre Zeit, diese Wanderung durch das Chaos. Etwa auf 1700 Meter kommen wir auf offene Hänge und steigen nun mit den Ski höher. Bald sehen wir auch die Hütte und gelangen über einen Steilhang zu ihr hinauf. Der Wirt ist heroben, ein paar Gäste dazu. Das Wetter ist frühlinghaft, klar der Himmel, die Firnfelder der hohen Gipfel leuchten, ein frischer Wind lockt in die Weite. Für solche Stimmungen bin ich empfänglich und schon ist der Vorschlag heraus: Wie wäre es, wenn wir heute noch auf den Großen Geiger gingen? Zwei lehnen sofort ab, sie sind nicht »narrisch«. Die zwei anderen aber lassen sich »mitziehen«, und so gegen drei Uhr am Nachmittag stiefeln wir los. Die ersten zwei Kilometer sind fast bretteben, dann steigt die mittlere Zunge des Maurerkeeses kontinuierlich an. Die Sonne brennt unbarmherzig, der Schnee ist sulzig und tief, die Kondition auch schon ramponiert. Der Blick auf die Karte, zum Höhenmesser, auf die Sonne und dann auf die Uhr läßt uns bald erkennen, daß wir erst mit Einbruch der Nacht den Gipfel erreichen können, weshalb wir umplanen und übereinkommen, daß wir nur den Venediger sehen wollen, um dann zurückzukehren. Auch dieses Vorhaben verlangt noch viel Einsatz, denn dazu müssen wir auf die Scharte westlich des Geigers, auf 3142 Meter. Nur 200 Höhenmeter trennen uns noch vom Punkt 3360, dem Gipfel. Aber die Sonne nähert sich schon dem Horizont und vergoldet die Flächen der Gletscher. Ein eiskalter Wind ist aufgekommen und treibt uns zur Eile. Die ersten fünfhundert Höhenmeter lassen sich sehr gut fahren, aber dann kommen wir in eine Bruchharsch-Zone, die uns fast verzweifeln läßt. Wir fahren in Spitzkehren ab und plagen uns dabei, daß uns der Schweiß durchnäßt, ein Tanz auf krachenden Platten und Eisflächen, im tiefen Firn unter der splitternden Decke. Kein einziger Schwung ist möglich, Umspringen geht nicht – beim Abstoß versinken die Ski, Umtreten bringt zuviel Tempo, also Spitzkehren noch und noch. Im Talboden, am Ende dieser Tortur, fallen wir erlöst in den Schnee und gleiten dann in der Aufstiegsspur zur Essener-Rostocker Hütte zurück.

Ein heller Tag, blauer Himmel, der Morgen ist kühl, der Schnee hart. Wir folgen der Spur zum Reggentörl, 3056 m. Weit öffnet sich dort oben der Blick nach Westen auf Daber- und Rötspitze. Greifbar nah ist unser Ziel, die Dreiherrnspitze. In einem großen Bogen gehen wir das obere Umbalkees aus, fahren etwa 50 Meter ab und stehen nun unter den Steilaufschwüngen der Südseite unseres Berges. Hier bleiben die Ski. Der Hang sieht gefährlich aus, und er ist es auch. Vor drei Jahren wurde dort oben eine Gruppe von Bergsteigern aus unserer Nachbarsektion von einer Lawine mitgerissen und über die steilen Felsen geworfen. Eine Tote und ein Schwerverletzter waren zu beklagen. Dieses Ereignis beschäftigt mich beim Hinaufspuren so intensiv, daß ich den Hang fast keine Sekunde aus den Augen lasse.

◀ *Die Dreiherrnspitze läßt sich sowohl aus dem Ahrntal wie aus dem Virgental auf interessanten Routen ersteigen.*

Nach Norden bricht die Dreiherrnspitze mit steilen Wänden ab.

Aber heute bleibt er ruhig. Wir erreichen das flache Schneefeld unter dem Gipfel ohne Zwischenfall. Plötzlich links unten Stimmen. Über das steile Äußere Lahnerkees kommen vier herauf. Auch ihre Ski sind tief unten zu erkennen. Respekt – ein Weg, der es in sich hat. Die Skirouten in der AV-Karte fehlen hier! Dann stehen wir zusammen auf dem Gipfel, auf 3500 Meter weniger einem. Überaus steil sind die Felsabstürze nach Norden; sie verlieren sich im wild zerrissenen Krimmler Kees. Die Warnsdorfer Hütte ist zu erkennen. Venediger und Simonyspitzen im Osten, Daber- und Rötspitze im Süden – dort die Tauern, hier die Zillertaler und fern die Dolomiten. Tief verschneit zeigt sich die Welt der Berge, nichts deutet auf den Frühling. Nun, solang der Schnee so hoch liegt, können wir skifahren. Daran denken wir nun auch und rüsten uns zum Abstieg. Die vier Tiroler steigen nach Westen ab, wir nach Süden. Wieder geht es über den Lawinenhang, wieder ist die Angst da, und wieder ist alles gutgegangen. Erleichtert schnallen wir die Ski an, steigen die paar Meter über den oberen Teil des Umbalkees auf und fahren auf das Reggentörl zu. Vom Törl kurven wir im weichen Firnschnee nach unten zur Hütte. Ein Skiwasser, die Reste aus der Proviantschachtel, und dann macht uns der Hüttenwirt das Angebot, die Rucksäcke mit dem Lastenaufzug hinunterzufahren. 20 Schilling pro Sack. Locker, ohne die Last des Rucksacks, schwingen wir über den steilen Hang zum Bach hinab und fahren talaus, den Lawinen entgegen. Hoch oben sind wir nach links gequert und kämpfen uns zwischen den Steinen tiefer. Unten rauscht der Bach, wild toben die Schmelzwasser hinunter – wie lange noch? Die gierigen Arme der TIWAG (Tiroler Wasser-Kraftwerke AG) werden alle Bäche der südlichen Tauern- und Venedigerseite auf etwa 2000 Meter abgraben und die Wasser in den großen Kalser Speicher leiten. »Mord an der Landschaft«, sagen die Naturschützer. Und so ist es auch, denn was wären diese Täler ohne die Wasser? Was bleibt von der »Erholungslandschaft Osttirol«, wenn die trockenen Bachläufe wie augenlose Gesichter Erschrecken hervorrufen? Der Alpenverein hat längst resigniert. Er bittet um zwei »Erinnerungsbäche« (ein schlimmes Wort) – die Gewaltigen der Elektrizitätswirtschaft kümmert das nicht. Für sie hat sich der Begriff Wasser auf einen Wert reduziert: Treibstoff für Turbinen. Was bleibt für den Bergsteiger und den Naturfreund? Fahren Sie in diesem Jahr noch einmal hin, im nächsten wird es zu spät sein. Das war 1980. Die großspurigen Pläne der TIWAG mußten zurückgenommen werden. Mittlerweile hat auch Tirol den unersetzbaren Wert seiner Wasser erkannt und dem Nationalpark zugestimmt.

Jetzt war der Walter 500 Kilometer angereist – und jetzt wurde das Wetter schlecht. Ich brachte es nicht übers Herz, ihn mit den düsteren Prognosen aus Deutschland, Österreich und der Schweiz wieder heimzuschicken, deshalb sind wir gefahren, nach Ferleiten an der Glocknerstraße. Die Wolken hingen tief, Nebel zogen die Bergflanken entlang, es regnete und hörte wieder auf. Im schönen, uralten Tauernhof mit den kunstvollen Kachelöfen und dem geradezu verschwenderisch ausgestalteten Speisesaal aus Zirbenholz saßen wir, aßen zu Mittag und beratschlagten (ein Jahr später wurde dieser einzigartige Gasthof ein Raub der Flammen). Mittlerweile war der Walter ja 650 Kilometer gereist, um festzustellen, daß das Wetter in der Glocknergruppe genauso schlecht war.
Nichts ist dümmer, als den Entschluß nicht zu fassen, deshalb haben wir ihn ergriffen, den Rucksack, und sind losmarschiert. Gepackt war er für vier Tage, und weil die Unternehmung Ende Mai als Skihochtour deklariert war, wog er weit über 20 Kilo.
»Mainzer Hütte – verfallen«, ist auf der Karte zu lesen (seit 1986 steht dort die kleine Schwarzenberghütte). Eigentlich Grund genug, einen Bogen um sie zu legen, denn Ruinen in den Bergen interessieren höchstens die Archäologen. Dabei war dieser Stützpunkt einmal fast der wichtigste im Glocknergebiet.
Der Wirt des Tauernhauses, das sich seit 1327 in Familienbesitz befindet, hatte uns erzählt, daß sein Großvater auch der Wirt der Mainzer Hütte war. Damals, vor dem Ersten Weltkrieg, warteten im Tal 40 Bergführer auf Kundschaft.
Soviel alpine Geschichte schlägt sich auch auf dem Weg nieder, den wir jetzt gehen. Er ist zwar ebenfalls im verfallenden Stadium, doch seine Anlage, die Gleichmäßigkeit der Steigung, weisen darauf hin, daß er mit Plan und Bedacht gebaut wurde, damit ihn auch die Mulis mit ihren Lasten gut begehen konnten. Noch ist von Schnee nichts zu sehen, nur die Spuren geradezu vernichtender Lawinen sind um uns. Es sind wilde Gräben, die dort oben vom Großen Wiesbachhorn und vom Bratschenkopf herunterziehen. Blauschimmerndes Eis,

Schlechtwettertour

Der Bärenkopf in der Glocknergruppe ist ein rassiger Skiberg

absturzbereite Hängegletscher, ragen aus den grauen Wolken. Als sie sich einmal etwas nach oben bewegen, erscheint ein wilder Felszahn, der aussieht wie ein Kirchturm. Auch der Felsen neben ihm verstärkt den Eindruck, daß es sich fast um eine Kirche handeln könnte, in diesem Fall um die Heidnische Kirche im Ostgrat des Wiesbachhorns, 2540 Meter hoch oben. Wir steigen über einen von Lawinenschnee bedeckten Boden, »Rennsteineben«, vorbei an der »Eichhornruhe« (benannt nach einem Mainzer Arzt) in die »Käferleite«, einen steilen Hang. Hier hat der Bratschenkopf den Schnee abgelagert, den er oben nicht mehr brauchen konnte, aber wie! Lawinen dieses Ausmaßes sind nicht alle Jahre zu sehen. Der Schnee, eisighart, schmutzig, ist zu Bergen getürmt. Es sieht chaotisch aus. Die Wucht der fallenden Massen hat große Flächen Grasnarbe vom felsigen Untergrund gerissen und nach unten getragen.
Wenig später wird der Rucksack leichter, wir können die Ski anschnallen. Und wie gewünscht, bläst der Wind ein Loch in die graue Einöde über uns und zeigt uns ein paar hundert Meter höher die Mauerreste der Hütte. Wir queren noch zwei weitläufige Gräben und stehen bald dort oben, auf 2267 Meter.
Ich bin überrascht, hinter den Ruinen noch eine ganz gut erhaltene, mit einem ordentlichen Schindeldach versehene kleine Unterkunft zu sehen. Allerdings ist ihr äußerer Eindruck wesentlich besser als das, was innen zu sehen ist. Dennoch wollen wir hier die Nacht verbringen. Walter entfacht ein Feuer im Ofen, der wohl noch aus dem vergangenen Jahrhundert stammt, aber seine Aufgabe zu unserer vollen Zufriedenheit erfüllt. Ich schaufle eine Stunde lang den Eingang frei – mit einer normalen Schaufel, deren Stiel 20 Zentimeter lang ist.
Spät am Abend erscheinen sogar noch einige Sterne, und am Morgen ist der Himmel fast blank, doch die wenigen Wolken, die rasch dahinziehen, besagen nicht viel Gutes für den Tag.
Aber sie konnten uns nicht abhalten. Weite freie Hänge leiten hinauf zur Gruberscharte. Linker Hand die Ostabstürze der Hohen Dock, 3348 m; von dieser Seite zeigt sie ihre bekannte Form. Aus einem Eisbruch haben sich mehrere große Blöcke gelöst. Einer ist bis in den Talboden gerutscht und wird nun fotografiert. Zur Scharte hinauf wird es steil, und da es in den letzten Tagen noch heftig schneite, hat sich eine ausgeprägte Lawinengefahr gebildet. Ich bewege mich mit äußerster Vorsicht unter der Randkluft bergauf, um möglichst wenig Schnee über mir zu haben, wenn das Schneebrett abreißt. Mehrmals schnalle ich die Ski ab und wühle mich im nun meterhohen Flugschnee höher. Dabei ramme ich die Latten vor mir in den Schnee, um die Randkluft zu ertasten. Seit einer Stunde scheint die Sonne voll und heiß. Jetzt ist Sturm aufgekommen, der ganze Wände von Schnee auf mich wirft. Die feinen Kristalle wärmen sich in der Sonne auf und bleiben an den Kleidern hängen. In wenigen Sekunden bin ich weiß, überschüttet und gepanzert von Schnee. Die letzten Meter zur Scharte renne ich, werfe die Ski weg und sehe hinunter zu Walter, der nun dieses Stück angeht. Der Sturm hat sich gesteigert, und um nicht wieder hinuntergeweht zu werden, steige ich zum lange schon

sichtbaren Gruberbiwak hinauf. Es steht nördlich der Scharte an den Felsen der Klockerin. Unglaublich, eine Unterkunft so dem Wind und dem Wetter auszusetzen. Ungehindert trifft der Weststurm auf dieses Bauwerk, das zwar mit Stahlseilen verankert ist, aber sonst einen zerbrechlichen Eindruck bietet. Ich reiße die schwere Tür auf, der Wind wirft sie hinter mir ins Schloß – und bin geborgen. Ein sauberer, heller Raum mit neun Lagern. Das Licht dringt durch die Bullaugen und schimmert durch die dünnen Kunststoffplatten. Es ist fast taghell.

Wir wollen nun einmal warten, wie sich das Wetter entwickelt und schlafen ein wenig – aber doch zu lange, denn nach einer halben Stunde hat die Sonne die Oberhand wieder gewonnen, und wir sollten jetzt auf dem Bärenkopf stehen. Nur mit Kamera und Ski rennen wir los. In weiten Kehren hinauf zum weißen Grat, der sich bis zum Gipfel zieht. Wenn das Wetter hält, könnten wir die Hohe Dock noch besuchen. Der kurze Westgrat sieht gar verlockend aus. Noch bevor wir den Gipfel des Bärenkopfs erreichen, hüllen uns die Wolken wieder ein. Wir warten lange auf die berühmte Aussicht, aber es ist vorbei – das Wetter verschlechtert sich rapid. Der Nebel ist nun so dicht, daß wir uns mühsam entlang der

Aus einem Bruch unter der Hohen Dock hat sich eine Eislawine gelöst, und ein großer Brocken ist weit hinausgerollt.

Aufstiegsspur nach unten plagen. In der Biwakschachtel gewähren wir dem Wetter nochmals eine Bewährungszeit, denn der Bergsteiger soll selbst bei trostlosen Wetterberichten nicht so schnell aufgeben. Aber nach einer Stunde reißt uns tobender Sturm aus dem Schlaf. Wir müssen hinunter – und zwar schnell. Die Sicht ist jetzt auf 10 Meter geschrumpft, und das in diesem Lawinenhang. Wieder tasten wir uns an der schon fast verwehten Aufstiegsspur abwärts, über die weiten Hänge, auf die wir uns beim Aufstieg so gefreut hatten. 500 Höhenmeter gehen so »verloren«. Aber dann stoßen wir doch aus den Wolken und schwingen in wenigen Minuten zur Mainzer Hütte hinab.

Die weitere Abfahrt ist ein Hochgenuß, denn der Schnee ist hier in bester Verfassung. Wir geraten in einen direkten Skirausch und nutzen die letzten Lawinenreste in den verschiedenen Gräben, ohne Rücksicht auf die Ski, denn je weiter nach unten wir kommen, um so mehr Steine liegen auf der Oberfläche, aber auch das ist nur Übungssache. Als wir das Auto erreichen, fängt es zu regnen an.

Im Uhrzeigersinn

Spitzen-Skitour: die Ortlerumfahrung mit Besteigung des Zebru

Die »Umfahrung« eines Berges oder eines Gebirgsstockes ist die beste Möglichkeit, Gebiet und Berge kennenzulernen. Aber nicht nur das – wer im Rahmen einer Tour alle Seiten des Berges sieht, wird immer aufs neue überrascht sein, wie schnell sich sein Aussehen verändert, wie rasch die Kulissen wechseln. Nun eignen sich nur wenige Berge und Gruppen zum »umfahren«. Die meisten Gebirgsstöcke senden nach vielen Seiten Täler aus – flache wie steile oder schluchtartige, lange und kurze. Eine »Umrahmung« ist also nie ein flottes Vorwärtskommen auf terrassenartigen Flächen, sondern stets ein andauerndes Auf und Nieder in Gräben und Tälern, über Jöcher und Grateinschnitte.

Die Skiumfahrung des Ortlermassivs ist für mich, auch aus der Erinnerung noch, die großartigste Skitour der Ostalpen geblieben. Ein Unternehmen voller Höhepunkte, aber auch großen Risikos. Es beginnt schon damit, daß kein Führer diese Tour beschreibt, das Kartenmaterial ist nicht viel wert, und für die zwei Tage müssen beste Wetterverhältnisse zu erwarten sein. Die Gefahr eines Wetterumschlags darf gar nicht erst in Kauf genommen werden, denn ohne Sicht ist hier ein Weiterkommen fast nicht möglich.

Dreihundert Autokilometer lagen schon hinter uns, als wir in Sulden in die erste Gondel zur Schaubachhütte stiegen. Das Wetter zeigte sich makellos, die Vorhersage ist glänzend, wir ziehen unsere Spur in völliger Einsamkeit, und die Kulisse, die uns umgibt, nämlich die Nordostseiten von Königsspitze, Zebru und Ortler, ist märchenhaft. Das weckt den Auftrieb. Über leicht aufgefirnte steile Hänge queren wir oberhalb des Eisseepasses auf die Ostflanke der Suldenspitze und die Casatihütte zu. Es hatte vor zwei Tagen noch geschneit, wodurch akute Lawinengefahr entstand. Es fiel uns allerdings auch nichts anderes ein, als weit auseinander diese Gefahrenzone zu queren, um bei einem Lawinenabgang wenigstens noch eine Suchmannschaft beisammen zu haben. Von unserem generösen Plan, so nebenbei kurz noch den Cevedale zu besteigen, rücken wir stillschweigend ab, als wir die Casatihütte, 3254 m, erreichen. Dieser Verzicht ermöglicht eine Verlängerung der Rast auf den warmen Brettern der Holzveranda, doch kaum bin ich eingeschlafen, rüttelt der Gerd an meinen Schultern und erzählt etwas von aufgefirntem Schnee und dem weiten Weg, der uns noch bevorsteht. Gegenüber glänzt der Monte Pasquale, dahinter der Pizzo Tresero und die Punta San Mateo, alte Bekannte und im ersten Fall auch Unbekannte, denn auf dem Pasquale reichte die

Aufstieg zum Zebru an einem klaren Morgen. Weit reicht der Blick in die Berge Graubündens. Unten die Stilfserjochstraße.

Sicht damals gerade zwanzig Meter weit. So sieht er also aus, dieser Wolkenberg.

Die folgende steile Abfahrt hinunter auf den Vedretta di Cedec bringt eine ungewöhnliche Gefahr: Wir müssen dem Stacheldrahtverhau der Stellungen des Ersten Weltkriegs ausweichen, doch dann folgt ein genußvolles Schwingen auf bestem Firn. Die Kameraden sind so begeistert, daß sie den Hang voll auskosten und tief hinabfahren. Ich dagegen quere schon hoch oben nach Westen und kann dann einige Minuten in Ruhe fotografieren, bis wir wieder beisammen sind. Wir stehen nun unter den wilden Südabstürzen der Königsspitze, aus deren Gräben und Schluchten die Lawinen donnern. Der schwere, nasse Schnee bricht wie Wasser über die Wände, formt bogenförmige Kaskaden und stürzt schließlich auf breite Altschneepyramiden, die sich am Fuß der Wände auftürmen. Nach kurzer Zeit sehen wir aber, daß einzelne Lawinenbahnen weit auf den Gletscher vorgedrungen sind und unseren Weg kreuzen. In zwei Zweierseilschaften streben wir dem Col Pale Rosse, 3379 m, zu, umgehen Spaltenzonen und mühen

Das Rifugio Quint Alpini ist wichtiger Stützpunkt der Ortlerumfahrung. Von ihm wird am zweiten Tag der Zebru erstiegen.

uns die letzten steilen Hänge wieder in lawinengefährlichem Gelände höher. Am Col verlängert sich die Sicht auf die Wandfluchten des Zebru und über den Vedretta della Minerva auf den gleichnamigen Col, 3353 m, von dem es laut Karte zur Alpinihütte nur mehr bergab gehen soll. Doch 200 Meter Abfahrt und Aufstieg befinden sich dazwischen. Aus den Mauern, die die Nachmittagssonne wärmt, rauscht es nun ununterbrochen, und wir müssen noch näher an die Lawinenkegel heran. Zwei große Lawinenfelder sind zu übersteigen, dann geht es steil, sehr steil sogar hinauf zum Col. Der Schorsch, normalerweise ein vorsichtiger Mensch, schneidet den Hang mit seinen Ski in die schönsten dreieckigen Schneebretter. Knietief ist der Graben, den er da hinaufzieht. Und wunderbarerweise erreicht er die Sattelschneide unbehelligt. Wir drei folgen mit etwas mehr Gottvertrauen, denn beim Schorsch hat's ja gehalten, und sein Lebenswandel ist auch nicht besser als der unsere.

Als wir den Col erreichen, steht der Schorsch mit einem verdächtigen Grinsen da, die Ski zusammengebunden in der Hand. Keine Abfahrt? Nein, der Hang wölbt sich steil nach unten, nicht einsehbar, Fortsetzung unbekannt. Dazu dieser halbmeterhohe Pappschnee, der wohl nur eines kleinen Stoßes, einer Skispur bedarf, um abzurauschen. Wir beratschlagen und kommen zu dem Entschluß, daß der Schorsch und ich zunächst einmal eine steile Fußspur in der Fallinie nach unten treten. Wir beginnen unseren Abstieg langsam, links die Stöcke, rechts die Ski im Schnee. Gegenüber im gleißenden Nachmittagslicht der Zebru und seine grabendurchrissene Südwand, in der Tiefe der Vedretta di Zebru, ein Meer von Spalten. Die eine Sorge nicht ausgestanden, die andere schon im Visier. Es dauert lang, bis wir den Hang voll überblicken können, doch dann kommt die Zuversicht zurück. Ich fange zu laufen an, schnalle kurz darauf die Ski an und bin mit ein paar Spitzkehren auf dem Gletscher. Der Schorsch hat auch die Ski benützt, und hoch oben sehen wir nun die beiden Kameraden folgen. Punkte zwischen weiß und blau. Am Seil durchfahren wir nun die folgenden Spaltenzonen und sehen plötzlich die Hütte – nur mehr ein paar hundert Meter tiefer. Nachdem das Seil wieder im Rucksack verstaut ist, geht es in weiten Bögen tiefer – auf einen Steiltobel zu. Ich überlege nicht lang und

Abstieg vom Zebru, dem einzigen Gipfel, der bei der Ski-Umfahrung des Ortlermassivs normalerweise erstiegen wird.

fahre hinein, schräg nach rechts, und nun habe ich sie ausgelöst, die Lawine. Unter meiner Spur bricht es los und donnert nach unten wie die wilde Jagd. Immer mehr Schnee wird erfaßt – und ich stehe hoch oben und kann zusehen. Wenn da einer unter mir gestanden wäre, nicht auszudenken. Die Kameraden, 50 Meter über mir, haben das gesehen und verzichten, hier abzufahren. Ich dagegen kann nun gefahrlos im geräumten Couloir tiefer kurven.

Die Hütte ist verschlossen, doch einige Meter tiefer befindet sich ein kleiner neuer Bau, und in ihm findet sich alles, was wir brauchen. Ein gemütlicher Raum, ein Gasofen, Besteck, Geschirr und ein ordentlicher Schlafraum – wir sind geborgen. Allerdings, bei Schlechtwetter ist die Hütte kaum zu finden, und wer hier von einem Wettersturz überrascht wird, muß hinab nach Bormio und über den Tonalepaß und die Mendel nach Bozen, Meran und Sulden, um wieder zum Auto zu finden, wenn das Stilfser Joch noch geschlossen ist. Drei Tage Umweg!

Lang vor der Sonne mühen wir uns mit den Steigfellen über den steinharten Zebrugletscher hinauf. Der Gerd hatte als einziger Harscheisen, aber nicht lang, denn schon bei der Montage machte sich eins selbständig und glitt metallisch klingend davon, hinunter in den Bruch. Dummerweise stiegen wir nicht zum Paß empor, wo sich eine runde, rote Biwakschachtel befindet, sondern spurten auf einer Schneerippe zum Grat und mußten so mehrere zeit- und kraftraubende Türme überklettern. Doch der Blick vom Gipfel war schon atemberaubend! Im Südosten die Königsspitze mit ihren glänzenden Firnwänden, gekrönt vom charakteristischen kleinen Hängegletscher, der »Schaumrolle«. Weit im Osten die Gipfelketten der Dolomiten, über dem Dunst der Täler schwimmend, frei im Raum, ohne Basis. Gegenüber ragt der Ortler empor. Der Hintergrat und der Hochjochgrat umfassen die Minnigeroderinne; am Hochjoch, 3527 m, leuchtet das rote Biwak, es sieht aus wie ein Steinschlaghelm. Aus der Tiefe dringt das Rauschen der Bäche. Rhätische Alpen und Ötztaler Berge sind ohne jeden Dunst zu sehen, die schräge seitliche Beleuchtung schafft Tiefe und Konturen.

Beim Abstieg besuchen wir das Biwak, sehen auf den Suldenferner hinab und erkennen fast unser Auto, das uns ja heute noch heimbringen soll. Ein weiter Weg bis dahin. Die Abfahrt über die harte Fläche des Gletschers schüttelt uns bis in die Haarspitzen. Und nun kommt das große Suchen. Schon gestern auf der Hütte konnten wir aus der Karte nichts entnehmen. Es beginnt schon damit, daß ich den Passo dei Volontari, 3036 m, nicht als solchen erkenne, tief hinabfahre, mühsam queren muß und wieder aufsteigen. Die Kameraden folgen nur zögernd. Ich fahre nochmals hundert Meter ab, um auf eine Einsattelung zuzulaufen, die gangbar erscheint, denn das Gelände im Talschluß sieht geradezu unmöglich aus. Nun folgen die Kameraden nicht mehr, und über 100 Höhenmeter hebt lautes Rufen an. Der Schorsch erbarmt sich, fährt mit der Karte zu mir hinunter und überzeugt mich. Und jetzt, jetzt steigen gar zwei Skifahrer von dort oben ab, also doch! Der Schorsch tritt die endlose Stufenleiter in größter Hitze und Lawinengefahr – wir folgen wie die Lämmer, nur langsamer.

Vedretta di Campo heißt der langgezogene Gletscher, den es nun zu queren gilt. Und wieder die Angst vor den Lawinen – diesmal war es die Thurwieserspitze, die ganze Flächen abräumte und nach unten sandte. Der Schorsch war jetzt voraus, viel weiter unten als nötig, dachte ich, aber da kam eine Lawine geschossen, fraß sich in die Tiefe und überrollte seine Spur noch um 50 Meter. Ein unverschämtes Glück – nur die Sprache hatte es uns verschlagen, wir sahen uns an und schwiegen. Ein weiterer Aufstieg und eine Abfahrt, dann ist das Tuckettjoch zu sehen. Die Hitze ist so ungeheuer, das Wasser längst zu Ende, daß ich langsam werde und immer öfter sitzen bleibe. Der Schorsch ist schon seit einer Viertelstunde auf dem Joch, die andern haben es gleich, und vor mir sind immer noch hundert Meter Höhe. Da sehe ich den Schorsch wieder absteigen, zu mir hinab, er will mir wohl den Rucksack abnehmen, Nein, auf keinen Fall, das wäre ja das erste Mal. Aber der Schorsch gewinnt, und ich trage nur mehr die Ski hinter ihm. Auf dem Joch haben die beiden andern Tee gekocht. An der Mauer der verfallenen Locatellihütte. Es folgt eine mühselige Abfahrt über den tief aufgeweichten Madatschferner, die Querung des riesigen Müllplatzes, den die Hotellerie des Stilfser Jochs hier abwirft, und dann treffen wir auf die Trümmer einer Pistenwalze, die wohl auch über die 400 Meter hohe Wand heruntergefallen ist – vielleicht beim Müllabkippen. Die gerechte Strafe? Oder: Es erwischt immer die falschen.

Dann wird der Schnee weniger, die ersten Blumen blühen, die Paßstraße wird sichtbar, und als wir im Grünen stehen, wird gelost, wer das Auto holen muß, immer trifft es den Kleinsten – der Gerd läßt nun alles stehen und liegen: Ski, Skistöcke, Rucksack und Außenschuhe und verschwindet rasch hinter den Moränenrücken in Richtung Straße, um dort per Anhalter weiterzukommen. Wir drei verteilen seine Hinterlassenschaft auf unsere Rucksäcke und steigen gemütlich ab, hinunter zum »Weißen Knott«, dem letzten Wirtshaus auf der Südtiroler Seite des Passes. Bald treffen wir auf eine alte Militärstraße, und gerade kommt ein Südtiroler daher, der uns fragt, ob wir mitfahren wollen. Mit Mühe und Gewalt stopfen wir vier Paar Ski, Stöcke, Rucksäcke und drei Mann in den 600er Fiat, aber besser schlecht gefahren als gut gegangen.

Am Hochjoch, das Ortler und Zebru trennt, steht eine kleine Unterkunft, die wie ein Helm aussieht, das Bivacco Cantu.

Am »Weißen Knott« lehnen wir acht Ski und Stöcke wie Totenbretter an den Straßenrand, um dem Gerd zu zeigen, daß wir schon da sind. Dann wird aufgetischt. Der Schorschi konsumiert zwei Liter Weißen auf nüchternen Magen, dazu »a Gselchts und Vinschgerln«. Dann kommt der Gerd, und mit Mühe erreicht der Schorsch noch seinen Sitz im Auto. Auf der kurvigen Straße rebelliert aber sein Magen, und er verlangt etwa fünfmal nach Aussteigen. Bei der Auffahrt zum Reschenpaß geht es aber so weiter, weshalb wir nun nicht mehr halten, sondern den Schorsch anweisen, aus dem Fenster zu – nun, zu lachen, damit wir vorwärts kommen. Insgesamt hat der Schorsch an die dreißigmal aus dem Fenster »gesehen«. Dann war er leer. Nur der Alkohol rumorte noch im Kopf unseres lieben Kameraden, des Herrn Schulleiters – und am andern Tag soll der Herr Lehrer sehr blaß gewesen sein, und er ist am Pult eingeschlafen, wie mir ein Nachbarbub erzählte. Warum mein Auto auf der einen Seite so komisch aussieht, wollte er noch wissen, aber das hab ich ihm dann nicht mehr gesagt, sondern habe den Wasserschlauch aufgedreht – Schlußpunkt der Ortlerumfahrung.

Am Nachmittag hat uns die große Gondel der Bettmeralpbahn tausend Meter hinaufgehoben in graue Wolken. Am frühen Abend zerreißt das Gewölk plötzlich, und es wird schön. Nun ist es zu spät für den Aufstieg aufs Mittelaletschbiwak, doch mit den fellbespannten Ski steigen wir auf verlassenen Pisten die vierhundert Höhenmeter hinauf zum Grat und sehen von dort oben hinab in das riesenhafte Becken des Aletschgletschers, hinüber zu den zerrissenen Graten, die Fußhorn, Geißhorn und Zenbächenhörner aussenden und die im Abendlicht nun lange Schatten werfen. Morgen wollen wir früh wieder hier oben stehen und zum Aletschgletscher hinunterfahren. Die Abfahrt ins Dorf ist ein Genuß – die großen, weiten Pisten gehören uns ganz allein. Die Bettmeralp, ohnehin eine Schlafstadt, wirkt jetzt, nach dem Abzug des letzten Skifahrers, wie ausgestorben – öd, unendlich langweilig und schmutzig.
Früh am Morgen verlassen wir unsere Unterkunft und steigen im Schatten auf der hartgefrorenen Piste bergauf, etwas langsamer als gestern, denn schwere Rucksäcke drücken die Schultern. Bald kommt die Sonne, und rasch wird aus der eisigen Unterlage feiner Firn, der gut zu gehen ist. Oben am Grat blendet die Helligkeit. Tiefblau und wolkenlos der Himmel, die Berge ringsum weiß, noch winterlich verschlossen. Wir lösen die Felle und bereiten uns vor auf die Abfahrt, hinab zum Großen Aletschgletscher, über steile, von senkrechten Felsstufen unterbrochene Hänge. Kein Genuß, eher ein konzentriertes Bemühen um sichere Passagen, denn hier ist noch alles in Kälte und Schatten. Dann stehen wir auf dem weißen, unberührten Gletscher und kleben die Felle wieder an die Ski. Ich kenne die Zerrissenheit dieses Eisstroms vom Sommer her. Jetzt liegt er völlig geschlossen da, allerdings nicht eben, sondern in großen, weichen Wellen breitet er sich aus, nur hin und wieder blitzt grünblaues Eis aus dem Schnee.
Die Sonne brennt in das riesige Becken, wir wandern dahin, hügelauf, hügelab, kilometerlang, auf die Einmündung des Mittelaletschtals zu. Dort, in einem ebenen Boden, liegen Lawinenkegel, Eisbrocken und Felstrümmer. Der Schnee wird weich und tief, der Spu-

Einsam und eng

Vom Aletschgletscher aufs Mittelaletschbiwak und aufs Aletschhorn

rende muß viel Kraft einsetzen. Das Biwak, ein solider, schöner Stein-/Holzbau, ist seit langem sichtbar, und doch sind wir überrascht, daß wir plötzlich davorstehen. Wir sind allein, seit einer Woche war niemand mehr hier. Im Innern ist Unordnung, wir haben zu tun, um den Raum ein wenig wohnlich zu gestalten – und Flaschen gibt es, Glasflaschen in Mengen. Was sich die

Bergsteiger wohl dabei denken, solche Behälter auf ein Biwak zu tragen? Hier, wo nichts geregelt ist, keine Entsorgung, weder von Müll noch von Fäkalien. Das Problem aller nichtbewarteten Unterkünfte.
Wir freuen uns, allein zu sein, und genießen den sonnigen Nachmittag vor der Szenerie der Gletscher und Grate. Schorsch entdeckt aber tief unten eine Gruppe von Skifahrern, und eine ganze Reihe anderer scheinen dasselbe Ziel zu haben. Wir zählen und stellen fest, daß die verfügbaren Plätze bereits belegt sind, und weitere Bergsteiger sind im Anmarsch. Schlußendlich werden es sechsundzwanzig, elf mehr als Schlafplätze vorhanden sind. Die Ankommenden bewegen sich betont lässig, von uns schweigend beobachtet. Sie erfassen auch sofort die Situation, und es ist gut zu erkennen, wie jeder einzelne überlegt und rechnet, auf welche Weise der Schlafplatz »gesichert« werden kann, wer sein Lager wohl teilen muß.
Einer unruhigen Nacht folgt ein ebensolcher Aufbruch. Irgend jemand hatte den Wecker gestellt, und mit seinem Schrillen wandelt sich der Schlafraum in geradezu hektische Betriebsamkeit. Decken werden gefaltet, Rucksäcke gepackt, Ausrüstungsgegenstände gesucht, da und dort flammen Kocher auf – aber die Stimmen sind gedämpft. Wir zwei verlassen die Hütte als erste und steigen auf bockhart gefrorenen Flächen bergauf. Es ist noch finster, aber im Osten liegt der tiefrote Lichtstreif des neuen Tages. Wir sind nicht lang allein, werden bald eingeholt und bewegen uns im steiler werdenden Gelände auf jenen schmalen Grat zu, der das Dreieckhorn mit dem Aletschhorn verbindet. Ich kenne ihn, vor über zwanzig Jahren kamen wir von der Nordseite herauf, über die steile Haslerrippe. Zwei Schweizer treten die erste Spur in die ausgesetzte Schneide, die mehrmals nach beiden Seiten überwächtet ist, und sie sind nicht einmal angeseilt. Ein beeindruckendes Manöver. Mehrere der Nachfolger stecken hier die Ski in den Schnee und wollen die fünfhundert Meter zum höchsten Punkt zu Fuß überwinden. Als wir an der Reihe sind, ist die Spur schon solid und vertrauenerweckend, weshalb wir ebenfalls auf das Seil verzichten. In voller Konzentration, Schritt um Schritt, die Stöcke vorsichtig gesetzt, die Augen in der Spur. Nur einmal bleibe ich stehen, sehe entlang der Rippe hinab zum Großen Aletschfirn, erinnere mich an die Jugendzeit, als wir da heraufgestürmt sind. Gegenüber Mönch, Jungfrau, Gletscherhorn, Ebne Fluh – und da das Mittaghorn mit seinem Südgrat, von dem ich einmal mit einer großen Wächte abgestürzt bin und unverletzt blieb.
Am Ende des fast waagrechten Gratstücks schnallen wir die Ski wieder an und steigen den windverblasenen breiten Rücken hinauf zum Punkt 4100, zum Skidepot.

Geißhorn und Zenbächenhorn von den Flächen der Rieder Furka. Die Spur eines Hasen quert unsere Route.

Das Mittelaletschbiwak, ein wichtiger Stützpunkt für die Skibesteigung des Aletschhorns, steht auf 3000 Meter Höhe.

Die Täler sind randvoll mit wattegleichem Nebel. Rasch habe ich die Ski verstaut und die Steigeisen angeschnallt. Ein weiterer Schritt über die tiefe Randkluft und dann den kombinierten, nicht schwierigen Grat hinauf. Jetzt bin ich wieder der erste, aber einer der schnellen Schweizer folgt mir mit Tempo.
Wir bleiben fast eine Viertelstunde lang die einzigen Gäste auf dem stolzen Gipfel, der so allein und frei dasteht. Die Sicht ist fast grenzenlos, und weil Wolken die Täler überlagern, sieht die Welt von hier oben noch völlig winterlich aus, ein Bild wie aus der Arktis. Nach und nach kommen sie alle herauf, die Bergsteiger – und drei haben sogar die Ski auf dem Rucksack! Was haben sie vor? Sie wollen nach Süden absteigen, zur Oberaletschhütte hinunterfahren.
Die fünfhundert Höhenmeter hinab zum Verbindungsgrat sind skifahrerischer Genuß auf den griffigen, windverblasenen Flächen, die nun die Sonne ein wenig aufgefirnt hat. Am Grat wieder vorsichtige Manöver, Ski auf den Rucksack, anseilen diesmal. Da sehe ich zwei in den überaus steilen Südhang einfahren, auf einer Brücke überwinden sie die breite Kluft und entschwinden unseren Blicken. »Schorsch, ihnen nach!« Aber mein Freund hat keine rechte Lust, also fahre ich allein. Seil herunter, Ski an die Schuhe und den Spuren nach. Ein Schauder, als ich über die Brücke schieße und sekundenlang die grünen Schlünde sehe. Aber der folgende Hang verschlägt mir doch die Sprache: wahnsinnig steil und lawinengefährlich. Die Sonne hat den Schnee vollständig durchweicht. Konzentriert fahre ich schräg abwärts, es ist mehr ein Rutschen, dann ein Umspringen, und weiter geht es. Die beiden sind schon tief unten. Ein paar Schwünge, dann lange Querfahrten, Blicke nach oben, bleibt alles ruhig? Unten eine große Querspalte, links umfahren, da geht's. Das Gelände wird noch steiler, riesige Schübe von Naßschnee lösen sich unter meinen Ski, gleiten schneller werdend nach unten. Zwei weitere Skifahrer sind mir gefolgt, sie senden tonnenschwere Grüße herunter, Lawinen, die wie Wasserfälle daherkommen. Die Angst ist einer wilden Lust gewichen, es ist wie ein Rausch, alle Sinne sind gebündelte Aufmerksamkeit für die Gefahren von allen Seiten. Schwingen, Umspringen, es gelingen die tollsten Kunststücke – Fahren im gleitenden Lawinenschnee und rundum Vorsicht.

Der Verbindungsgrat Dreieckhorn-Aletschhorn ist ausgesetzt und überwächtet. Im Hintergrund das Aletschhorn.

Es wird flacher, drüben ein großer Stein, die beiden Schweizer stehen schon dort, sehen mir zu, wollen wissen, wie es mir ergeht; ich lasse die Ski laufen, reiße zwei Bögen in den Firn, stehe nun schwer atmend vor ihnen und alle drei lachen wir, es glänzt in den Augen – das allein war die Tour wert.

Bald kommt auch der Schorsch, und zusammen fahren wir hinab zur Hütte, jetzt hinein in den Nebel, in dichte Wolken, die die Sicht behindern. Packen und weiter hinunter, entlang der Aufstiegsspur; am großen Gletscher wieder anseilen und drüben fünfhundert Höhenmeter durch den Aletschwald hinauf zum Grat. Wir gehen in einer gespenstischen Umgebung, sehen nur zwanzig, dreißig Meter weit. Felsstufen, uralte Arven, Gebüsch – alles tritt so nach und nach aus dem konturlosen Grau, überrascht ständig mit unerwarteten Formen. Wir suchen uns nach oben, müssen aber immer wieder Umwege gehen, wenn Felsbarrieren ein Durchkommen verhindern. Urplötzlich, Schorsch steigt gerade vor mir entlang einer solchen Mauer bergauf, kracht es und der Schorsch ist verschwunden, einfach weg, wie auf dem Gletscher. Nach einer Schrecksekunde höre ich ihn schon wie aus einer tiefen Gruft schimpfen. Drei rasche Schritte, ich bin am Loch und sehe hinab ins Dunkle. Da sitzt der Schorsch in einer Märchenwelt, in einer wahren Kristallhöhle. Überall Wunderwerke aus Schnee und Eis, Zapfen und Kristalle in feinsten, nie gesehenen Formen. Ich schaue und staune – und habe den Schorsch fast vergessen, der nun nach Hilfe verlangt. Als kompletter Skifahrer ist er nicht zu bergen, Stück um Stück kommen Stöcke, Ski und der Rucksack ans Tageslicht, und um den Schorsch aus seinem Eiskeller zu bringen, muß ich weiter unten ein Loch bohren. Dann hat ihn der trübe Tag wieder, er ist unversehrt, wir lachen und legen uns nochmals vorsichtig an den Rand dieser Wunderwelt und betrachten das Werk der Natur, das in den langen Monaten des Winters so entstanden ist, im Wechsel von Kälte und Wärme, doch immer im Schutz von Dunkelheit und völliger Schneebedeckung.

Noch ein paar Meter bergauf, Abfahrt auf der Piste hinab zur Bettmeralp, die in dieser Waschküche noch trauriger aussieht als gestern. Doch wenig später schon schwebt die Gondel im milchigen Weiß tiefer, bringt uns aus den grauen Wolken und hinein in den Frühling des Wallis.

Seit vielen Jahren und von vielen Seiten kenne ich die zerborstene Zunge des Bisgletschers, dieses Chaos aus grüngrauem Eis, das drohend und absturzbereit über den grünen Böden des Mattertals hängt. Genau gegenüber einem breiten, fruchtbaren Schwemmkegel, auf dem Randa liegt. Auf meiner ersten Bahnfahrt von St. Niklaus nach Zermatt sah ich diese drohenden Eismassen erstmals, vielfach gespaltenes türkisfarbens Eis, auf steilen Felsflanken, tausend Meter über dem Tal. Ein Schauder kommt dem Betrachter, wenn er sich vorstellt, mit welcher Wucht und Gewalt diese Massen in die Tiefe stürzen – wenn sie losgelassen werden. Und dies ist ja auch in den vergangenen Jahren mehrfach passiert. Bei jeder Fahrt nach Zermatt stand ich vor Randa an einem Fenster des Waggons, blickte empor zum Gletscher, der, wenn die Gipfel in den Wolken steckten, noch viel unheimlicher wirkte. Später, als die Straße bis Täsch ausgebaut war, hielt ich jedesmal an und staunte hinauf zum grünblauen Eis, zu den Spalten und Türmen. Ich sah den Bisgletscher vom Brunegghorn und vom Weißhorn, ich blickte hinüber von den Gipfeln der Mischabel, doch nirgends zeigte er sich geheimnisvoller, verschlossener als von den Ufern der Vispa. Es wäre mir kaum in den Sinn gekommen, dieses Geheimnis zu lüften, dort weglos hinaufzusteigen ohne ein Gipfelziel vor Augen – Gletscher gab es an jedem hohen Berg. Da sah ich in einer Zeitschrift ein Bild von ihm, aufgenommen von Glaziologen, die ihn beobachteten und vermaßen. Ein Bild voller Gegensätze: Im Vordergrund eine grüne Wiese, übersät von Blumen, und in dieses blühende Idyll stieß als weißer, eisiger Keil der Gletscher – und jenseits wieder grünende Alpweiden. Ein faszinierendes Bild, und wie elektrisiert war ich, als ich las: Der Bisgletscher.
Jahre vergingen, das Bild aber blieb lebendig und mit ihm der Wunsch, irgendwann dort hinaufzusteigen. Die Gelegenheit kam, als uns die große Überschreitung vom Täschhorn zum Dom mißglückt war, als wir uns mühevoll aus einem Schneesturm zurückgekämpft hatten auf die Täschhütte. Der folgende Tag brachte zwar besseres Wetter, doch die hohen Grate waren tief ver-

Am Gletscher

Zwei Tage Einsamkeit unter dem türkisfarbenen Eis des Bisgletschers

schneit, wir mußten diesen Plan aufgeben. Doch wir hatten noch zwei Tage Zeit, und das war die Gelegenheit, den Bisgletscher zu besuchen. Ich begann, zunächst behutsam, dann begeistert von jenem Bild zu sprechen, das ich seit Jahren in mir trug. Aber meine Botschaft kam bei den Freunden nicht an, sie waren fixiert von zu Hause zum Gipfel und zurück. Das, was

dazwischen lag, hatte sie noch nie interessiert. Da kam mir ein Gedanke: warum nicht allein da hinauf? Hatte ich es nicht schon oft erfahren: Der Alleingänger erlebt am tiefsten. Die Trennung fiel leicht ...

Auf der Karte waren sogar zwei Wege eingezeichnet, auf denen vielleicht die Schafe zu den Matten am Gletscher emporsteigen. Ich wählte den südlichen. Er begann etwas ernüchternd, denn ein lärmendes Kieswerk, das sich über die vom Gletscher aufgeschobenen Moränenhügel hermacht, war zu umgehen. Doch bald war Stille um mich und das Gefühl völliger Abgeschiedenheit. Ich stieg durch artenreiche Trockenrasen, sah Stangenwacholder, Thymian, Himbeeren und Sanddorn. Eidechsen huschten über die sonnenwarmen Steine, Schmetterlinge schaukelten zu den Blumen, Insekten summten. Es war heiß, die Sonne brannte in den Steilhang, doch ich konnte gehen, wie es mir beliebte, stehenbleiben, rasten und schauen, wann mir danach zumute war. Höher oben, dort wo sich der Hang etwas verflacht, gab es Wiesen mit Blumen, fand sich ein ebener kleiner Platz fürs Zelt. Die Sonne war nun hinter dem Weißhorn verschwunden, Nebel umspielten den Gipfel, Abendkühle war zu spüren. Vor dem Zelt schnurrte der Kocher unter einem Topf Wasser, ich lag, in Daunenjacke und Schlafsack gehüllt, auf der Matte und sah hinüber zu den hohen Gipfeln des Mischabelkamms, von denen sich gerade die Sonne verabschiedete. Über mir floß der Gletscher in Wellen zu Tal, stand eine furchterregende Mauer aus Eis. Ich versuchte, mich damit zu beruhigen, daß die umgebenden Wiesen keinerlei Spuren von Eislawinen zeigten. Aber die Unruhe blieb, und sie verfolgte mich in den Schlaf.

Ein freundlicher Morgen brachte Helligkeit ins Zelt, die Sonne blitzte über die Weißmiesgruppe. Rasch war ich bereit, stieg weglos höher über blumenreiche Wiesen, bis dorthin, wo das Eis sich aus der tief eingeschnittenen Schlucht wölbte, wo Wiese und Gletscher wie Kulissen hintereinander standen. Da saß ich, von Blumen umgeben, der Eiszunge gegenüber, von der ein kühler Hauch in den Blütenteppich wehte. Es war das Bild, daß ich die Jahre über bewahrt hatte. Drüben, in einem Geröllfeld, glänzten, riesigen Kristallen gleich, Eisbrocken, die erst vor kurzem herabgestürzt waren. Die Abgeschiedenheit berührte mich, doch wollte ich dieses Gefühl der Einsamkeit noch steigern und querte deshalb in den weiten eisschlaggefährdeten Geröllkessel. Hier war alles labil, locker, sturzbereit. Überall Eisstücke, schwarze, weiße und wasserklare. Letztere narrten mich, denn immer wieder war ich der Meinung, einen Bergkristall gefunden zu haben, doch es war nur das Eis des Bisgletschers, uraltes Eis, das jahrzehnte-, vielleicht jahrhundertelang auf dem Weg ins Tal ist. Nun geht es tropfenweise zurück in den ewigen Kreislauf der Natur. Plötzlich ein Schlag wie der Knall einer Peitsche über mir. Ein Eisturm begann zusammenzubrechen, neigte sich, fiel, zerbarst auf den Felsen zu Trümmern, die sogleich in rasenden Sätzen den Weg in die Tiefe nahmen. Nur ein paar Meter vor mir jagen die Brocken bergab, ich bleibe unversehrt. Was für ein Glück! Wäre ich ein paar Schritt weiter vorn gewesen, ich hätte keinen Schutz gefunden. Dennoch gehe ich weiter, bin aber wie gejagtes Wild auf der Lauer, sehe nach oben und renne von Deckung zu Deckung. Dann stehe ich vor einer Wand aus Eis, auf einem felsigen Platz, der gewiß noch vor kurzer Zeit vom Gletscher bedeckt war. Wasser rauscht in den Höhlungen, tropft von den Kanten und Wänden. Blöcke, so groß wie Häuser stehen auf schrägen Flächen, überall Risse und Spalten, um die das Eis Türkis und Hellblau zaubert. Eine Welt des Instabilen, des sich ständig Verändernden. Der Gletscher lebt, er scheint zu stöhnen und zu ächzen, immer wieder ein Knacken oder Rumpeln. Mich schaudert. Ich klettere in schmale Korridore, überwinde Stufen, schlüpfe durch spitz geformte Löcher und bin völlig gefangen von diesem Ort, der Grauen und Bewunderung zugleich auslöst. Die Angst verdrängend, versuche ich mich ganz diesem unheimlich großartigen Schauspiel hinzugeben und steige weiter in diesem Labyrinth umher, hinauf und hinab, überlegt-vorsichtig, denn wenn mir hier etwas zustößt, wird mich niemand finden. Unvermittelt wird das Gefühl von Bedrohung größer, strebe ich hinaus in die Sonne, ins Geröll, zu den Steinen. Und da glaube ich, das Schicksal genug gefordert zu haben und renne los über die Felsbrocken, schräg hinab auf die Wiese zu, auf das Grün, das mir wie eine rettende Insel scheint – und lasse mich ins Gras fallen. Dort das kalte drohende Eis, hier Leben, weich und anpassungsfähig, Pflanzen, die sich heraufgekämpft haben an die Grenze des Wachstums. Wie viel freundlicher wirkt die Wiese jetzt auf mich, mit ihren Blumen, den im Wind nickenden Gräsern, den Schmetterlingen und Käfern. Ich will hinabsteigen ins Leben, zu den Menschen, ich gehöre zu ihnen.

◀◀ *Ein starker Kontrast, die nach unten drängenden, vielfach zerklüfteten Eismassen inmitten von grünen Matten. Dieses Bild wurde am Bisgletscher aufgenommen, dessen eisige Fracht im Lauf der Jahrhunderte immer wieder den Weg ins Tal nahm – einen zerstörerischen Weg...*

▲ *Tiefblick vom Ammertengrat auf das Spaltengewirr des Strubelgletschers. Unten die grüne Engstligenalp.*

◀ *Der Grenzgletscher – ein vielfach zerrissener Eisstrom, der unter dem Gornergrat in den benachbarten Gornergletscher mündet.*

▼ *Über den kleinen Distliggletscher verläuft der Übergang vom Lötschental in die Aletschregion. Der steile, lawinengefährdete Aufstieg erreicht den Beichpaß, 3126 Meter hoch.*

▶ *Uraltes Eis liegt an dem Punkt, wo einmal der Gornergletscher, der Monte-Rosa-Gletscher und der Grenzgletscher zusammengeflossen sind. Hier bildeten sich im labilen Moränenschutt mehrere kleine Seen.*

Der Mensch – klein, zerbrechlich, vergänglich – steht vor gewaltigen Mauern und Graten, blickt auf die Eismassen der Gletscher und spürt den Hauch des Ewigen, Unvergänglichen. Wohl weiß er, daß alle Dinge seines Gesichtskreises dem immerwährenden Wandel unterzogen sind, aber die Jahrmillionen, die die Gebirge bilden und abtragen, haben keinen Bezug zu der Zeit, die ihm geschenkt ist. Die Liebe zu den Bergen kann nur vital sein, umfaßt Körper und Geist in gleicher Weise. Die Berge schenken viel, doch diese Gaben fallen niemandem in den Schoß, sie wollen, ja müssen vorbereitet, erlebt und verarbeitet werden. Technische Hilfsmittel können das Erlebnis nicht steigern. Es ist ein Irrtum, zu glauben, daß die Kosten der Ausrüstung in ursächlichem Zusammenhang mit der rundum geglückten Bergfahrt stehen (sie können die Sicherheit und das Wohlbefinden steigern). Die volle Größe des Berges kann nur in einzelnen Schritten gemessen werden, in der kleinen, leicht faßlichen Einheit des Schrittes.

Im Angesicht der himmelstürmenden Wände und Türme wird der Mensch sich seiner Größe und Bedeutung bewußt und kann daraus nur einen einzigen Schluß ziehen ... Aber dennoch hat es der Mensch vermocht, das Bild der Berge zu verändern, ihre Harmonie zu stören. Die Kraft der Maschine und des Sprengstoffs waren ihm die Werkzeuge, Disharmonie und Zerstörung ins Gebirge zu tragen! Sicher, vieles ist zum Überleben, auch zur Erholung wichtig, doch viele Straßen und Bahnen, Pisten, Staumauern, Hoteldörfer sind für den Moment errichtet, für den raschen materiellen Gewinn weniger, und sie schädigen die Natur für lange Zeit – für immer, wenn wir an die Spanne unseres eigenen Lebens denken. Vieles ist so geplant und gebaut, daß die Werke schon der kommenden Generation nicht mehr nützen können, ihr im Wege stehen, abgerissen werden müssen. Wasserlose Bachbette, lecke Staumauern, abgewirtschaftete Feriensiedlungen, von Straßen und Pisten zerschnittene Bergwälder sind das Erbe ins dritte Jahrtausend. All diese Untaten sieht der fühlende und denkende Mensch in allen Tälern und an vielen

Die Urgewalt der Berge

Der Mensch in der Arena des Zeitlosen und Unvergänglichen

Gipfeln – es sind längst zu viele dieser Wunden im lebendigen Berg, auch wenn es in einem italienischen Sprichwort heißt: »Die Menschen kommen und gehen, aber ewig stehen die Berge.«

Aus dem Schneekar im Wilden Kaiser kommt das Wasser, das oberhalb der Kaiser-Hochalm über die Felsen stürzt.

Es war spät im Jahr. Tag um Tag schön, Hochdruck, blauer Himmel – ein Herbst wie aus dem Bilderbuch. Lange war ich nicht mehr in den Loferern, jedenfalls ohne Ski – also in die Steinberge. Vielleicht die große Überschreitung? Aufstieg vom Loferer Hochtal zur von-Schmidt-Zabierow-Hütte, hinauf zum Hinterhorn und hinunter nach St. Ulrich über die Rothörner, das Ulrichshorn und das Seehorn. Eine lange Tour mit vielen Höhenmetern und mit An- und Abreise, bei zwar sicherem Wetter, aber in einer Zeit der kurzen Tage.
Eine Überschreitung verlangt in der Regel zwei Autos oder für einen Weg die Benützung öffentlicher Verkehrsmittel. Beides kam hier nicht in Frage, aber es gab noch eine dritte Möglichkeit: Der Bruder hat ein Rennrad, und er trainiert damit auch ganz ordentlich, weshalb ihm zuzumuten war, am Ende der Tour mit dem Rad das Auto zu holen (etwa 20 Kilometer) und somit sein Trainingspensum auch auf jene Muskeln auszudehnen, die vom Radfahren beansprucht werden. Als Trost erzählte ich ihm, daß wir früher nach jeder Bergtour noch mit dem Radl heimfahren mußten, einmal sogar von der Wildspitze. Aufsteigen wollten wir von Osten, absteigen nach Westen, um den ganzen Tag in der Sonne zu sein, ein Umstand, der auch Nachteile hat, wie sich zeigen sollte.
Wir brachen bei Nacht auf, erreichten über Waidring St. Ulrich, ketteten dort hinter einem Stadel das schöne Rennrad an einen Baum, fuhren zurück nach Waidring und erreichten das Loferer Hochtal nach acht Uhr. Um halb neun stiegen Bruder, Schwägerin, Sohn Hansi (9) und der Schreibende in dieser Reihenfolge im Schatten der Schwarzwand aufwärts. Nach einer Stunde traten wir aus dem blauen Schatten in die strahlende Sonne, in fast sommerliche Hitze, die den Schweiß in Strömen fließen ließ. Gegenüber die Berge der Reiteralp, über uns die blendendweißen Kalkmauern des Breithorns.
Es gibt kaum Wasser in den Gebirgsstöcken der Nördlichen Kalkalpen, und ganz wenig Bäche und Quellen finden sich in den Loferer und Leoganger Steinbergen. Wie drüben im Steinernen Meer und im Tennengebirge hat sich das Wasser den Weg ins Innere der Bergstöcke

Kleine Ursachen

Von Lofer auf das Hinterhorn mit Abstieg über den Nurracher Weg

gegraben, hat im Lauf der Jahrtausende große und tiefe Höhlen- und Dolinensysteme gebildet, die Niederschläge und Schmelzwässer vollständig aufnehmen und sie erst am Fuß der Berge wieder freigeben. Wer um diesen Wassermangel weiß, kann natürlich vorsorgen, das heißt, die Wasserfrage ist in den Kalkalpen oft ein zentrales Ausrüstungsthema. Bei einer Bestandsaufnahme unseres Flüssigkeitsvorrates stellten wir fest, daß zwei Flaschen Bier und ein Liter Zitronensaft für vier Personen wohl zuwenig wären, weshalb ich vorschlug, vom Hinterhorn gleich ins Lastal abzusteigen, da wir hier viel eher auf Wasser treffen würden. Die Hütte war längst geschlossen, weshalb wir ohne Umweg dem Hinterhorn zustrebten. In mehreren Serpentinen durch die steilen Südabstürze des Breithorns geht es hinauf zum Sattel. Die Sonne brannte in diese schattenlose steinerne Flanke, wir waren in Schweiß gebadet. Erst am Gipfel wollten wir etwas trinken, wenngleich der Durst und der Wunsch nach Wasser schon fast nicht mehr zu bezähmen waren. Mein Bruder stieg in der Turnhose vor mir. Die Kleidung hatte er unter die Deckeltasche geschnallt, und dazwischen steckte auch die Saftflasche. Obwohl ich schon krächzte und vor Trockenheit die Salzkristalle im Gesicht bereits mit der Hand zu spüren waren, wollte ich die halbe Stunde auch noch warten. Plötzlich vor mir ein dumpfer Aufprall. Die Flasche ist aus dem Rucksack gefallen und kollert langsam, dann schneller bergab, auf einen Abbruch zu und verschwindet. Wie versteinert habe ich das gesehen und schimpfe nun so laut, daß das Echo zurückkommt. Aber wir haben ja noch zwei Flaschen Bier – für jede Kehle einen Viertelliter.
Erst auf dem höchsten Punkt kühlt der Wind ein wenig, und das Bier, sonst durchaus nicht mein Lieblingsgetränk, wird in kleinen Schlucken genossen. Ein Viertelliter. Drei Liter Wasser hätte ich vertilgen mögen. Doch die Freude am weiten Panorama, an der klaren Sicht und dem fast endlosen Fernblick mildert die Leiden des Dursts. Die Chiemgauer Berge zeigen sich von hier als Ketten von grünblauen Hügeln. Im Osten die Gipfel der Reiteralp, umgeben von bewaldeten Rücken. Weiß leuchten die Kalkmauern von Watzmann, Hundstod und Steinernem Meer. Gegenüber die Bänder des Reifhorns – zwischen ihm und dem Hinterhorn beginnt das Lastal. Berückend schön in der Ferne die silberne Gipfelkette der Hohen Tauern, dunkle Wände und strahlende Gletscher. Nach Westen zieht sich der Kamm mit den beiden Rothörnern, dem Ulrichshorn und dem Seehorn. Diesen Weg werden wir nicht nehmen – mindestens weitere drei Stunden in voller Sonne wären wir da noch unterwegs. Die Schwägerin ist schon ein wenig voraus, höre ich vom Bruder. Er will mit Hansi ebenfalls schon den Abstieg beginnen, ich sei ja gleich wieder da. »Aber ins Lastal«, rufe ich ihnen nach und beschäftige mich noch mit der Kamera. Dann packe ich rasch zusammen, ich habe heute einen leichten Sack, denn der Bruder trägt fast alles – zum Training, wie er sagt. Mir ist es recht. Gemütlich schlendere ich abwärts, vorbei an der Weggabelung, die ganz genau markiert ist (links ins Lastal, rechts zum Nurra-

◀ *Rast auf dem Hinterhorn, fern die Gipfel der Tauern.*

Die Reiteralp, gesehen vom Aufstieg zur Zabierow-Hütte.

cher Höhenweg), dann springe ich über Schuttreisen hinab und verliere rasch an Höhe. Aber ich hole sie nicht ein. Was ist da bloß? Etwa 400 Höhenmeter bin ich schon unten, als ich einen emporkommenden Bergsteiger treffe. Auf meine Frage sagt er nur: »Vor dir ischt koaner.« Die haben sich verlaufen, denke ich und erschrecke, denn das Hinterhorn hat nach allen Seiten steile Abstürze. Ich muß sie suchen. Also wieder hinauf. Der Schweiß rinnt in Strömen. Ich habe den Durst momentan vergessen und rufe und pfeife – keine Antwort, nur vielfältiges Echo. Weiter hinauf. Sicher werden sie den Weg über die Rothörner gehen, wo weit und breit kein Wasser ist, wo sich der Weg in dreistündigem Auf und Ab dahinzieht. Es ist halb drei, um sechs Uhr ist es dunkel. Ich fange zu rennen an, doch zum Gipfel hinauf will ich nicht mehr, weshalb ich eines der breiten Bänder als Abkürzung wähle, um auf den Sattel zwischen Hinterhorn und Rothorn und somit auf die andere Route zu gelangen. Das Band wird schmal, dann verliert es sich in einer glatten Wand. Zurück und auf höhere Stufen. Immer wieder stillstehen, rufen, lauschen. Naß von Schweiß, seit sieben Stunden unterwegs und keine Flüssigkeit im Körper. Endlich bin ich am Grat. Weit und breit ist niemand zu sehen. Es ist absolut still in diesem hitzeflirrenden Kessel. Weiter haste ich nun bergab. Die Hitze ist kaum auszuhalten. Und der Körper ist anhaltend schweißnaß, der Durst kaum mehr zu ertragen. Längst kann ich nicht mehr rufen, nur mehr pfeifen denn ich bin total ausgetrocknet, aber es kommt keine Antwort. Mein körperlicher Zustand ist erschreckend, jeder Muskel schmerzt, und ich fühle mich sterbenselend vor Durst. Vor Jahren bin ich den Weg einmal gegangen und weiß, daß er nicht ungefährlich ist. Was tun? Im Schatten eines Steins liege ich und überlege. Vor mir sind bei meiner körperlichen Verfassung noch mindestens vier Stunden Gehzeit und nirgends Wasser. Wenn ich hier biwakiere, ist es möglich, daß die Bergrettung noch ausrückt. Da erschrecke ich: Ich habe ja überhaupt nichts dabei! Keinen Pullover, keinen Anorak, keinen Biwaksack – alles ist beim Bruder im Rucksack. In zwei Stunden ist es dunkel. Die Nacht wird sicher eiskalt – ich muß hinunter! Der Durst wird zur Qual. Ich komme nur mehr ganz langsam vorwärts. Die zahlreichen kurzen Aufstiege sind fast unüberwindliche Hindernisse. Vor Sonnenuntergang aber muß ich am Seehorn sein, den Grat hinter mir haben, denn auch die Taschenlampe trägt der Bruder. Das Herz schlägt wie wild, verständlich, bei diesem Wasserverlust, durch den das Blut immer mehr eindickt. Ich werde immer langsamer, und merke, wie die Kraft dahinschwindet, lange Rasten, kurze Gehstrecken. Auf dem Ulrichshorn – ein großartiger Moment. Unter mir die beleuchteten Felsen des Seehorns und dahinter kulissenartig die Kette von Bergen, von den waagrechten Strahlen der Sonne plastisch hervorgehoben. Ich zwinge mich, die Kamera aus dem Rucksack zu nehmen und ein Bild zu fotografieren; später sehe ich, daß ich zwar richtig belichtet habe, aber der Horizont ist schief. Der Weg führt östlich um das Seehorn und nach Südwesten hinunter. Ich schleppe mich dahin wie ein Schwerverwundeter. Und alle Gedanken kreisen um Wasser und um den Durst. Unfaßlich, daß gerade ich in eine solche Situation kommen muß. Eine Kette von Unachtsamkeiten, Kleinigkeiten, und so ein Ergebnis! Es ist kalt geworden und nun auch Nacht. Ich taste mich tiefer – immer noch trennen mich 1200 Höhenmeter vom Tal. Auf dem dunklen Weg liegt etwas Helles – der Pullover meines Sohnes. Sie sind also da gegangen, diese Sorge bin ich los. Der Weg ist sehr schlecht, eine Rinne, ein steiniges Bett nur. Später taucht er in den Latschengürtel, und nun ist es stockfinster. Ich habe Gleichgewichtsstörungen und falle dauernd, den quälenden Durst aber spüre ich ohne Unterbrechung. Bekleidet bin ich nur mit einem Hemd, es ist noch feucht vom Schweiß, wenn ich raste, kriecht die Kälte in den Körper. Ich weiß, daß die Situation lebensbedrohend ist und fange an, über dieses Leben nachzudenken. Diesmal, glaube ich, bin ich dran, endgültig. ich bin zu oft davongekommen, aus ernsten Situationen, mit Glück, immer wieder mit großem Glück. Einige, mit denen ich unterwegs war, hatten kein Glück, sie leben nicht mehr, abgestürzt, umgekommen im Steinschlag, in der Lawine, im Wildbach. Ich war immer auf der Sonnenseite bisher. Doch merkwürdig, daß mir der Tod so wenig ausmacht. Wie in den »Heldensagen«, die ich als Bub so begeistert las, »sehe ich ihm kühl entgegen«. Und dann scheint es so weit zu sein. Ich verliere das Bewußtsein, die letzten Augenblicke sind fast angenehm, falle schräg nach hinten, überschlage mich im Geröll und bleibe in einem Latschenbusch hängen. Von etwa 20.30 Uhr bis 22.30 Uhr war ich ohne Bewußtsein, lag ich mit dem Kopf nach unten in den Latschen. Nur kurz ist die Dämmerphase nach dem Erwachen, ich bin sofort im Bild, spüre den beißenden Durst, die Kälte – und sehe Helligkeit. Der Mond ist am Himmel. Mühsam rapple ich mich auf und beginne den Leidensweg neu. Die Kälte hat die Glieder steif werden lassen, es braucht seine Zeit, bis das Schlottern aufhört. Irgendwo gibt es auf diesem Weg eine Hütte, die Bräu-Alm – dort muß Wasser sein. Wo gibt es eine Alm ohne Wasser? Dieser Gedanke setzt sich fest, und ich komme besser vorwärts. Sie steht auf 1200 Metern Höhe, ich sehe sie schon von weitem. Als ich vor ihr stehe, kein Rauschen, kein Plätschern – nichts. Ich umkreise dieses sauber hergerichtete Gebäude, es scheint jetzt eine Jagdhütte zu sein, und da sehe ich es: Die Dachrinne führt ins Innere der Hütte. Hier trinkt man das Regenwasser, es gibt keine Quelle. Diese Erkenntnis trifft mich wie ein Schlag, ich muß also diesen Leidensweg ganz und bis ans Ende gehen. St. Ulrich liegt 850 Meter hoch. Auf 880 Metern rauscht das Wasser aus dem Berg, direkt am Weg. Ich habe den Rucksack abgenommen, mich hingekniet – und dann mußte ich lachen. Einfach so, ein wenig irr und etwas heiser. In diesem Moment schlug die Kirchturmuhr Mitternacht. Dann habe ich getrunken. Liter um Liter, und jede Sekunde kam das Leben zurück, ich konnte leicht aufstehen und laufen, fast locker, über die Brücke zum Stadel, wo wir das Rad hinterlegt hatten. Ein Zettel hing am Baum, die Handschrift meines Bruders: »Wir suchen dich mit der Bergrettung im Lastal, komm in den Gasthof.« Dort ist alles dunkel, kein Licht, kein Auto – wo ist der Sohn und die Schwägerin? Ich läute, die Wirtin öffnet nach längerer Zeit die Tür. »Ja, sind Sie selber gekommen?« – »Ja.« Der Wirt erscheint. Ich erzähle. Dann bitte ich um Trinkbares, bestelle gleich zwei Liter. Anschließend funkt er ins Lastal: »Der Vermißte ischt do, nit verletzt, a bissl kaputt, kemmts zruck.« Der Rest ist rasch erzählt: Der Bruder holte das Auto, die liebe Schwägerin, Lehrerin von Beruf, fuhr mit dem Sohn heim, »... weil sie morgen einen wichtigen Schultag habe ...«. Der Bruder stieg um 23 Uhr mit der Bergrettung ins Lastal, mich zu suchen. Die Schwägerin brachte gegen 22 Uhr Auto und Sohn nach Hause mit der lapidaren Meldung: »Den Hans haben wir leider nicht gefunden, aber sie suchen ihn jetzt.« Um 0.30 Uhr telefonierte ich heim und bat, abgeholt zu werden. Um 1.15 Uhr kam die Rettungsmannschaft zurück. Und von da an wurde gefeiert: Bier, Wein, Lachen, Erzählen – alles gutgegangen. Gegen vier Uhr kam dann die Frau mit dem Auto. Lang war sie unterwegs. Es ging nicht reibungslos: Nach fünf Kilometer lief ihr ein Reh ins Auto. Später ging das Benzin aus. Jemand verkaufte ihr den Inhalt seines Reservekanisters. An einer Tankstelle weckte sie den Inhaber, dann hat sie sich verfahren – von Erpfendorf fuhr sie nach St. Johann, aber nun ist sie da. Ein wenig fassungslos, als sie unsere Runde sieht. Aber immerhin, keiner fehlt.

Diese interessante Felsgestalt steht im SW-Grat des Breithorns.

Diese Mondfinsternis wurde fünfmal auf ein Bild belichtet. Hinten Friedenrat, Hochplatte und Gederer Wand.

Verzauberte Welt, gleißendes Mondlicht auf den weißen Flächen, im Gewirr der rauhreifüberschütteten Bäume. Schneekristalle glänzen, leuchten auf und verglimmen wieder. Leise gleiten die Ski in der Spur. Ich schreite durch eine stille, ja feierliche Welt, allein, die Kameraden sind lange vor mir losgezogen. Es gibt nicht viele

Eine Mondnacht

Nächtlicher Gang zur Hütte durch eine verzauberte Welt

Stunden in den Bergen, an die ich mich lieber erinnere als an diese Anstiege im Mondschein. Nach wenigen Metern führt der Weg in den Hochwald, Schneelasten liegen auf den Ästen der Fichten und Tannen. Da und dort befreit sich ein Zweig von der weißen Schwere, schnellt nach oben, zurück in seine natürliche Lage. Dann rieselt ein Schleier feinsten Staubes nach unten, im Mondlicht glänzend. Es zeichnet labyrinthartige Flecken in den Schnee, geisterhafte Helle auf dem tiefverschneiten Waldboden. Der Weg ist wohlbekannt, die Spur, die die Kameraden gezogen haben, nicht zu verfehlen. Unmerklich wird es heller – der Nadelwald geht über in Buchenbestände. Durch die kahlen Äste kann der Schein des Mondes fast ungehindert den Boden erreichen und zaubert bizarres Netzwerk auf den Schnee. Wenig später bleibt der Wald unvermittelt zurück, die Spur führt auf eine fast ebene Wiese, taghell das Mondlicht. Nur die Schatten sind tiefschwarz. Dieses flache Stück ist eine willkommene Abwechslung, die Felle gleiten gut im lockeren Pulver, vorbei an Bäumen und Steinen. Ein paar Hütten tauchen auf, alle ihre Linien hat der Schnee gerundet, hat sie einbezogen in seine Gestaltung. Hier beginnt der lange, steile Hang,

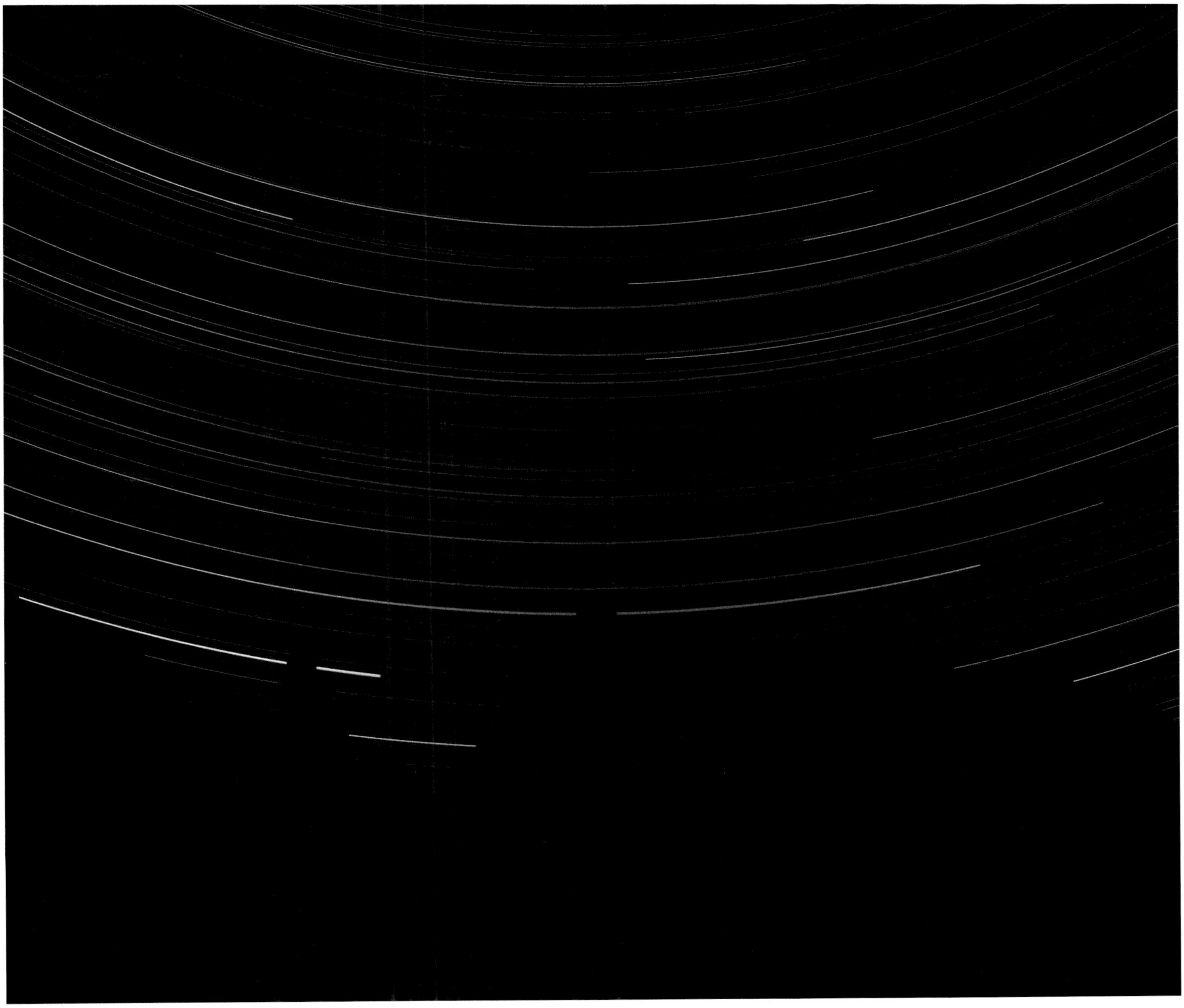

Zweistündige Belichtung der Sterne in den Bergen des Bergell, auf 2500 Meter. Im Vordergrund die Cima del Barbacan.

der oben in das Hochtal führt. Es wird mir warm, der Atem steht wie eine Wolke vor dem Gesicht, und der Schweiß, der die Haare netzt, gefriert. Der bewaldete Rücken gegenüber, der mir bisher die Sicht verstellte, ist nun zurückgeblieben, der Blick dort hinüber wird frei, ein Gewirr von Kämmen und Gipfeln, hintereinander gestaffelt, glänzende Linien und harte Schatten.
Zwei Stunden bin ich nun unterwegs, eine liegt noch vor mir. Die Flanken des Hochtals tauchen auf, die Sicht in die Ferne verstellen latschenbewachsene Flanken. Die Spur führt in vielen Kehren höher, vorbei an Bäumen, die der Sturm gestaltet hat: kaum Äste auf der Westseite, der Stamm nach Osten geneigt. Der Schnee hat sich verändert, die Linien des Windes brachten Konturen auf die Fläche. Die Strukturen werden größer, Zeichen von der Stärke dieses Orkans. Windgangeln heißen wir diese Schneeformen. Sie sind nur mühsam zu fahren. Da heißt es aufpassen, morgen. Nun trete ich auf die weite Fläche, wo jenseits die Hütte steht. Bei Nebel und Sturm bin ich schon Kreise gegangen hier, ohne Anhaltspunkte im milchigen Weiß. In dieser Nacht aber wird mir nichts fehlen, ja, ich sehe sogar ein kleines Licht da drüben. Sicher eine Kerze, die die Freunde ins obere Fenster gestellt haben. Ich freue mich auf den Eintritt in die Hütte, auf die lachenden Gesichter, die Wärme der Stube, auf den dampfenden Tee, die Geborgenheit dieses Refugiums. Dann werden wir zusammen essen, werden erzählen und uns erinnern. Später, wenn eine Flasche Wein auf dem Tisch steht, wird Hermann die Gitarre stimmen und ein paar der alten Weisen spielen, die wir als Buben gesungen haben. Bevor wir in die kalte Kammer hinaufsteigen, die angewärmten Schlafsäcke unter dem Arm, werden wir noch einmal vor die Hütte treten und hinaufsehen zum blanken Sternenhimmel, in dem ein Meer von Lichtpunkten flimmert . . .

Zermatt hat städtischen Charakter, es lebt vom »Horu«.

Zermattfahrt

Vor fünfunddreißig Jahren ist alles ganz anders gewesen

Wieder waren wir, über die Grimsel kommend, das Rhônetal hinuntergefahren, vorüber an den kleinen Dörfern mit den sonnenverbrannten Holzhäusern. Wer weiß sie der Reihe nach? Oberwald, Ulrichen, Geschinen, Münster, Gluringen, Blitzingen, Fiesch. Die Namen wechseln, die Höhenangaben fallen. In Visp haben wir auf dem Paß schon 1600 Höhenmeter verloren. Doch wenig später geht es wieder hinauf, nach Stalden und weiter nach St. Niklaus. – Das Brunegghorn grüßt als erster Gipfel mit seinem glänzenden Firnschild, den ein scharfer, ungemein ausgesetzter Felsgrat begleitet, und dann der Kirchturm von St. Niklaus, dessen Kupferdach in der Sonne funkelt. Rings um das Dorf glänzt und funkelt es ebenfalls, und zwar vom Lack und Chrom der Autos, die hier geparkt sind. In St. Niklaus ist Endstation für Motorfahrzeuge. Ab hier geht es zu Fuß oder mit der Bahn weiter. Als wir in das Dorf einfahren, werden wir von den geschäftstüchtigen Parkplatzbesitzern eingewiesen. Von Fr. 1,– bis 2,50 Abstellgebühr pro Tag haben wir Auswahl, doch wir kennen den Betrieb und auch die Gesichter, winken lachend zurück und fahren hinauf zum Bahnhof. Eine Stunde Zeit für den nächsten Zug nach Zermatt. Wir laden aus, und ich bringe das Auto zu den Parkplätzen hinunter.

Nun sitzen wir unter einem Sonnenschirm der Gaststätte und sehen dem Kommen und Gehen zu. Bergsteiger, Feriengäste und erneut Bergsteiger. Immer wieder kommen weitere mit den Autos, angespannt von langer Fahrt, von den Wartenden kritisch gemustert. Die Bergsteiger besitzen einen ungeschriebenen Codex, nach dessen Regeln ein geschultes Auge sogleich die Nationalität und in etwa auch Erfahrung und Können feststellt: hier eine Gruppe Schweizer mit sandgelben Rucksäcken und naturfarbenen Lederschuhen. Sie diskutieren gelassen und mit gedämpften Stimmen. Man spürt es: Sie sind hier zu Hause, das ist ihre Heimat. Aus einem Wagen österreichischer Herkunft winden sich vier verwegene Gestalten, und eine Unmenge Ausrüstung folgt. Hier ist für länger geplant worden, denn als Seil, Pickel und Steigeisen verstaut, die Säcke ganz gepackt sind, denke ich mit Schaudern an die Stunden, die sie unter der heißen Walliser Sonne bergauf getragen werden müssen. Dem Postbus von Grächen entsteigen ein paar Franzosen mit bärtigen und gebräunten Gesichtern: Sie haben bereits etwas erlebt, haben vielleicht die hohen Gipfel der Mischabel überschritten, den Nadelgrat; die Schuhe, weiß von Staub, sind abgenützt. Ihre farbige Ausrüstung fällt auf: knallrote Jacken, blaue Rucksäcke, gelbe Strümpfe. Daß sie ihr Fach verstehen, zeigen ihre Steigeisen und Pickel, die deutliche Spuren des Gebrauchs aufweisen.

Und dann kommen die Züge, erst der von Zermatt. Bremsen kreischen, und in Sekunden verdoppelt sich das Gewirr auf dem Platz. Wieder Bergsteiger, sonnenverbrannt, die Augen noch glänzend vom Erlebten, dazu Urlauber, Deutsche, Niederländer, Japaner mit hochroten Köpfen und Beinen, mit Spazierstöcken, Fotoapparaten und riesigen Sonnenbrillen. Die Luft ist erfüllt von Stimmen und Geräuschen. Wie in einem Bienenstock geht es zu.

Nun fährt auch unser Zug in den Bahnhof ein. Obwohl durch den Lautsprecher mehrmals ein Entlastungskurs angekündigt wird, stürmen die Zermattreisenden alle auf die bereits gutbesetzten Waggons, auch wir. Mit unseren sperrigen Säcken und Pickeln haben wir uns zwischen der Lok und dem ersten Waggon »niedergelassen« und fahren nun hinein ins enge Tal der Vispa, lachend, hemdsärmlig und voll Freude auf das Kommende.

▲ *Zu den großen und begehrten Zielen um Zermatt gehört für die Bergsteiger das 4505 Meter hohe Walliser Weißhorn.*

▼ *Das gleiche gilt für die massige Gestalt des Liskamm, dessen 4525 Meter hoher Kamm vergletschert ist.*

Ein Glück, die Hochdrucklage, die nun schon eine Woche lang wie eine Glasglocke über den Alpen lag, würde sich auch die kommenden Tage noch halten. Wir durften am Finsteraarhorn auf beste Verhältnisse hoffen. Ein Jahr zuvor hatte es Anfang September stark geschneit, was uns bewog, auf einer Fahrt in die Berner Alpen die Ski mitzunehmen. Kein schlechter Entschluß, wie sich zeigte: Vom Beginn des Oberaargletschers an erlebten wir eine unvergeßliche Skitour am Ende des Sommers. Wolkenloser Himmel, endlose Sicht, leicht aufgefirnte Gletscherflächen und totale Einsamkeit. Obwohl ich weiß, daß seit langem kein Schnee gefallen ist, werfen wir die Ski ins Auto, doch als wir am Mittag dieses Tages an der Oberaarstaumauer das Auto abstellen und den gesamten Gletscher überblicken können, müssen wir feststellen, daß die Schneegrenze etwa auf 3000 Meter liegt. Der Gletscher zeigt sich grau von Staub und Steinen. Die Spalten sind alle offen, und es gibt ihrer nicht wenige hier. Die technische Umstellung von Ski- zu Sommertour war also rasch vollzogen, Ski und Zubehör blieben im Auto, und wenig später schritten wir mit unternehmungslustigen Gesichtern zügig über die Mauer. Ein großer Tag. Ich fühle mich gut, bin mir sicher. Das Wetter makellos, blendende Verhältnisse, hochgestimmte Gedanken – aber es ist mir bewußt, wie wenig es braucht, um dieses Bild zu verändern. Ein leidiges Problem, das den Menschen ein Leben lang verfolgt, ist die Vergeßlichkeit. Deshalb überlege ich, was wir an Ausrüstung dabei haben. Es ist alles im Rucksack: Biwaksack, Stirnlampe, Reepschnüre, Steigeisen, Schrauben, Haken, Karabiner – ja, und das Seil! Der Kamerad hat es auf dem Rucksack, noch so, wie ich es gestern gekauft habe, und damit hat mein alter Strick ausgedient, mein Begleiter über zehn Jahre, über alle Viertausender der Schweiz, auch am Finsteraarhorn war es. Heute bin ich zum dritten Mal unterwegs zum höchsten Punkt der Berner Alpen. Das neue Seil, ein knallroter Faden, zehn Millimeter stark, 40 Meter lang. Was werde ich wohl alles erleben mit ihm? Werde ich es einmal brauchen? Wird es halten, wenn es darauf ankommt? Doch stop! Wo hat der Freund denn seinen Pickel? Vergessen, im Auto liegt

Ein Spaltensturz

Auf dem Oberaargletscher: Die Summe der Erfahrung ohne Konsequenzen

er. Wir werden ihn brauchen, also zurück im Laufschritt. Um möglichst wenig Zeit zu verlieren, nehme ich seinen Rucksack, lege ihn quer auf meinen und gehe weiter, dem See entlang, auf den Gletscher zu.

Wie bin ich glücklich, hier zu sein, wie freue ich mich auf den morgigen Tag, wie liebe ich dieses Bild, die langen, scharfen Kämme aus Grimselgranit, die den Gletscher fassen. Auch der See, wenngleich keine Schöpfung der Natur, stört mich nicht. Mit den lichtdurchfluteten Eistrümmern, die majestätisch und ruhig im Wasser liegen, verleiht er dieser Landschaft etwas Arktisches. Da vorn der hohe Abbruch, wo der Gletscher kalbt und das Eis, das Hunderte von Jahren unterwegs war vom Joch herunter. Nun wird es wieder zu Wasser. Der Übertritt auf den Gletscher ist abrupt. Nur wenige Meter sind es von den schon herbstlichen Grasfluren am Rand des Sees auf das graue Eis. Auch gedanklich will dieser Wechsel vollzogen werden, denn in diesen wenigen Schritten hat sich die Welt verändert: Steine, dunkles Eis, Wasser, das in zahllosen Rinnsalen zu Tal fließt und Spalten, vom handbreiten Riß bis zu Löchern, in denen ein Lastwagen verschwinden könnte. Eine Stunde etwa bin ich mit den beiden Lasten gegangen, da holt mich der Freund wieder ein. Er ist gerannt und außer Atem, doch wir gönnen uns jetzt keine Rast. Viele Steine sind durch die vom Sonnenlicht gespeicherte Wärme in das Eis gesunken, haben ein Loch geschaffen, in dem das Wasser steht. Die meisten von ihnen sind schon zerfallen, sind wieder Sand geworden durch den anhaltenden Wechsel von Kälte und Wärme. Wie ein offenes Buch das Werden und Vergehen der Natur. So also entsteht das Sandkorn aus Granitbrocken, die in menschlichen Begriffen wie für die Ewigkeit bestimmt sind. Oft bin ich schon über dieses weite Eisfeld gegangen, das sich in drei großen Wellen vom See, 2300 Meter, zum Joch, 3200 Meter, emporzieht – hinauf zur alpinen Wasserscheide von Mittelmeer und Atlantik, zum Oberaarjoch, wo die Wasser der Aare und der Rhône ihren Anfang nehmen. Wir kommen gut vorwärts, wir gehen rasch, denn es liegt ja noch eine weite Reise vor uns: übers Oberaarjoch und den Studerfirn zur Gemslücke, hinab zum Fieschergletscher und hinauf zur Finsteraarhütte. Beim Umgehen der Hindernisse sind wir ein wenig auseinandergeraten. Immer wieder müssen wir Umwege gehen oder Risse überspringen. Wer findet die bessere Route, wer kommt rascher voran? Bei dreitausend Meter beginnt der Schnee, der nun die Spalten verdeckt. Damit wächst die Gefahr, die ich nicht wahrhaben will, obgleich die innere Stimme mahnt: anseilen, Spalten sind Falltüren in den Tod, wenn sie mit Schnee getarnt sind. Doch wir wollen unseren Rhythmus nicht unterbrechen, den Auftrieb nicht bremsen. Oben am Joch wird ohnehin angeseilt. Der Freund, fünzig Meter neben mir, folgt übrigens einer alten, gerade noch erkennbaren Spur, und ich gehe seit über zwanzig Jahren über die Gletscher, mir ist noch nie etwas passiert, auch auf dem Oberaargletscher war ich sicher ein Dutzend Mal. Der Freund weiß dies, er verläßt sich auf mich, ich werde es sicher sagen, wenn es gefährlich wird. Wir gehen seit drei Jahren zusammen, haben ganz gemächlich begonnen mit Wan-

◀ *Der in zahllose Spalten zerrissene Mominggletscher.*

derungen, ein wenig Klettern und Skitouren, einige Male waren wir auf vergletscherten Bergen. Morgen soll das Finsteraarhorn sein erster Viertausender sein. Ein gutes Motiv übrigens, wie er so allein in dieser weiten lichten Schneelandschaft dahingeht. Ich werde ihn fotografieren, deshalb muß er nicht stehenbleiben. Rucksack herunter, Kamera heraus, Belichtungszeit, Blende, Entfernung, jetzt sehe ich ihn im Sucher, drücke den Auslöser. Das vertraute Geräusch, der Spiegel schwingt nach oben, das Bild ist weg. Die Augen gleiten wieder hinaus auf die gleißende Schneefläche – und da sehe ich ihn die Arme in die Luft werfen, er fällt, und dann ist die Fläche ohne ihn, leer. Ich bin erstarrt, und doch hellwach. Die Gedanken bündeln sich, jagen sich wie rasend. Jetzt ist es so weit, es hat mich eingeholt, das, was ich im Unterbewußtsein so lange erwartet habe, und ich habe es herausgefordert. All die viele Erfahrung hat mir nichts genützt, sie hat mich eher eingelullt, mir eine trügerische Sicherheit vorgegaukelt, und ich bin ihr erlegen. Der Krug geht solang zum Brunnen ... Herrgott, das überlebt er nicht, hier gibt es Löcher, über hundert Meter tief. Was werde ich seiner Frau, seinen drei Kindern sagen ... Ich muß endlich handeln, losrennen, nein, jetzt nicht schon wieder einen Fehler, Vorsicht jetzt, ich kann genau wie er in eine Spalte fallen. Dann bin ich am Loch, sondiere mit dem Pickel, nehme den Rucksack ab und bewege mich vorsichtig auf die Öffnung zu. Dunkelheit, ich reiße die Brille herunter, halte den Atem an, lausche in die Finsternis. Von tief unten ein leises Stöhnen. Noch lebt er! Ich brülle hinunter und kann ihn nun erkennen: Verkehrt, den Kopf nach unten ist er in einer V-Spalte verkeilt. Rechts von ihm geht es weiter hinab, er ist in einer äußerst gefährlichen Lage. Nun antwortet er. Er kann sich nicht drehen, kann kaum atmen, Blut rinnt ihm in die Augen. Immer wieder Stöhnen. Was tun, was tun? Kein Seil, er hat es ja im Rucksack ... Es dreht sich alles vor mir. Mühsam reiße ich mich zusammen, rede auf ihn ein: »Du mußt dich drehen ... probier es noch einmal ... ich kann dir nicht helfen ...« Ich beschwöre ihn laut, dann wieder mit erzwungener Ruhe. Und tatsächlich, er vollbringt einen Energieakt, dreht sich und kann dann auf einen kleinen Absatz steigen. Er atmet schwer, über die Stirn rinnt Blut aus einer großen Wunde. Sein Hemd ist naß, er zittert vor Kälte, deshalb werfe ich ihm meine Daunenjacke nach unten und bitte ihn um größte Vorsicht bei jeder Bewegung, denn unter ihm geht es weiter hinunter in die sich verbreiternde Spalte, in ein schwarz gähnendes Loch. Um mehr Licht dort hinunter zu bringen, schlage ich mit dem Pickel einen Graben in die Schneedecke, öffne die Spalte nach links, wo sie sich nach oben verengt. Dann muß ich irgendwie an das Seil kommen, es befindet sich ja mit ihm unten in der Spalte. Die zwei Reepschnüre von fünf Metern Länge reichen bei weitem nicht. Schuhbänder heraus, die Rucksackschnur – immer noch zu kurz. Vier Karabiner zu einer Kette, alles an den Pickel gebunden, den Arm tief in der Spalte, jetzt reicht es, er klinkt das Seil in den Karabiner, langsam, doch mit voller Konzentration. Dann ziehe ich alles wieder nach oben. Es darf mir nichts aus der Hand gleiten, nur jetzt keinen Fehler mehr. In hektischer Eile sondiere ich mit dem Pickel das Terrain neben der Spalte. Es scheint sicher, es sind keine weiteren Spalten in der Nähe. Mit den Händen kratze ich den Schnee beiseite, lege mit dem Pickel das Eis frei, drehe zwei Schrauben hinein, befestige das Seil und werfe ihm das andere Ende hinab. Mit mühevollen Bewegungen seilt er sich an. Jetzt kann er nicht mehr weiter fallen. Nun muß er die Steigeisen anziehen. Jede einzelne Bewegung sage ich ihm in die Tiefe, wortlos und unendlich langsam, wie es mir scheint befolgt er alle Anweisungen. Er friert dort unten, mir ist heiß, ich bin in Schweiß gebadet. Um mich eine prachtvolle Landschaft, grandioses Hochgebirge, blendende Kulissen unter blauem Himmel. Ich registriere dies alles und empfinde es wie Hohn. Am Seil lasse ich ihm die zwei Reepschnüre als Prusikschlingen hinabgleiten. Langsam und mit mühsam beherrschter Stimme erkläre ich ihm, wie es geht, doch er hat sich noch nie mit Prusikschlingen befaßt, und die Kraft fehlt ihm auch. Seine Schulter schmerzt, er kann den Arm kaum einsetzen. Herrgott, schon eine Stunde ist er dort unten, er ist durchnäßt und blutet. Ich gerate langsam in Panik, was tun? Plötzlich kommt mir ein Gedanke: Die Spalte verengt sich nach links und führt steil nach oben. Ihr Beginn ist etwa dreißig Meter neben mir. Wie rasend schlage ich mit dem Pickel die Schneedecke ein und lege den sich verengenden Riß ganz frei. Ja, so bringe ich ihn heraus, ein Glück! Am Ende der Spalte eine Schraube ins Eis, das Seil dorthin, dann kann ich ziehen – und es geht. Nach und nach ringelt sich das neue Seil neben mir, dann erscheint ein zerschundenes Gesicht, blutige Haare, ein tiefer Seufzer der Erleichterung, dann liegt er zitternd auf dem Biwaksack. Ich koche Tee, lasse ihm Zeit für eine kleine Erholung. Vom Joch herunter kommt eine Seilschaft, ein Sanitäter ist dabei. Kopf und Schulter werden fachmännisch verbunden. Dann beginnen wir den Abstieg, bedächtig, vorsichtig, mit vielen Rasten. Es folgt die Fahrt den Grimsel hinab, ins nächste Krankenhaus, Anruf bei seiner Frau, endloses Warten in der Notfallstation. Samstagabend, es herrscht Hochbetrieb, und es gibt Schlimmeres. Dann kommt er wieder in den Warteraum, in Binden gehüllt, Schulter und Arm geschient. Die Schulter ist gebrochen, er hat eine Gehirnerschütterung, das Trommelfell ist verletzt – er lächelt. Draußen wölbt sich ein klarer Sternenhimmel über das Land. Ich bin innerlich vollkommen zerrisssen, die Gedanken drehen sich im Kreis. Eine Kleinigkeit ... Nur eine Kleinigkeit?

◀ *Die Moräne zeigt, wie mächtig der Moirygletscher war.*

Im Süden der ausgedehnten Eisflächen, die den Großvenediger und seine Trabanten umgeben, erhebt sich ein mächtiger Felskamm, dessen höchste Erhebung der Eicham ist. Dieser vielfach gegliederte Gratverlauf, flankiert vom Frosnitztal im Norden und dem Virgental im Süden, trägt eine Reihe markanter Gipfel, zu deren Füßen mehrere kleine Gletscher eingelagert sind.
Die Wetterdienste melden Gewitter, doch dieser Sommertag beginnt wolkenlos, klar und kühl. Schon am frühen Vormittag durchfahren wir den Felbertauern, verlassen den Strom des nach Süden rollenden Verkehrs bei Matrei, fahren ins Virgental und biegen bald ab nach Marin, 1400 m, einem idyllischen Weiler oberhalb von Virgen. Hier beginnt der lange Weg zur Bonn-Matreier-Hütte, 2750 m, zuerst als Kreuzweg zur 200 Meter höher gelegenen Allerheiligenkapelle, dann als

Blitz und Donner

Von der Bonn-Matreier Hütte über die Säulspitze auf den Eicham

einfacher alter Pfad zur Gottschaunalm, 1945 m. Die Sonne brennt mit aller Kraft in diesen Südhang, kein Lufthauch regt sich, der Wald duftet, Insekten summen, Schmetterlinge fliegen; und überall Blumen. Unter den Ästen der großen alten Lärchenbäume stehen Pilze – braune, violette und rote. An der Alm, die geradezu auf eine Aussichtskanzel gebaut wurde, wendet sich der Weg ins Kleine Nilltal, doch bevor der Talboden erreicht wird, geht es steil höher in den ausgedehnten grünen Kessel der Kleinen Nillalpe. Gegenüber, jenseits des Virgentals, haben sich unterdessen die vielen hellen Kumuluswolken urplötzlich zu einer dunklen Gewitterfront zusammengeschlossen, und schon rollt der Donner. Auch die gezackten Grate über uns werden nun vom Nebel eingehüllt. Aber der starke Wind teilt die Wolken fortwährend, und so erreichen wir völlig trocken nach gut vier Stunden die Hütte. Sie ist zwar nicht überbelegt, doch fehlen noch zwei größere Gruppen: Aus diesem Grund will uns die Wirtin das völlig leere Dachzimmer nicht geben. Dies sei seit langem vorbestellt, eine Gruppe Holländer erwarte sie. Nun, da sind wir aber gespannt, ob die heute noch kommen werden, bei dem Wetter, denn nun ist das Gewitter da und es regnet in Strömen, es schüttet vom Himmel. Es ist dunkel geworden, Blitze zucken, peitschend kracht der Donner, auf das Dach trommeln Hagelkörner.
In der Hütte ist es nun gemütlich, der Tee dampft, wir freuen uns auf Kaiserschmarrn mit Apfelmus, und die Aussichten, daß wir das schöne Zimmer im Dachboden erhalten, steigen mit jedem Liter des niederrauschenden Regenwassers – wer sollte jetzt noch kommen?
Das Gewitter dauert nun schon Stunden, wir haben die Dachkammer erhalten und können hinübersehen zur anderen Talseite, in die Lasörlinggruppe, wo das Gewit-

Ein Blitz schlägt in den Großen Zunig (Osttirol).

ter weitertobt. Ein idealer Platz auch zum Fotografieren, ich brauchte die Kamera nur auf das Fensterbrett zu legen und auf Blitze zu hoffen. Und die kommen auch. Kilometerweit zucken sie von Wolke zu Wolke, und dann schlägt ein ganz gewaltiger in den Gipfel des Großen Zunig. Der Donner braucht lange Sekunden, bis er hier eintrifft. Ein großartiges Schauspiel, ein wahres Spektakel.

Klaus ist am Morgen der erste am Fenster, er meldet: »Schön!« Umgehend kommt Bewegung in die Lager. Es ist dunkel. Alle anderen schlafen noch, doch ich bin nicht besonders leise, da die beiden Gruppen aus Wien und eine weitere aus Holland gestern bis Mitternacht mit Gesang Lärm verursacht haben – irgendwie muß ja ein Gleichgewicht geschaffen werden. Als wir die Hütte verlassen, färbt gerade ein roter Schimmer den Horizont, der sich über dem schartigen Felskamm auftut. Die Spitzen der Felsen ragen scherenschnittartig in diese Kulisse. Wir wollen die Säulspitze überschreiten, das Nillkees queren, um über den Südgrat auf den Eicham zu gelangen. Auf den Blockfeldern und Altschneeflächen haben wir plötzlich Schwierigkeiten, denn der nächtliche Regen ist hier zu einer spiegelglatten Eisschicht gefroren.

Mittlerweile ist es Tag geworden. Ein scharfer Wind jagt Wolkenfetzen über den Grat, die Sicht ertrinkt nach wenigen Kilometern im Dunst. Das Gehen in der Sandflanke ist mühsam; das ändert sich erst am Grat. Die Säulspitze wird überschritten, wir verweilen nicht am Gipfel. Doch, welche Freude, das Wetter bessert sich, obwohl im Westen eine geschlossene Front heranzieht. Der Eicham mit seinen grauen Felsfluchten hat sich jetzt vor uns aufgebaut, ebenso grau das Nillkees, das wir nun mit Steigeisen queren, hinüber zum Punkt 3125. Hier setzt der unschwierige Südgrat an, zuerst als Blockhang, später ein luftiger Grat, und zum Schluß führt ein Band durch die Südostwand zum Gipfel. Der unangenehme Wind ist abgeflaut, die Sonne setzt sich durch, wir turnen über die Blöcke zum Grat hinauf, seilen an und klettern dem Gipfel zu.

Das gestrige Gewitter ist sicher nicht unschuldig an der himmlischen Ruhe. Der Blick nach Westen, auf Venediger und Trabanten, bleibt bis zum letzten Meter verborgen, erst am Gipfelkreuz wird die zweite Hälfte des Panoramas sichtbar. Venediger, Rainer Horn, Hoher Zaun, Kristallwand und davor die Weißspitze. Gegenüber der Hexenkopf und seine bratschigen Flanken – sicher ein höchst gefährlicher Berg, dieses Bauwerk aus Trümmern. Dort unten auf dem Nillkees kriecht jetzt ein vielbeiniger Wurm – die Holländer sind's und ihr Bergführer. Er hat sie sauber aufgefädelt und führt sie nun den Blockgrat herauf, für uns das Zeichen aufzubrechen, denn der Gipfel ist für uns fünf schon fast zu klein. Wir turnen hinab, springen über die Blöcke und fahren über den Schnee des Nillkeeses ab, hinunter in den Sandboden.

Erst die Fotografie zeigt die genauen Strukturen der Blitze.

Doch zwischen Kees und Boden befindet sich eine Steilstufe; bei Schnee weist sie wenig Schwierigkeiten auf, aber heute, ohne Schnee, will sie mit Vorsicht genossen sein. Lockere Steine, wasserüberronnene Felsen und Steilstufen verlangen noch ein wenig Aufmerksamkeit, bis wir im Schutt des Sandbodens gemütlich zum Venediger-Höhenweg absteigen. Wir folgen ihm nicht, sondern nehmen den Steig hinab ins grüne Nilltal mit seinen Weiden, Zäunen und Alphütten, den schäumenden Bächen, an deren Rändern die Blumen im Wind wippen.

Zwei Tage in Osttirol liegen hinter uns, zwei Tage in einem Bergland, das wie kaum ein anderes Stück Österreich geeignet wäre, möglichst unzerstört weitergereicht zu werden an folgende Generationen. Aufbewahrt als Beweis, wie es einmal war, wie es hätte sein können, bevor der Mensch ohne Not und nur zum Nutzen einzelner dieses Land zu zerstören begann.

Polvere di Limone

So ergeht es dem, der die Landessprache nicht beherrscht

Der Abstieg vom Monte Masoni (Bergamasker Alpen) führte uns durch eine frühlingshafte Landschaft. Blumen blühten in allen Winkeln, Schmelzwasser hüpfte über die braunen Granitfelsen. Die Wärme, die von diesem Südhang aufstieg, hatte bauschige Kumuluswolken über die Berge gezaubert, und unser gestriges Ziel, den Monte Aga, umhüllten weiße Nebel. Sie kamen langsam zu uns herübergezogen, doch es war kein düsteres Grau, nein, strahlende Helligkeit umgab uns, es blieb warm und licht. Als wir von Carona, dem obersten Ort im Val Brembana, talaus fuhren, war das kein Abschied, sondern nur ein Wechsel der Kulissen, denn es war beabsichtigt, vom Urgestein in den Kalk der Bergamasker Alpen zu wechseln. Heute abend sollte unser kleines Zelt noch am Monte Alben stehen, dessen Blumenreichtum sagenhaft ist.

Hinüber also in die Kalkberge. Das bedeutete auch etwas Wichtiges: Dort gibt es mit Sicherheit kein Wasser. Wir müssen also vorsorgen. In den vergangenen Tagen hatten wir Wasser im Überfluß, auf Schritt und Tritt war es zu sehen und zu hören. Aber es war eben das blanke Wasser, klar, kühl, geschmacklos. Wir hatten es zwei Tage lang so getrunken, ohne Sirup und ohne Brausepulver, so wie es aus dem Schnee kam. Das sollte am Monte Alben anders werden, das Wasser dort drüben sollte besser schmecken, beim Einkauf mußten wir unbedingt an Brausepulver denken. Ein sauberes kleines Geschäft in San Giovanni Bianco erfüllte alle unsere Wünsche: vier Sorten Käse, Butter, Salami, Orangen, Zitronen, Zucker, Tee – Brausepulver aber fanden wir nicht. Der Patron begriff zwar, daß wir Tedesci waren und nur wenige Worte Italienisch beherrschten, aber das Wort »Brausepulver« hatte er sicher noch nie gehört. Da hatte ich eine Eingebung: Pulver heißt Polvere – für Brause fiel mir nichts ein. Doch, halt, wie heißt Zitrone, der Oberbegriff für Limonade? Richtig! »Limone«. Schon konnte ich es ausdrücken: »Polvere di Limone, prego.« Sofort wußte der Herr des Ladens Bescheid: »Va bene«. Aber es waren keine kleinen Tüten, wie wir sie zu Hause kaufen konnten, dieses Polvere befand sich in einer ganz gewaltigen Familienpackung. »No, piccolo«, ließ ich mich vernehmen. Das gab es auch, also jeder eine Packung und weiter das Valle Brembana talaus, bis San Pellegrino, wo sich die große Limonadenfabrik befindet – eine Riesenanlage für den Durst der Italiener. Wir bogen nach Osten ab ins Val Seriana. Eine Schlucht nahm uns auf, dann stieg die Straße in steilen Windungen hinauf nach Serina und weiter nach Cornalba am Fuß unseres Berges. Überhängende Kalkmauern bedrohen dieses Dorf, in dessen Gassen die Kinder spielten. Als wir einen geeigneten Parkplatz gefunden hatten, war die Jugend dieser Siedlung um unser Auto versammelt und betrachtete mit offenen Mäulern das seltsame Tun der Fremden. Einem Mädchen hielt ich meine leere Wasserflasche entgegen und sagte: »Acqua, prego.« Wie der Blitz war sie weg, und den andern war anzusehen, daß sie ebenfalls zu gern nach Wasser gerannt wären, aber ich hatte nur diese eine Flasche.

Eine alte Frau wies uns den Weg. Er begann mit einer langen, ebenen Querung am Fuß des Berges entlang, bis er sich in einem steinigen Bachbett nach oben wand. Hier bereits fing es zu dämmern an. Die Hitze des Tages hatte sich in den Baumkronen gestaut und uns in Schweiß gebadet. Wir hatten Durst, aber wir mußten sparen, denn wir wußten nicht, wann wir wieder auf Wasser treffen würden. Wasser ganz anderer Sorte aber kündigte sich in fernem Donnern an – ein Gewitter. Noch bevor es den Monte Alben erreichte, brauchten wir ein paar ebene Meter für unser Zelt. Aber dann wurde der Durst doch übermächtig. Rucksack herunter, Flasche heraus, Brausepulver in den Becher, Wasser drauf – hei, wie das schäumte – und mit Schwung in die trockene Kehle . . . Ein ächzendes, würgendes Geräusch folgte, ich ging in die Knie, ließ Becher und Flasche fallen und spie aus Leibeskräften alles aus dem Mund, den ein grauenvoller Geschmack füllte. Und dazu schäumte dieses Pulver, daß ich glaubte, es würde mir den Hals zerreißen. Willi kam erschrocken die paar Schritte herüber, hielt mir seine Wasserflasche entgegen und rief: »Ausspülen, ausspülen!« Das tat ich vier-, fünfmal. Dann konnte ich wieder atmen. »Was war los?« Ich griff nach dem Polvere, und im Licht der Taschenlampe sah ich ganz deutlich die Hälfte einer großen Zitrone über einem blitzenden Glas – ganz unscheinbar im Hintergrund aber war eine Geschirrspülmaschine zu sehen und auf der Rückseite wurde in bunten Bildern der Waschvorgang beschrieben. Das war Waschpulver. Ich brauchte es gar nicht zu lesen, der ekelhafte Geschmack im Mund sagte das mehr als deutlich. Währenddessen war das Gewitter nähergekommen, schwere Tropfen fielen auf das Laubdach, das uns noch überwölbte. In höchster Eile packten wir den Rucksack, aber wo sollten wir in der Dunkelheit hin? Deshalb heraus mit dem Biwaksack und dem Zelt. So hatte jeder seine wasserdichte, aber unbequeme Haut. Es wurde eine unruhige Nacht. Drei Gewitter entluden sich über unserem engen Tal. Wir lagen auf dem Weg und das Wasser fand schließlich überallhin. Am Morgen dann haben wir das Polvere beerdigt, ein Loch gegraben und darin versenkt: eine Packung ungeöffnet und eine, aus der ein halber Becher fehlte.

◄ *Wasser ist in den Urgesteinsbergen im Überfluß vorhanden.*

»Die Clubhütten dürfen ihrem Zweck nicht entfremdet werden ...« (Artikel 25 der Zentralstatuten des Schweizer Alpen-Clubs). Was werden sie sich wohl gedacht haben bei diesem Satz, die Väter und Gründer des SAC? Und wie würden sie diesen Punkt heute formulieren, zu Zeiten, in denen der Tourismus weltweit die Nummer eins im Wachstum ist?
Den Schweizer Hütten geht ein guter Ruf voraus. Die Bergsteiger aus Deutschland und Österreich fühlen sich in den eidgenössischen Unterkünften besser aufgehoben als in den heimatlichen Hütten. Der bewußte Ver-

Schweizer Hütten

»Die Clubhütten dürfen ihrem Zweck nicht entfremdet werden ...«

zicht auf Komfort, einfaches berggemäßes Leben und die Möglichkeit, auch auf der Hütte autark zu bleiben – selbst zu kochen, nicht konsumieren zu müssen, aus dem eigenen Rucksack zu leben und dabei nicht schief angesehen zu werden, das sind Punkte, die Gewicht haben. Und noch etwas: Die Frage nach den Öffnungszeiten stellt sich auf Schweizer Hütten nicht, die Hütte ist offen, immer, zu jeder Zeit. Sie soll für den, der sie aufsucht, eine Zufluchtsstätte sein und kein gewinnbringendes Wirtshaus für die Sektion. Ein »Winterraum« und der dazugehörige ominöse Schlüssel, wie sie im Ostalpenraum üblich sind, können vergessen werden. An vielen Hütten ist dies eindrucksvoll demonstriert: Die Haustür hat kein Schlüsselloch, ergo fehlt auch das Schloß. Im Innern der Häuser das gleiche: offene Küche, offene Schlafräume, offenes Gastzimmer. Der einzige verschlossene Raum ist das Zimmer des Hüttenwirts. Diese Art der Bewirtschaftung setzt natürlich auch entsprechendes Verhalten der Gäste voraus. Ein wenig Clubgeist und hausväterliches Handeln ersetzen das übliche Gast-/Bedienungsverhältnis. Es ist mir öfter passiert, daß der Hüttenwirt am Abend in der Gaststube nach Hilfe fragte, zum Abspülen, zum Holzmachen, zum Wassertragen, zum Büchsenstauchen. Aber der Alpinismus gewinnt immer mehr Freunde, die Hüttenbesucher werden mehr, vor allem die Gruppen, geführt, pauschal bezahlt, alles inbegriffen – auch die Nichtleistung. Die Möglichkeiten, an den Gästen zu verdienen, werden besser. Für den Wirt lohnen sich in Zeiten der Wander- oder Skisaison Angestellte. Die großen SAC-Hütten des Engadins, der Berner und Walliser Alpen unterscheiden sich kaum mehr von den Unter-

künften der Ostalpen, die wie Gasthäuser oder wie Hotels geführt werden, mit der betriebswirtschaftlichen Vorgabe, daß die Gäste eine abzufütternde, abzukassierende Menge sind, die diese Vorgänge möglichst rasch durchlaufen soll, da weitere große Gruppen angekündigt sind, die Vollpension gebucht haben. Natürlich hat auch in der Schweiz ein Hüttenwirt an einem hüttenbesuchenden Kegelklub wesentlich mehr Interesse als an zwei Einzelbergsteigern, die um 22 Uhr Hüttenruhe verlangen und um drei Uhr morgens auf Teewasser warten. Es ist für den Hüttenwirt nicht leicht: Eine Gruppe Mitglieder hat sich angemeldet, sie wollen auf einen Gipfel, doch nur, wenn das Wetter dies zuläßt. Zugleich meldet sich ein Verein an, ein Kegelklub etwa, der schon öfter auf der Hütte war, dessen Mitglieder nur die Hüttenatmosphäre suchen, die längst mit dem Hüttenweg ausgelastet und zufrieden sind, die angekündigt haben, bei jedem Wetter zu erscheinen. Zudem sitzt ihnen der Rubel locker, sie haben nicht geringen Durst und Hunger, konsumieren also. Für beide Gruppen ist nicht Platz, denn das Reglement sagt zusätzlich, daß der Wirt einen Prozentsatz aller Plätze noch bis 20 Uhr für eventuell noch eintreffende Einzelmitglieder bereithalten soll. Es ist mehr als verständlich, wenn die Entscheidung des Hüttenwirts zugunsten des Kegelklubs ausfällt. Vielerorts sind die Plätze auf den Hütten in den Sommermonaten lang voraus restlos ausgebucht, ein unerfreulicher Zustand, der im Gegensatz zu den Statuten steht. Ein unangemeldeter Einzelbergsteiger hat dann kaum mehr eine Chance für ein Nachtlager. All dies ist Anlaß für endlosen Ärger zwischen Besuchern und Hüttenwirten, dargestellt in Briefen an die Sektionsleitung und im Monatsbulletin des SAC.
Wer an Wochenenden im Sommer bei gutem Wetterbericht unangemeldet in Häusern übernachten will wie Tschiervahütte, Blüemlisalphütte, Konkordiahütte oder Monte-Rosa-Hütte, rechnet am besten gleich mit Notlager oder bringt sich Unterlage und Schlafsack mit, um eventuell in Gaststube, Gang oder Holzhütte zu kampieren. Doch für all jene, für die Name und Höhe der Berge nicht (mehr) das Hauptkriterium bilden, gibt es schon noch ein paar Möglichkeiten, urwüchsige Schweizer Hütten zu erleben, Hütten, in denen die Zeit wahrhaftig stillgestanden ist, die seit Jahrzehnten nicht vergrößert wurden. Nur – viele sind es nicht mehr.

Vom Leben in SAC-Hütten

Holz. Das Holz zum Feuern ist das persönliche Eigentum des Hüttenwirts, er hat es gekauft, oft genug auch selbst gefällt, gesägt und gekloben, und vor allem, er hat es auf seine Kosten herauftransportieren lassen, meist mit dem teuersten Transportmittel, dem Helikopter. Und es hat deshalb seinen Preis. Die Holztaxe ist in jeder Hütte angegeben, meist in drei Sprachen. Sie ist immer zu bezahlen, gleichgültig, ob der Wirt auf der Hütte ist oder nicht. Brennholz liegt auf den Schweizer Hütten in zwei Formen bereit: als abgepackte Bündel oder für einen Pauschalbetrag pro Person und Tag (also gewissermaßen unbeschränkt verfügbar). Der erste Fall erzieht zum Sparen, der andere zum Verbrauch. Wenn ein Bündel Holz zehn Franken kostet, können vier Personen damit ohne weiteres ihr Frühstück oder ihr Abendessen zubereiten (wenn das Wasser nicht vorher aus dem Schnee geschmolzen werden muß). Auch zum Wärmen fällt etwas ab. Ist die Holztaxe pro Person und Tag ebenfalls auf zehn Franken festgesetzt, regt dies zumeist nicht zum Sparen an, und es wird nach Belieben geheizt. Der Hüttenwirt ist verpflichtet, in der nichtbewarteten Zeit einen Holzvorrat in der Hütte bereitzuhalten. Er kalkuliert mit seinem Erfahrungswert und ist auf die Ehrlichkeit, ja auch auf die Großzügigkeit seiner Besucher angewiesen. Oft genug wird dieses Vertrauen auch mißbraucht, wenn sich Besucher nicht ins Hüttenbuch eintragen, wenn sie weniger Tage angeben, als sie tatsächlich auf der Hütte verbracht haben, wenn Holzscheite aus nicht bezahlten Bündeln gezogen werden ... Ich habe solche Formen des Diebstahls mehrfach erlebt und mich dagegen gewehrt. Ich

◀ *Logenplatz vor der Mischabelgruppe, die Almageller Hütte. Von links Täschhorn, Dom, Lenzspitze, Nadelhorn.*
▼ *Die große Cabane des Dix vor dem Montblanc de Cheilon.*

erinnere mich an einen Morgen auf der Chanrionhütte, wo ich dem Führer einer abreisenden Gruppe Skifahrer das Hüttenbuch vor die Tür brachte, mit der Bitte, sich doch einzutragen, da dies allgemein üblich sei und bei Unfällen die Suche wesentlich erleichtern würde. Bezahlen könnten sie ja auch auf der Cabane des Vignettes, dort sei der Wirt anwesend, wie ich erfahren hätte.

Küche. Viele, vor allem jüngere Bergsteiger werden wohl auf einer Schweizer Hütte erstmals in einem Ofen Feuer entfacht haben, um auf der Platte das Essen zu kochen. Der Umgang mit Feuer braucht Erfahrung und verlangt Vorsicht. Es ist problematisch, die Hütte zu verlassen, wenn sich im Ofen noch Glut befindet, ganz abgesehen davon, daß nachfolgende Bergsteiger zuerst die Asche aus der Schüre räumen müssen, bevor sie ihr Feuer anzünden können. Die meisten Hütten sind zum Feuermachen und Kochen umfassend eingerichtet. Es ist für mich immer spannend gewesen, mich in einer unbekannten Hütte zu orientieren, den Bestand an Gerätschaften zu erforschen, die Lage der Teller, Tassen und Löffel festzustellen und anhand all dieser Dinge das »Menü« zusammenzustellen. Viele der Schweizer Hütten verfügen auch über spezielles Hüttengeschirr mit aufgedruckter Bezeichnung. Das sind kleine und große Teller, Suppenschalen und Tassen. Die Kannen, mit einem Fassungsvermögen zwischen einem und drei Litern, bestehen fast immer aus Stahlblech. Das Besteck ist stets ein Sammelsurium der verschiedensten Hersteller, und es sieht oft so aus, als hätten viele Sektionsangehörige ihre ausgemusterten Löffel, Gabeln und Messer gestiftet. Erst beim Abspülen wird offenkundig, mit wieviel weniger Geschirr man hätte auskommen können. Ein Problem sind die Lappen und die Geschirrtücher. Sie sehen fast immer so aus, als wären sie auch zum Reinigen des Ofenrohrs benützt worden. Es ist wichtig, sie beim Verlassen der Hütte so aufzuhängen, daß sie trocken werden können. Eine sauber und ordentlich hinterlassene Hütte freut die Nachbenützer und ist zugleich Beispiel, ähnlichen Standard anzustreben. Aber oft sind Eintragungen im Hüttenbuch zu lesen wie: »Wir haben einen Saustall vorgefunden.« Und selbstredend werden jene Namen verdächtigt, die sich oberhalb dieses Eintrags finden.

Gastraum. Sämtliche Fenster verfügen über starke Läden aus Holz. Sie werden allesamt beim Verlassen der Hütte geschlossen, auch wenn um die Hütte noch schönster Sonnenschein herrscht. An gut sichtbarer Stelle befin-

Über der Chamanna d'Es-cha ragt der Piz Kesch auf.

den sich das Hüttenbuch und die Hüttenkasse. Einzahlungsscheine oder Tüten für das Bargeld sind ebenfalls vorhanden. Es ist wichtig, auf der Tüte genau dieselben Namen und Zahlen anzugeben, die ins Hüttenbuch eingetragen werden. Nur wenige Hütten sind auch außerhalb der Bewartungszeit mit Gas zu erhellen, ansonsten sind Kerzen die einzigen Lichtquellen. Auch für sie ist der Hüttenwirt zuständig, aber er kann sich natürlich in der Vorausberechnung des Bedarfs irren. Deshalb sind Kerzen beim Besuch von Schweizer Hütten in der Zeit, in der der Wirt nicht präsent ist, ein wichtiger Ausrüstungsgegenstand – genauso wie Zündhölzer. Beide gehören auf einer solchen Tour unbedingt in den Rucksack. Auch das ist mir schon passiert, daß nach Erreichen der Unterkunft sich kein Zündholz fand und auch keiner der Kameraden eins dabeihatte (lauter Nichtraucher). Dem Umstand, daß sich später noch eine Gruppe Bergsteiger einfand, die dieses so wichtige Utensil mitführte, war es zu danken, daß wir nicht wieder ins Tal zurück mußten. Wenn nur Schnee um die Hütte liegt, kann bei Kälte kein Wasser zum Fließen gebracht werden.

Wasser. In den Sommermonaten ist Wasser auf den meisten Hütten keine Mangelware. Doch gibt es immer noch einige Cabanes, die mit der Butte versorgt werden müssen, vor allem die Biwakschachteln. In der Butte, einem an Schulterriemen zu tragenden Blechbehälter, wird Wasser von einer Quelle oder von einem Bach herangetragen (so auf der Topalihütte im Mattertal, wo sich die einzige Wasserstelle im weiten Umkreis eine Viertelstunde unter der Hütte befindet). Die Bewirtschaftungszeit der Hochgebirgshütten liegt im Sommer zwischen zehn und zwölf Wochen. Während der übrigen Zeit sind die Hütten unbewartet, gibt es kein Wasser in der Hütte. Wenn sich neben ihr kein Brunnen oder kein Bach befindet, muß Wasser aus Schnee geschmolzen werden. Dies ist bei fast allen Skitouren der Normalfall. An den Skifahrern liegt es, den Schnee um die Hütte sauber zu halten, was bedeutet, daß auch die Toilette freigeschaufelt werden muß. Oft genug eine langwierige, mühsame Arbeit. Ich könnte da ein Lied singen von jenen, die diese Arbeit unterlassen, von den Dingen, die unweigerlich im Frühjahr wieder ans Tageslicht kommen. – Über neunzig Prozent der Energie muß aufgewendet werden, um Schnee auf dem Ofen in kaltes Wasser zu verwandeln. Es ist also klar, daß sich während des Kochens in möglichst vielen Töpfen auf dem Ofen Schnee befinden soll, um alle vorhandene Energie zum Schmelzen einzusetzen. Aber es geht auch anders: Wasser kann zum Beispiel auf dem Hüttendach gewonnen werden. Wie oft haben wir am Morgen bei klirrender Kälte Schneebrocken aufs Hüttendach geworfen und unter die Dachrinne den größten Topf gestellt. Während unserer Tour erwärmte die Sonne das

Unter dem Obergabelhorn liegt die Cabane du Mountet.

Blechdach, schmolz den Schnee, und das Wasser fand sich am Nachmittag vollständig in unserem Behälter.

Schlafraum. Zimmer mit Betten, weißen Bezügen und Federkissen gibt es auf den Schweizer Hütten (gottlob) noch nicht. Allein der Waschvorgang mit der dafür erforderlichen Energie und dem nötigen Wasser wäre nicht möglich, ganz zu schweigen von der Mehrarbeit für den Hüttenwirt und der Umweltbelastung. Es ist natürlich auch nicht jedermanns Geschmack, sich in Decken zu legen, die jahrelang nicht gewaschen werden. Hier haben der Deutsche und der Oesterreichische Alpenverein eine beispielhafte Regelung geschaffen: Jeder Hüttenbesucher ist verpflichtet, einen Schlafsack mitzubringen. Es genügt der neue DAV-Leinenschlafsack, der 450 Gramm wiegt. Ein sicher zumutbares Verlangen an die Hüttenschläfer, das jedoch erst sehr spät, 125 Jahre nach Gründung, erhoben worden ist. Am Morgen, das heißt fast immer in der Nacht, müssen die Decken sauber zusammengelegt werden. Schweizer Bergsteiger arbeiten hier im Teamwork, besonders dann, wenn der Hüttenwirt auf diesem Sektor einen Tick hat und seine Decken auf eine ganz bestimmte Art gefaltet haben will. Der Tischtuchfalz ist da oft verpönt.

Tierberglihütte. Ein Samstag im Juli. Wir stapfen vom Steingletscher her zur Hütte und sind die einzigen Gäste, auch der Wirt ist nicht anwesend. So viel Schnee ringsum, wie leicht hätten wir es mit Ski, doch jetzt ist Hochsommer. Aber da kommen noch ein paar, alle mit Ski – die waren klüger. Dann erscheint der Wirt, auch er mit Ski. Weitere Gäste mit Ski, zehn, zwanzig, vierzig, achtzig, hundert, zweihundert – ich habe zu zählen aufgehört. Unser Platz ist sicher, doch immer noch erscheinen weitere Skifahrer. Jetzt ist die Hütte voll, absolut. Die Besucher stehen im Gang, sitzen auf den Treppenstufen, dahinter, darunter, jeder Platz ist genützt. Die Neuankommenden scharen sich auf der windabgekehrten Seite der Hütte, warten, frieren, versuchen einzudringen, aber da geht nichts. Um ein Uhr nachts kämpft sich der Wirt die Treppe empor und ruft: »Alles usa, die anderi Schicht chunt go schlofe.« Um halb zwei Uhr sind wir unterwegs zum Gwächtenhorn und erleben durch diesen ungewollt frühen Aufbruch einen großartigen Sonnenaufgang.
Cabane du Mountet. Nach sieben Stunden Aufstieg stehen wir vor der Hüttentür, das heißt, einen Meter darüber. Wir schaufeln lange, bis sich nur der obere Flügel der zweigeteilten Tür öffnen läßt. Dann rutschen wir ins Innere der Hütte. Es ist Mai, seit Oktober war niemand mehr hier. Und diese, die letzten, hatten sich wohl für Wochen eingerichtet und mußten aus einem unbekannten Grund abbrechen. Sie haben alles Eßbare dagelassen. Die Körbe quellen über mit Proviant, 32 Brotwecken, so hart wie Holz. Verschimmeltes Bündnerfleisch und Dutzende von Büchsen für jedes nur Denkbare – alles genießbar, es war ja kalt den Winter über. Wir schwelgen, rühren unser Essen gar nicht an. Am anderen Tag aufs Trifthorn. Bei der Abfahrt sind unsere Rucksäcke schwerer als beim Aufstieg.
Tschiervahütte. Samstagnachmittag. Nur ein paar Bergsteiger überholen uns auf dem langen Weg durchs Val Roseg. Beim Anstieg zur Hütte sind wir allein. Ich hatte es mir für dieses schöne Sommerwochenende ganz anders vorgestellt: Bergsteiger in Massen. Doch die Erklärung kam beim Anblick der Hütte – Alpinisten rings um die Hütte, sie warten aufs Essen, der Speisesaal ist überfüllt. Der Hüttenwirt aber Herr der Lage, für jeden findet sich ein wenig Platz. Aber ich liege nicht gern wie die Sardine, weshalb ich mir in einem offenen Schuppen zwei Quadratmeter Boden aus dem Brennholz grabe. Die beiden Freunde hatten auf dem Boden eines Schlafraums Platz gefunden. Ein heilloses Durcheinander ist dort, und eine Hitze! Einen der Freunde postiere ich unter dem Schlafzimmerfenster und schärfe ihm ein, alles zu fangen, was aus dem Fenster fliegt. Dann schlendere ich durch den halbdunklen, schon gut besetzten Raum und greife mir eine Decke, die ich mit lockerer Geste aus dem offenen Fenster werfe. Das dreimal, und niemand hat's gesehen. Vermißt hat sie auch niemand, weil in der vollbelegten Schlafkammer ungesunde Temperaturen herrschten. Mit den drei Decken schlief ich unter den Sternen, in reiner Luft, genügend warm, die dunkle Silhouette des Piz Roseg über mir, den wir am anderen Tag bestiegen.
Täschhütte. Wir hatten uns da viel zuviel vorgenommen: Von der Monte-Rosa-Hütte wollten wir zum Gornergletscher absteigen, über ihn zum Findelngletscher gehen, ihn queren zum Adlergletscher, wieder aufsteigen zum Adlerpaß, drüben hinab auf dem Allalingletscher, empor zum gleichnamigen Paß, den Mellichgletscher hinab zur Täschhütte. Der Tag war hochsommerlich warm, die Sonne brannte vom Himmel, der Schnee, der uns am Morgen trug, wurde weich und tief. Das Spuren bremste unser Tempo, verlangt vollen Einsatz, um nur noch langsam vorwärts zu kommen. Mit der untergehenden Sonne erreichten wir den Adlerpaß, Biwak. Ein grandioser Sonnenuntergang von 3800 Meter, eine kalte, klare Nacht. Wind pfiff übers Joch. Wir lagen eng zusammengekauert hinter einer Wand aus Schnee, die wir uns noch gebaut hatten und froren den Stunden des Morgens entgegen. Lang vor der Sonne, steif vor Kälte, erhoben wir uns und stiegen zum Strahlhorn hinauf. Ein göttlicher Morgen um uns. Tief unten ein gleißendes Nebelmeer, aus dem die Gipfel ragten. Fern im Westen jedoch war schon zu früher Stunde eine graue Wolkenwand aufgezogen, die rasch näher kam. Das erhöhte unser Tempo hinab zum Biwakplatz, den Allalingletscher hinunter, die 200 Höhenmeter zum Paß empor. Längst waren Wolken über uns, die Nebel fielen, wir rannten den Mellichgletscher hinab, und der Donner war nun nah. Die Hütte kam ins Blickfeld, schon fielen die ersten Tropfen, und jetzt, mitten am Tag, begann der Himmel sich zu verfinstern. Da fuhr ein Blitz über uns in den Rotgrat des Alphubels, und die Schleusen öffneten sich mit diesem Schlag. Nur 300 Meter hätten gefehlt, und wir hätten die Cabane, die Zufluchtsstätte, trocken erreicht. So waren wir naß, und wie. Doch wir befanden uns allein in der Hütte, waren rasch trocken gekleidet, schürten den Ofen und fanden Reis und Tomatensoße in der Küche. Ich kann mich an keinen gemütlicheren Hüttenabend erinnern, und nicht oft haben wir mit größerem Appetit gegessen als in der kleinen Küche der Täschhütte. Unsere Gesichter beleuchtete der Schein einer Kerze, im Ofen prasselte das Holzfeuer, Tee duftete durch den Raum, draußen tobte das Gewitter und warf Wände von Wasser an die Läden, dann graupelte es, und dann wurde es immer stiller – es schneite wie im Winter. All dies brachte uns nur zum Lachen. Vierzehn sonnige Tage waren vorüber, wir erlebten hohe Gipfel bei prächtigem Wetter, und nun dieser Wettersturz, er kam uns fast gelegen, morgen mußten wir nur noch ins Tal.

Monte-Rosa-Viertausender vom Gipfelplateau des Alphubel.

Gedanken am Gipfel

Erinnerungen – das Reich, aus dem uns niemand vertreiben kann

Aus wieviel Bergtagen besteht das Leben eines Bergsteigers? Von wieviel Gipfeln hat er in die Ferne gesehen? In welchen Hütten ist er eingekehrt? Wie lange war er im Alpenverein? Die Endlichkeit seines Lebens ist gerade dem Bergsteiger oft genug deutlich vor Augen, nicht nur vor den drohenden Gefahren oder in Erinnerungen an Kameraden, die in den Bergen geblieben sind. Nein, wenn er ein wenig zurückblickt auf seine Fahrten, auf die Gipfel, die er bestieg, dann kann er ganz nüchtern übersehen, was ihm noch bleibt für die Berge seiner Wünsche. Auf jedem Berg entfaltet sich die Bergwelt neu, lockt die blaue Weite mit ihren zahllosen Spitzen, Graten und Kämmen. Da und dort bekannte Gestalten, bleibende Erinnerungen, aber ringsum sind noch viele, und sie werden nicht weniger, die auf Besuch warten. Und die Ziele vermehren sich mit jedem Bergtag. Wer zurücksehen kann auf zwanzig, dreißig und mehr Bergjahre, verfügt über einen unschätzbaren Wert an Erlebnissen. Viele Bergsteiger wissen Jahr und Monat, oft noch den Tag und die Stunde einer großen Fahrt – aufs Weißhorn vielleicht oder auf den Palü oder die Königsspitze. Und nicht nur das. Nicht wenige führen ein Tourenbuch, haben seit der Jugendzeit jeden Berg vermerkt, mit sauberer Schrift aufgeschrieben das Datum, die Gehzeit, die Höhe des Berges, die Namen der Kameraden, das Wetter, besondere Ereignisse, und sie haben den Hüttenstempel auf das Blatt gepreßt, ein Bild oder eine Postkarte aufgeklebt. Wer einen solchen Schatz sein eigen nennen darf, wer in seinen lückenlos geführten Tourenbüchern blättern kann, wird die goldenen Tage zurückholen, sie neu und vielleicht sogar intensiver erleben können. Andere haben fotografiert, solange sie sich zurückerinnern können. Die Dias lagern in Kästen, wohlsortiert nach Gebieten oder Jahren, jederzeit griffbereit, um durch den Projektor zu wandern. Es ist natürlich, daß in den Bergen (und gerade dort) zunehmendes Alter zumeist auch zunehmendes Wissen bedeutet. Dieses Wissen wird nicht nur umfassender, sondern auch vielfältiger. Fauna, Flora der Berge, Mineralogie, Geologie und Meteorologie sind Gebiete, die weit mehr als ein Menschenleben ausfüllen können. Ernst Enzensberger, Bergsteiger des klassischen Alpinismus, Förderer des Jugendwanderns und Gründer des Deutschen Jugendherbergswerkes, schrieb in seinem Buch »Mein Leben mit den Bergen« den tröstlichen Satz: »Als der Tatendrang allmählich erlosch, blieb die Bergwelt der nie versiegende Quell von Ruhe und Erholung. Und heute, wo allmählich alle anderen Lebenserinnerungen wie in der Dämmerung eines Spätabends in den Tälern zu verblassen beginnen, behält noch immer mein Leben mit und in den Bergen seinen alten Glanz, so wie die Gipfel im letzten milden Abendlicht hoch über dem Dunkel leuchten.«

Ergänzende Bildlegenden:

Seite 2: Das helle Gelb des punktierten Enzians in einem Alpenrosenfeld unter dem Schwabenkopf im Verpeil.

Seite 5: Aufstieg zum Trifthorn über den Glacier du Mountet, im Hintergrund die Dent Blanche mit der Nordwand und dem Viereselsgrat.

Seite 6/7: Das Glocknermassiv ragt aus dem Nebelmeer, gesehen vom Gipfel des Hocharn.

Seite 8/9: Das erste Sonnenlicht eines Novembertages erfaßt das Weißhorn. Links der Ostgrat, rechts der Nordgrat, aus dem der Große Gendarm ragt, ganz rechts der Doppelgipfel des Bishorns.

Seite 10/11: Unterwegs zur Mountethütte auf dem Glacier de Zinal, im Hintergrund der Gipfel des Grand Cornier.

Seite 48/49: Von der Haute Cime in den Dents du Midi zeigt sich der Montblanc in seiner ganzen Schönheit.

Seite 100/101: Schnee – das Wunder des sechseckigen Kristalls. Hier alte Schneekristalle, die im oftmaligen Wechsel von Kälte und Wärme ihre Form geändert haben.

Seite 128/129: Herbst. Der erste Schnee und die Kälte der Nacht haben den Steinen im Bach Hauben aufgesetzt, haben sie mit eisigem Saum umgürtet. Oben rechts bringen die Lärchennadeln einen warmen Ton in das Bild.

Seite 154/55: Wir sind von der Mutthornhütte über den Kanderfirn zum Petersgrat emporgestiegen. Unvermittelt kam oben auf der weißen Fläche das Bietschhorn ins Bild, von Wolken umgeben, die die oberste Spitze freiließen.

Seite 156/157: In der Nachmittagssonne queren wir die Nordseite des Roßkopf im Geigelsteinmassiv (Chiemgauer Alpen). Wochenlanges Schönwetter, und damit die Wärme des Tages, hatten den Schnee weich werden lassen. Der nächtliche Frost ließ ihn zu spiegelndem Eis gefrieren.

Seite 158/59: Das Bietschhorn in zwei Bildern, aufgenommen an einem Tag: Links die Strahlen der Morgensonne, rechts das Licht des scheidenden Tages.

ISBN 3-7634-1006-6

Printed in Germany

Gestaltung des Schutzumschlags: Wolfgang Lauter, München, unter Verwendung von Motiven des Autors
Satz: Fotosatz E. Mocker, Eichenau b. München
Lithographie: Lana Repro, Lana/Südtirol
Gesamtherstellung: Peschke Druck, München

Bildnachweis: Alle Aufnahmen stammen vom Verfasser. Sie wurden, bis auf wenige Ausnahmen, mit der Hasselblad 500 C fotografiert. An Objektiven wurden verwendet: 40, 80, 150, 250, 350 und 500 mm. Als Aufnahmematerial wurden Kodak-Filme verwendet.

Die Bildlegenden stehen normalerweise neben den Bildern. In allen anderen Fällen befinden sie sich auf Seite 160.